# 写给教育者的积极心理学

（第二版）

任 俊／著

中国轻工业出版社

## 图书在版编目(CIP)数据

写给教育者的积极心理学/任俊著. —2版. —北京：中国轻工业出版社，2019.2（2024.9重印）
ISBN 978-7-5184-2106-0

Ⅰ.①写… Ⅱ.①任… Ⅲ.①儿童心理学-教育心理学 Ⅳ.①G44

中国版本图书馆CIP数据核字（2018）第212139号

保留所有权利。非经中国轻工业出版社"万千教育"书面授权，任何人不得以任何方式（包括但不限于电子、机械、手工或其他尚未被发明或应用的技术手段）复印、拍照、扫描、录音、朗读、存储、发表本书中任何部分或本书全部内容（包括但不限于光盘、音频、视频等）。中国轻工业出版社"万千教育"未授权任何机构提供源自本书内容的电子文件阅览、收听或下载服务。如有此类非法行为，查实必究。

责任编辑：吴　红　　　责任终审：杜文勇
策划编辑：吴　红　　　责任校对：刘志颖　　　责任监印：吴维斌

出版发行：中国轻工业出版社（北京鲁谷东街5号，邮编：100040）
印　　刷：三河市鑫金马印装有限公司
经　　销：各地新华书店
版　　次：2024年9月第2版第5次印刷
开　　本：710×1000　1/16　印张：17.25
字　　数：190千字
印　　数：12001—14000
书　　号：ISBN 978-7-5184-2106-0　定价：48.00元
读者热线：010-65181109
发行电话：010-85119832　　010-85119912
网　　址：http://www.chlip.com.cn　　http://www.wqedu.com
电子信箱：1012305542@qq.com
版权所有　侵权必究
如发现图书残缺请拨打读者热线联系调换
241430Y1C205ZBW

浙江省高校人文社会科学重点研究基地教育学一级学科基地项目(ZJJYX201401)的部分成果

# 前　言

积极心理学（positive psychology）是近年来新兴的一股心理学潮流，它的兴起一方面是时代的要求，另一方面体现了心理学自身的开放性。积极心理学的创始人是美国当代著名心理学家塞利格曼（Martin E. P. Seligman），他在21世纪全世界最有名的100位心理学家中排名第31位。塞利格曼先生曾先后于2013年和2015年两次应清华大学彭凯平教授之邀来中国讲学和作大会报告，对积极心理学在中国的发展起到了一定的推动作用。

第二次世界大战以后，心理学的重心逐渐放在了心理问题的研究上，如心理障碍、婚姻危机、毒品滥用和性犯罪问题等，心理学逐渐变成一门类似于病理学性质的学科。心理学研究重心的这种转移实际上背离了心理学存在的本意，因为它导致很多心理学家几乎不知道正常人怎样在良好的条件下获得自己应有幸福的方法和技术。积极心理学致力于研究人的发展潜力和美德，其研究重点放在人自身的积极因素方面，主张心理学要以人固有的、实际的、潜在的具有建设性的力量、美德和善端为出发点，提倡用一种积极的心态来对人的许多心理现象（包括心理问题）做出新的解读，从而激发人自身内在的积极力量和优秀品质，并利用这些积极力量和优秀品质来帮助普通人或具有一定天赋的人最大限度地挖掘自己的潜力并过上良好的生活。

人生是一个绝妙无比的经历，它应该被珍惜。人生中绝妙无比的应该是生命中那些最精彩的部分，而要把这些最精彩的部分保留下来并影响我们的生活却绝非一件易事，它需要人们付出艰苦的努力，并在一定的技术支撑下来实现。而积极心理学正是提供这种技术支持的一门科学。积极心理学并不只限于提出一些新观念,更重要的是进行了大量行之有效的实证研究,这些研究为人们(特别是普通人)幸福感的提升提供了直接的技术支持。

一直以来,我总想把积极心理学的一些研究成果从书柜中搬出来,让它服务于大众的日常生活,《写给教育者的积极心理学》这本书便是我这种想法的具体实施,希望书中的观点和方法能给教育者提供真真切切的帮助。

本书有三个需要说明的地方:第一,书中绝大部分结论或观点都是在心理学的实证研究基础上提出的,有些结论还应用了多个相关实验来进行佐证。所以,从某种意义上说,书中的观点不一定是最好的选择,但它至少是不错的选择。第二,书中的主要内容是以积极心理学研究成果为核心而展开的,因此,有些观点或结论可能只涉及某一个角度或某一个方面,显得不那么全面。不过,我可以负责任地告诉读者,本书中的建议和方法也许不是拯救问题儿童的灵丹妙药,但这些建议至少可以确保这些儿童不会变得更糟糕。第三,本书是以教师和家长等教育者为阅读对象而写作的,但它也可以作为个体自我提升的参考读本。

为了让读者更好地使用本书,我在此提一个建议:如果你正面临一些儿童教育方面的困惑,你一定可以从本书中直接找到一些真正实用且有效的建议,但这些建议还应该和你的教育对象的特点、你自身的特点、所面临的人文和社会环境等结合起来。特别需要指出的是,本书中的建议并不是其他行之有效的传统教育方法或途径的必然替代物,多数时候是它们的补充。

本书第二版并没有对第一版的结构进行大的变动,但几乎对每章的内容都进行了不同程度的修订,除修改了一些过时的数据之外,还特别加入了一些新的内容。同时本书后面加入了一章有关积极心理学在教育实践方面的内容,这一部分内容主要由浙江省金华市环城小学的王伟文校长执笔。感谢王校长的付出和劳动,正是环城小学精彩的温暖教育实践让本书显得与众不同。如果说积极心理学是一个方向或理念,那么具体的实践活动或行动就是一种智慧和技术。

最后,我要衷心感谢给予我帮助和鼓励的所有人,愿他们今后的生活越来越开心、积极!

任 俊

2018 年 3 月

于浙江师范大学田家炳教育书院

注:图为 2015 年 7 月本书作者任俊教授(左)和积极心理学的重要创始人塞利格曼教授(右)一起参加在清华大学召开的第三届中国国际积极心理学大会时的情景。

# 目　录

第一章　揭开积极心理学的面纱 ................................................1

第一节　它是关注正常人的心理学 ................................................2

　　一、积极心理学的研究起点：习得性无助 ................................................4

　　二、积极心理学的兴起和发展 ................................................7

　　三、积极心理学未来的发展方向 ................................................12

第二节　它何以成为一股心理学潮流 ................................................17

　　一、积极心理学对于社会发展的意义 ................................................18

　　二、积极心理学对于个体发展的意义 ................................................19

第二章　积极心理学带来的革命性理念 ................................................41

第一节　无心理疾病≠心理健康 ................................................41

　　一、"我抑郁，我健康"怪论：心理学的著名论断被证伪 ................................................42

　　二、"我积极，我健康"：积极幻想有助于心理健康 ................................................45

　　三、积极幻想的三种表现 ................................................48

第二节　心理问题的预防比治疗更重要 ................................................54

　　一、治愈还是缓解症状：这是一个选择 ................................................54

　　二、帮个体回归正常生活：我们的治疗观 ................................................61

### 第三节　意志力强不见得能克服心理问题·················62
一、意志力：我的别名叫"福乐"·················63
二、福乐的心理机制·················67
三、福乐的特征和产生条件·················71
四、福乐的测量方法·················73

## 第三章　孩子的心理资源：教育成败的一个秘密·················79

### 第一节　行为依赖于人的心理资源·················79
一、心理资源是什么·················80
二、大量消耗心理资源的行为模式·················83

### 第二节　心理资源的恢复：积极心理学的重要课题·················91
一、诱导积极情绪是个有效途径·················91
二、内隐积极情绪有时也很管用·················97

### 第三节　积极情绪诱导的用法有讲究·················100
一、连续诱导积极情绪会不会增强效果·················101
二、哪一种积极情绪诱导方式效果更好·················102
三、立即诱导还是延迟诱导的效果更好·················103

### 第四节　积极心理学给教育者的建议·················104
一、引导孩子节省心理资源的方法·················104
二、有效增加孩子心理资源的方法·················106

## 第四章　孩子的心理最近发展区：教育者的用武之地·················117

### 第一节　从深层到外层看心理结构·················118
一、心理原始状态区·················120
二、心理自我防御区·················122
三、心理外力援助区·················123
四、心理崩溃区·················124

## 第二节　例析心理最近发展区理论·····125
　　一、心理最近发展区发生作用的两种情况·····125
　　二、自我防御区与外力援助区的关系·····128

## 第三节　心理最近发展区理论能解答的困惑·····130
　　一、"让哭，还是不让哭"：心理辅导领域的一个困惑·····130
　　二、"两个对立的结论都正确"：一个匪夷所思的困惑·····131

# 第五章　基于积极心理学的儿童教育新思路·····135

## 第一节　做孩子积极的榜样·····136
　　一、孩子不只是在生理上像父母·····136
　　二、增加孩子的接触性愉快体验·····142

## 第二节　让孩子的心理在生活中获得免疫力·····150
　　一、让孩子远离"时间贫困"和"空间贫困"·····150
　　二、既做孩子的自己人，又跳出"自己人效应"·····154

## 第三节　培养孩子积极的生活态度·····158
　　一、帮孩子学会摆脱日常生活中的焦虑·····161
　　二、运用积极心理学最推崇的 ABCDE 模式·····168

## 第四节　利用仪式和故事促进孩子的心理发展·····173
　　一、用好的仪式帮孩子留住教育内容·····173
　　二、讲家庭故事让孩子获得积极生活信念·····178

# 第六章　心理体检：孩子的可改和不可改之处·····187

## 第一节　孩子可以改变之处·····193
　　一、孩子的性格改善最重要·····193
　　二、帮孩子改善性格的方法·····199

## 第二节　孩子不能改变之处·····206

## 第三节　在不能改变之处教育者也能有所作为·····213

## 第七章 积极教育的实践：温暖教育 ……………………………… 217

### 第一节 温暖教育是积极教育的有益尝试 …………………………… 217
一、从校训"世界因我多温暖"到全方位实施"温暖教育" ……… 218
二、温暖教育再升级 ………………………………………………… 222

### 第二节 温暖教育的实施 ……………………………………………… 226
一、温暖教育的实施原则 …………………………………………… 226
二、温暖教育的实施途径及方法 …………………………………… 229

### 第三节 温暖家教是学校温暖教育的延伸 …………………………… 242
一、让家长适度参与学校教育是孩子健康成长的重要条件 ……… 243
二、培养乐观的孩子是温暖家教的首要任务 ……………………… 245
三、父亲教育是温暖家教不可或缺的重要部分 …………………… 248

## 主要参考文献 …………………………………………………………… 253

# 第一章　揭开积极心理学的面纱

2018年党的十九大报告指出，中国特色社会主义进入了新时代，我国社会主要矛盾已经转化为人民日益增长的美好生活需要和不平衡不充分的发展之间的矛盾，这标志着中国社会的主要矛盾已经发生了新变化。西南财经大学中国家庭金融调查与研究中心自2011年起开始追踪中国家庭金融动态，样本覆盖了全国29个省市、363个县，共4万余户家庭（受雇于他人或企业并签订了正规劳动合同的人群，无论收入高低都定义为工薪阶层）。调查发现工薪人员70%左右的年均工资性收入超过3万元，其中均值为5.7万元，中位数为4.3万元。若以家庭为单位来统计，全国有26.9%的家庭属于工薪家庭，即家庭劳动力人口中至少有一人是工薪阶层的家庭。工薪家庭年均收入为15.4万元，年均消费为8.7万元，工薪家庭的总资产约为177.6万元，总的信贷需求为26.5万元[1]。

在这样一个新的转型期，民众承受各种压力已经成了一个无可争辩的事实，因此，如何正确处理和面对压力，以及缓解因未能适当处理压力而导致的身心不适，便成了一个全社会都关心的问题。面对这种情况，心理问题的解决也应从侧重于治疗转向侧重于预防，并继而发展到培养人的积极力量。这种变化既是人类提高自我认识的要求，也是心理学发展的一种必然。

每一个生命都有觉醒和发展的能力，但由于领悟力和观察角度等的不同，其觉醒和发展的能力就有很大的分别。由于观察者的观察角度和领悟力的不同，他所看到的便有所不同。知识和意义存在于事物本身，从多个角度观察

---

[1] 参见：http://news.sina.com.cn/o/2017-12-14/doc-ifypsvkp3185896.shtml。

便会获得多方面的知识和意义,而这样才能更好地兼顾自利和利他。近年来兴起的积极心理学便具有帮助人类从另一个角度观察自我、他人以及社会,并在此基础上提高自己领悟力的作用。

## 第一节 它是关注正常人的心理学

2009年的夏天,有两个观光团正好一起到西藏雅鲁藏布江大峡谷旅游。当时由于大峡谷才刚刚开放没多久,因此条件不是太好,其中有一段山路的状况特别不佳,到处都是坑坑洼洼的,有的地方甚至还有一些很深的坑洞。于是,走在前面的第一个团队的一些游客开始抱怨这段路不好走,说是花钱买罪受。面对游客的抱怨和不满,这个观光团的导游急忙解释道:"很抱歉让大家走这样差的路,没有办法,这里的条件实在是太差了,这路面就像是长了麻子一样,请各位女士、先生千万注意脚下的坑洼,小心行走,别掉到江里去!"听了这一番话后,观光团的游客反而发出了更多的抱怨,接着是父母嘱咐孩子小心危险、丈夫叮嘱妻子当心脚下的一片嘈杂声。在这样的情境下,整个团队再也无心看雅鲁藏布江大峡谷优美的风景了。

这时,在后面的另一个观光团也面临着同样的问题和抱怨,但这个团的导游却乐呵呵地说道:"诸位女士、诸位先生,我们现在走的这条道路正是赫赫有名的'雅鲁藏布江大峡谷的迷人超级酒窝'大道,请大家在欣赏江边美景的时候,千万别忘了注意脚下的大小'酒窝'!"听了这一番话,这个团的游客们都笑了起来,他们小心地绕过"酒窝",沉浸在雅鲁藏布江大峡谷的美景里。

这就是积极的魅力，而积极正是积极心理学的核心。什么是积极心理学？要理解积极心理学，首先就需要理解心理学。对于中国人来说，心理学是一门外来学科。它源自西方，从《大英百科全书》给出的解释来看，心理学是一门关于人的灵魂的学科，它旨在帮助人们了解自己和他人的灵魂是什么、能做些什么等。相传西方诸神中分管灵魂的神名叫"psyche"，于是"psychology"就被称为"灵魂学"，中国人把它翻译过来时称为"心理学"。

心理学研究人的灵魂一般有两个角度：第一个角度是从人存在的各种问题入手，主要目的在于帮助人解决一些困扰自身生活的心理问题，如抑郁症、恐惧症等；第二个角度是从人的各种积极力量和积极品质入手，其目的主要在于促使人的积极品质和积极力量（包括潜力），如乐观、善良、同情等，不断增长或得到充分发挥。尽管在1879年科学心理学产生之后，心理学经历了多个学派或理论的交锋与争论，但在过去相当长的一段时间内，心理学的发展基本上还是平衡的，即心理学既从问题角度也从积极品质角度入手来研究人的灵魂。

但在第二次世界大战以后，由于战争催生了大量的心理问题，再加上当时弗洛伊德（Sigmund Freud，1856—1939，奥地利心理分析学家、精神病学家）理论的流行，主流心理学开始走上了一条以问题为核心的研究之路。这导致两个最直接的后果：第一，心理学变成了具有与医学相类似性质的学科，以致在许多人的心目中，心理学仅是用来治病和解决问题的；第二，许多心理学专业工作者变得技能单一，只知道去除或缓解各种心理问题的技术，而不知道培养正常人的积极品质和积极力量的技术。心理学界常常把这种以问题为研究核心或以有心理问题的人为主要研究对象的心理学称为"病理性心理学"，有时也称为"消极心理学"。

实际上，这个社会的绝大多数人是正常人，并没有什么大的心理问题。而以问题为研究核心的心理学却把这个庞大的正常人群体排除在了心理学的关怀之外，这就违背了心理学应有的存在价值。从本质上说，每个活在这个世界上的人都在追求幸福，也都有权利获得自己的幸福，但病理性心理学似乎忽视了这个主题，而把自己的注视点聚焦到了一小部分人（主要是具有各种心理问题的人）的身上，这意味着大多数正常人追求幸福的过程就不能得到有效的技术支持。

正是基于心理学的这种现状，美国著名心理学家塞利格曼博士提出了建立积极心理学的建议，并且把这种建议付诸实施。1997年，塞利格曼以美国心理学史上最高得票数以及与第二名竞选人最大差异票数当选为美国心理学会（American Psychological Association，简称 APA）主席，在 1998 年正式就任 APA 主席之后，塞利格曼凭借其影响力和出色的工作能力大力宣传积极心理学思想，并把创建积极心理学作为自己任期内的一项重要使命。

积极心理学把普通人作为自己的主要关注对象，在这里"普通人"主要包含三个方面的含义：第一，是指没有心理疾病或问题的正常人；第二，也指通常意义上的"小民"，小民意指那些每天干着相对单调的工作且没有特别高的智商、没有特别多的资源（政治、经济和人脉资源）的人；第三，是指生活中没有特别大运气的那些人。人的生活需要一点运气，这就如你早晨出门买了个包子，这个包子的大小及质量一般不是由你的努力决定，而主要由你的运气所决定。如果你住所附近的包子店里卖的包子特别好，你就是一个幸运的人；反之，身在北京的你即使知道天津的包子比你住所附近的包子好，也不可能每天早晨去天津买个包子来作早餐。

# 一、积极心理学的研究起点：习得性无助

有趣的是，塞利格曼博士自己是一个抑郁又内向的人，并且以研究抑郁而出名。他早期最有名的研究成果是关于习得性无助的，这一成果让他享誉世界。他曾于 1975 年 4 月专门在英国牛津大学的大礼堂为众多心理学大师级人物作有关习得性无助的报告。这些大师包括：现代信息加工认知心

理学的代表人物布罗德本特[1]（D. E. Broadbent），以研究非言语交流而闻名的社会科学家格尔德（M. Gelder），1973年获诺贝尔奖的生态学家廷伯根[2]（N. Tinbergen），著名儿童教育家和心理学家布鲁纳（J. Bruner），著名大脑和焦虑研究专家格雷（J. Gray）等。

所谓无助感，就是指在经历了一系列的失败和挫折后，人会把这种失败和挫折当作一种必然要发生的事而表现出无可奈何，失去了抗争、行动的动力，最终只能选择放弃努力。无助感在人们的生活中无处不在，如：当你要求一个男人去怀一个小孩时，他就会产生无助感；同样，当你要求一个小学生去做高等数学题时，他也会产生无助感。这些无助感是真实的无助，是人在评估了任务之后，发现所面临的任务远远超过了自己的能力时产生的一种无可奈何的心理状态。无助感会使人对相关的任务或相类似的任务失去行为动力（有时甚至会蔓延到生活中的其他活动任务上）。

不过塞利格曼发现，生活中有些人的无助感并不是真实的无助，即并不意味着他们真的就一定会面临失败，而是因为情境导致或造成了他们主观上的不努力。这种无助感是学习或之前的经历所导致的结果，会严重影响个体的身心发展。塞利格曼和他的同伴曾设计了一个非常有代表性的动物实验：给第一组实验狗施加可以逃避的电击，只要这些狗用自己的鼻子去推墙边上的一块木板，就可以停止加在自己身上的电击。第二组实验狗受到的电击与第一组实验狗受到的电击完全串联在一起（在实验心理学上被称为"共轭"），也就是该组实验狗所受到的电击的强度、时间、次数等都与第一组实验狗一模一样，但是这一组实验狗不能自己停止电击，只有在第一组实验狗通过自

---

[1] 唐纳德·布罗德本特（Donald Eric Broadbent，1926—1993），英国认知心理学家、实验心理学家。1970年当选为英国国家科学院院士，1975年获美国心理学会颁发的杰出科学贡献奖。注意过滤器理论模型的提出者。

[2] 廷伯根（Nikolaas Tinbergen，1907—1988），英国动物学家，因对动物行为模式的研究而与奥地利著名心理学家洛伦兹（Konrad Zacharias Lorenz，1903—1989）等三人于1973年同获诺贝尔生理学奖。

己的行为停止了加在自己身上的电击时,加在第二组实验狗身上的电击才会同时停止。第三组是控制组,不接受任何电击。在对这些狗实施了多次电击任务(目的在于使这些狗形成相应的习惯)之后,再把所有的实验狗分别放进一个铁制的往返箱,这个铁箱中间有一道栅栏,但很矮,每条狗都可以轻易地从栅栏上跨过,箱子以栅栏为界,一半有电击,而另一半则没有。

当把所有的实验狗分别放进这个往返箱中有电击的一边后,这些狗出现了行为上的明显差异:第一组的绝大多数实验狗很容易就学会了怎么逃避电击(跨过栅栏到另一边);而第二组的实验狗则大多待在原地不动并承受着连续的电击,即使被电击得嗷嗷叫也不愿跨过铁笼中间的栅栏;控制组则处于中间水平。塞利格曼认为,第二组实验狗有了不管做什么努力都不能停止电击的心理,也就是形成了习得性无助感心理,正是这种心理使它们放弃了努力。

塞利格曼又把这一实验范式应用到人的身上,他让两组儿童共轭在一起接受噪声刺激,其中一组儿童只要把手靠近噪声源,噪声就会停止,而另一组儿童无论做什么都不能停止噪声,只能等到第一组儿童结束自己所面临的噪声时,他所面临的噪声才能停止。然后,两组儿童被引入一个有噪声的实验室,结果发现第一组儿童都会主动去寻找停止噪声的开关,但第二组儿童中的多数都不愿意主动去寻找停止噪声的开关。于是塞利格曼认为,人也和动物一样有习得性无助感。进一步观察习得性无助被试的特征后,他发现人获得无助感后所表现出的特征似乎和抑郁的特征有很大的联系。后来塞利格曼认为,既然无助感可以习得,那么乐观岂不是也可以习得?在随后的漫长时间里,塞利格曼开始专门致力于研究习得性乐观,并先后发表了许多相关成果,如专著《习得性乐观》《怎样教孩子乐观》等。

## 二、积极心理学的兴起和发展

在多年研究习得性乐观的基础上,塞利格曼把眼光放得更远了,他产生了建立一种以研究人的积极品质为核心的心理学理论的想法。因此,当塞利格曼于1998年担任美国心理学会主席时,他发起了一场积极心理学运动,倡导心理学在了解各种心理疾病机理的情况下,也要了解人的积极品质和积极力量的心理机理,他也因此被世界公认为"积极心理学之父"。2000年,他在世界心理学界极有影响的美国心理学会会刊《美国心理学家》上发表了《积极心理学导论》一文,在该文中,塞利格曼指出心理学自第二次世界大战以来一直只关注研究人的各种心理问题及其破坏力量,而忽视了研究人类的美德及其建设力量,积极心理学的任务就是要改变这一现状,使人类自身的积极力量能得到充分的关注和发掘,这被认为是吹响了正式建立积极心理学学科方向的号角。

那么什么是积极心理学呢?国际积极心理学网站的首页对此有明确的解释,即积极心理学是一种以积极品质和积极力量为研究核心,致力于使个体和社会走向繁荣的科学研究。积极心理学的研究重点放在人自身的积极品质和力量方面,主张心理学要以人固有的、实际的、潜在的具有建设性的力量、美德和善端为出发点,提倡用一种积极的心态来对人的许多心理现象(包括心理问题)做出新的解读,从而激发人自身内在的积极力量和优秀品质,并利用这些积极力量和优秀品质来帮助普通人或具有一定天赋的人最大限度地挖掘自己的潜力而获得幸福。当然,积极心理学追求的目标不仅仅是止于个人层面的幸福,幸福还应该延伸至社会制度及大众层面。在全民或社会层面去考虑幸福,并不是简单地把很多快乐的人聚在一起便会成为一个快乐的社会,快乐社会有自己特定的机理:除非人民群众都同意这是大家想要发生的,否则我们的社会就不会是个更快乐的社会。

许多人都可能有这样一种观念：之前的心理学也研究过幸福感，积极品质如同情心或共情等，尽管少但毕竟已经有了，现在专门提一种以积极为核心研究内容的积极心理学殊无必要。

这种观念实际上是一种误解，心理学在积极心理学产生之前确实也研究了一些积极品质或幸福感等方面的内容，但这些经常是无意中的、散乱的，其目的是服务于治疗各种心理问题。积极心理学是有意且着力来研究积极品质和幸福感的，这是一种有明确目的和意识的研究。

给本科生上课时我曾提出了一个问题。我让当时班上坐过从金华去杭州（或从杭州去金华）的高铁的学生举一下手，结果几乎所有学生都举起了手。接下来我问："从金华高铁站坐高铁去杭州一共要经过多少个隧道？"所有的学生都知道从金华到杭州的火车确实要穿过一些隧道，但都说不出要穿过的隧道的确切数目。我让所有人估计了一下隧道的具体数目，结果平均数约为12多一点，众数为10。当我把真实的数目"33"告诉大家时，几乎所有学生都不相信，他们纷纷说不可能有这么多。于是我说："下次有同学坐高铁去杭州或者从杭州回金华时可以验证一下。"事后真的有学生进行了验证，并回来在课堂上为我做了证。

这里就存在一个有意和无意的区别，当人们不去有意注意火车穿过的每一个隧道时，人们只是觉得自己穿过了一些隧道，但对这些隧道的数目就不可能有正确的认知。所以要真正完全充分地认识一个事物，你就必须（而且一定）要刻意地去做、有意地去做，否则你对事物的认知就永远只能停留在一鳞半爪上。关于人生幸福的事，其实也是这个道理。

积极心理学的主要研究内容是"一个中心、三个基本点"。"一个中心"是指积极心理学要以研究人的幸福为中心，幸福在多数情况下是主观的，所以它也被称为主观幸福感，意即个体亲身的感受。有一个聪明人和一个老实人一起到海边游玩，聪明人在海边捡了很多漂亮的贝壳，而老实人在海边捡了很多漂亮的鹅卵石。当他们走到一起时，聪明人提议两个人交换自己所捡到的东西，老实人爽快地答应了。聪明人在交换之前悄悄地把最好看的两个贝壳藏起来，把剩下的给了老实人，而老实人则把所有的鹅卵石都交给了聪明人。回去之后的那天晚上，老实人睡得很香，而聪明人却彻夜难眠，他一直在想：老实人是不是也像他一样（或者比他更狡猾）把最好的鹅卵石藏起来了。在这里，聪明人客观上占了便宜，但主观上并不感到幸福；相反，老实人客观上吃了一点亏，但主观上感受到了幸福，这就是主观幸福感。

在前人研究的基础上，塞利格曼创造性地提出了幸福的三个要素——乐趣、参与和意义。乐趣通常表现为兴高采烈的外在情绪表现形式（如笑脸等），也就是人们通常所说的感觉好；参与是指对家庭、工作、爱情与业余爱好等方面的投入程度；意义则意味着个体对行为或事件深层价值的理解，并在此基础上能发挥自我的力量，达成超越自我的目标，如国家层面、社会层面、人类层面或生命层面等方面的目标，这实际上也就是人们常说的"获得感"。塞利格曼的这一关于幸福的理论把幸福做了层次上的界定，从另一个角度来看，他实际上也指明了人走向幸福的路径。也就是说，一个人要有真实的幸福，他必须要有良好的情绪体验和开心的感觉，这种良好的情绪体验和感觉又可以使人更好地投入自己的工作或生活，但真正的幸福则必须要达到超越自我的状态，即所谓的不以物喜、不以己悲。

积极心理学研究的"三个基本点"是积极情绪、积极人格特质和积极的社会组织系统，这三个基本点实际上就是人类获得幸福的基本路径的具体体现。积极情绪主要包括个体对过去感到满意、对现在感到快乐、对未来充满希望这三个组成部分（即要积极地面对过去、现在和未来）。积极人格特质则主要由人的积极力量和美德组成，具体主要包括爱和胜任的能力、勇气、同情心、复原力、创造力、好奇心、诚实、自知力、克制、自我控制和智慧等多个方面。积极的社会组织系统主要包括大的组织系统（如民主的国家制度、开放自由的社会体系等）、中等层面的组织系统（如个人的工作单位，生活的城市和社区，人性化的单位管理规章等）和小的组织系统（如牢固的家庭关系等）三个方面，它们为积极人格特质的形成和积极情绪的获得提供社会支持。

在确定了积极心理学理论框架的同时，塞利格曼还与美国著名人格心理学家克里斯托弗·彼得森（Christopher Peterson）教授一起，历经三年，确立了支撑积极心理学学科的基本内容——具有跨文化意义的《积极品质和美德：手册与分类》（Peterson & Seligman，2003），即积极心理学到底应致力于培养个体的哪些积极品质。这套标准共包括 6 个方面的美德，它们分别是：智慧、勇气、仁爱、公正、节制、卓越。同时，针对每一个方面的美德，塞利格曼等人又划分出了若干可测量且可以习得的积极品质要素，最终将 6 大美德一共划分为 24 种积极品质。

积极心理学这套积极心理健康标准（也就是 6 大美德及其 24 种积极品质）的最大特点是跨文化性（这 6 大美德几乎被世界上所有有代表性的传统文化赞许）和可应用性，24 种积极品质要素不仅为积极心理学研究者们提供了具体的评测和研究对象，同时也为临床心理学家们提供了一套完整的积极品质诊断标准。不过，最近也有心理学家认为，积极品质应随着社会的发展而不断地得到修正或扩充，一个不变的标准本身就不符合积极心理学的宗旨。

随着积极心理学理论体系的逐渐完善，积极心理学已开始成为许多学校的一门正式学科课程，如美国哈佛大学很早就把积极心理学作为一门重要的公共选修课，这门课还曾在 2006 年被评为哈佛大学最受学生欢迎的课程。目前，仅在美国就已经有 200 多所高等院校开设了积极心理学课程。2005 年，美国宾夕法尼亚大学（美国八所常春藤盟校之一，塞利格曼 1967 年于该校博士毕业，1970 年回校担任教师直至现在）最早开设了应用积极心理学硕士学位专业（简称 MAPP），专门培养积极心理学硕士，这是全球第一个以积极心理学为专业方向的硕士点。这个硕士点的负责人是帕威尔斯基（J. Pawelski，现在是国际积极心理学学会的执行理事）和斯维克（D. Swick），塞利格曼担任总顾问，并亲自为这一专业的学生多次授课。

从 2006 年开始，其他一些国家的许多大学也相继开设积极心理学方向的硕士专业，如英国、意大利、墨西哥、澳大利亚等国的一些大学，这些大学的全日制积极心理学硕士项目和颁发积极心理学硕士资格证书项目正如雨后春笋般地涌现出来。其中做得比较好的是英国的东伦敦大学，这所大学不仅有全日制的积极心理学硕士，而且有各种类型的积极心理学方向的培训项目，东伦敦大学积极心理学硕士项目的总负责人是心理学家波利威尔（I. Boniwell，现在是国际积极心理学学会理事，2011 年国际积极心理学大会负责人）。到 2010 年上半年为止，世界上已经有了第一个专门开展积极心理学博士学位项目的地方，那就是美国的克莱蒙特研究生院，该项目的总负责人是奇克森特米哈伊（M. Csikszentmihalyi）。奇克森特米哈伊是塞利格曼的多年好友，也是一位在当代心理学界德高望重的学者。他是积极心理学的创始人之一，福乐（Flow）研究的开创者，目前是国际积极心理学学会理事。

2009 年 6 月 18 日至 21 日，在美国费城召开了首届国际积极心理学大会，这次会议吸引了来自全球 52 个国家的 1500 多人参加，许多媒体（包括《纽约时报》、《新闻周刊》、美国在线等）都对这次会议进行了广泛报道。塞利格曼在大会上明确提出：我们需要的是有未来远见的而不仅仅是受过去推动的科学。同时他还在大会上提出了一个颇具挑战性的目标：到 2050 年，要把关注"积极人生"的世界人口由目前的 10%～15% 提高至 50% 以上，亦即要让世界一半的民众学会用积极的目光来看待自己的生活和工作。

在塞利格曼的倡导下，积极心理学在全世界引起了广泛的反响，现在已经发展成为一种波及五大洲的世界性心理学运动。在 2004 年美国出版的《现代心理学史》（第八版）中，美国心理学史家舒尔兹称积极心理学是当代心理学最重要的进展之一。尽管积极心理学已经成为当今心理学界的一股重要力量，成立了自己的世界性组织——国际积极心理学学会（International Positive Psychology Association，简称 IPPA），有了自己的会刊（《积极心理学杂志》，创办于 2006 年，早期为季刊，从 2009 年起改为双月刊），但塞利格曼一直认为积极心理学只不过是对过去传统心理学的一种补充，它的出现只是为了使心理学的发展由不平衡到平衡。但即使是对传统心理学的一种补充，积极心理学依然有其独特的价值和意义，因为它提升了人类积极品质的地位。积极心理学在研究视域上摆脱了过去主流心理学过分偏重于问题层面和个体层面研究的缺陷，既强调个体心理的研究，也关注对群体和社会心理的探讨，既强调问题的应对，也强调积极品质和积极力量的培养，这不仅符合现代社会的发展方向，而且符合现代人的需求。

## 三、积极心理学未来的发展方向

经历短短十多年的发展，积极心理学已经从一种心理学运动发展成为一种世界性的专业学科，这不仅意味着积极心理学已经完成了它的第一个阶段——形成自己独特的系统理论建构，而且意味着积极心理学将开始自己的第二个阶段——作为当代心理学发展的一个重要组成部分并引导心理学的未来发展方向。按照这种发展态势，积极心理学肯定会有一个美好的未来。对于积极心理学未来的发展方向，塞利格曼博士在 2009 年年初的一个采访[1]中明确指出，积极心理学未来的发展应以为社会发展做贡献为核心，要致力于把各种积极心理学研究成果应用于人类生活的各个领域。他具体从四个方面谈了积极心理学未来的发展方向。

### 1. 积极的生理健康

积极心理学一直都比较强调积极心理健康，意即人们在没有心理疾病之外，还应主动去追求并获得更多的积极体验，如快乐的情绪、福乐、主观幸

---

[1] 谈积极心理学的现状与未来发展：2009 年 1 月 24 日塞利格曼给在美国克莱蒙特研究生院（奇克森特米哈伊所在的单位）举办的国际积极心理学大会的致辞（根据视频翻译）。

福感、希望、乐观、良好的人际关系等，并形成积极人格。与此同时，积极心理学也提出了积极的生理健康。所谓积极的生理健康是指个体对自己不再仅关注问题生理指标方面，也要关注自己的良好生理指标方面。如你去体检时会拿到一张表，上面记录了你的各种生理指标，在过去，这张表所反映的核心信息是你生理上的哪些方面存在问题——血压高了多少、心跳慢了多少等，而对于那些没有问题的生理指标则一律标注为正常。现在一些积极心理学家提出，我们应修改这种体检方式，要以健康为核心来重新定义这些生理指标，如你的血压是最优、体重是良好等。即使对于那些有问题的生理指标，也要从健康的角度来定义它，把它理解为离优秀或良好还有多大的距离等。这就如你去打保龄球，当你投出去之后，你到底是关注打倒了的瓶还是关注剩下的瓶。积极心理学强调，我们应该关注那些打倒了的瓶，因为这些显示了我们的力量。

不仅如此，积极生理健康还要求个体在充分了解自己生理优势的同时，也能充分利用自己的这些优势来帮助自己获得更多的生理健康，美国威尔逊基金会目前正提供资金支持有关这方面的实验研究。研究者期望通过这方面的研究来揭示一系列重要的问题，如：生理健康是否有一套类似于乐观体验这样的操作性指标？人有没有一种对自身身体健康的掌控感？是否能建立一套生物学或生理学上的、以健康为核心的生理指标？[1] 个体美满的婚姻、与所从事职业的高度和谐等与个体的生理健康有何关系？一些积极心理学研究者认为，以上这些有关积极生理健康方面的问题构成了一个潜在变量，当我们把这个潜在变量搞清楚之后，我们就可以利用这个变量来预测一个人是否有更长的寿命，是否有更高的生活质量，是否有更强的对抗疾病的反应能力以及更低的健康花销。

---

[1] 这些指标不是指那些通常仅为了测量疾病而形成的"底端"生理指标，而是指一些导致良好生理健康的"顶端"指标（积极心理学家认为如果能找到生理健康水平在最高端5%的人的生理数据，那么这些数据将会对人类的生理健康非常有用）。

## 2. 积极神经科学

经过各领域学者的努力，现在人们已经对许多疾病的机理有了非常清楚的了解，但对人的积极机理还基本上一无所知。因此，一些研究者呼吁，神经科学也应该致力于研究人的积极机理，要揭示那些快乐、健康、幸福的人的神经机理，这就是所谓的积极神经科学。从理论上说，既然现有的研究已经能证明消极和积极是两种完全不同的机制，那么人的大脑里是不是有可能存在某些积极神经中枢或神经细胞呢？美国著名的推普尔顿基金会甚至决定在 2009 年到 2010 年年底的一年半内为积极心理学研究提供高达 22 万美元的经费，用于支持这个领域的初步研究，并许诺要重重奖励那些在该领域有所突破的研究者。

## 3. 积极社会科学

社会科学是一个社会事业发展的有机组成部分，它将社会现象作为自己的研究对象。社会科学之所以能在社会发展过程中发挥它的作用，并不一定是因为它被那些具有进步思想的社会学家采用，或在一种政治变革的背景中为人们所利用，而主要是由它自身的固有本质决定的，这种本质使其能更好地完成所承担的历史使命。社会科学的本质在于寻找到使人类社会变得更生机勃勃的客观规律，并帮助每一个个体在求得解放和生活幸福的基础上，成为一个具有自觉性并能掌握自己命运的人。积极社会科学正是这样一种以人的心理和生理幸福为价值核心的新视野，它使社会科学真正回归到了它的价值和意义。

积极社会科学就是指人们在研究社会现象时，应以人固有的、实际的、潜在的具有建设性的力量、美德和善端为出发点，以引导全体社会成员过上幸福生活为最终目标，这是一种对社会科学的价值进行重新定位并回归未来的新观念，体现了对社会科学本质的真正理解。积极社会科学是一个涉及政治、经济、文化、艺术等多个方面的综合研究领域，尽管各个领域有其自身的特点，但所有这些领域似乎都应该关注一些共同的问题，并把这些问题作为自己研究的核心，如：什么才使得我们的人生值得过？什么才使得我们活着有意义？什么才值得我们全身心地投入？在这个社会中，哪些构成了美德？哪些又构成了人的心理力量与优势？今天，社会科学所面临的一项最重要的任务就是要把所有人动员起来，调动起所有人的力量、积极品质、智慧和创造性，从而促进社会的日益完美，并以此来满足人类自身不断增长的各种需要。因此，积极社会科学的意义并不仅仅存在于对社会科学的理论理解中，它更存在于理论在实际生活的践行中。

### 4. 积极教育

教育是对人的一种教化，它的主要功能在于使原本只是生物意义上的人具有一定的知识、能力和社会道德而成为社会人。积极教育就是指教育要以学生外显和内隐的积极力量、积极品质为出发点，以增强学生的积极体验为主要途径，最终达成培养学生个体层面和集体层面的积极人格的目标。积极教育强调教育并不仅仅是纠正学生的错误和不足，更主要的应是寻找并研究学生的各种积极力量，并在实践中对这些积极力量进行培育和扩充。具体来说，积极教育就是指在保证传统的教育（即那些常规的纪律教育，读、写、算、运动等技能的教育）顺利进行的同时，把积极品质和积极力量的培养融合进去，从而让年轻人学会获得并发展自己的积极情绪，学会理解人生意义，学会建立良好的人际关系，学会善待自己和他人等。教师要经常与学生进行交流与沟通，避免误解与冲突，从而营造一种融洽、积极的学习和生活氛围。除此之外，教师也要帮助学生积极应对正性、负性生活事件，学会用积极的眼光，从积极的角度来分析这些事件。

教育在今天这样一个时代已不仅仅是充当了反愚昧、反问题、反缺点的武器，它在某种程度上更是为了使今天的世界和民众的生活变得更幸福，并为未来的世界幸福做好充分的准备。在人们只需花少量的时间就可以解决自己吃饱喝足的生存问题之后，幸福本身已经变成了一个比过去更加激动人心的问题。在人类漫长的发展历程中，教育曾经是一种特权的标志，它只是被少数人占有的一种所谓的高尚享受。但在今天，教育已逐渐成为所有人不可或缺的生活组成部分。如果说近代以前的教育只能算作帮有钱人进行生活点缀的话，那么，如今的教育已真正成为普通人的生活本身，其根本的任务就在于使每一个个体、每一个家庭和整个社会都变得富有生机且充满幸福。

但目前世界上绝大多数的教育者总是把自己的全部注意或绝大部分注意放在应对学生各种外显或内隐的问题上，并以病理学的范式来对待这些问题。在这种教育理念的指导下，教师对待学生就像医生对待病人一样，致力于解决学生所存在的各种问题——学习动机不足、不幸的早期经历、不良的学习习惯或行为习惯等。这种失去了平衡的"类医学"式的教育不仅导致了一个直接的后果——大量学生存在抑郁情绪、悲观变得流行、学生的生活满意度普遍较低，而且使学生的许多正常的积极功能（如自我完善、自我提升等）受到了极大的限制，教育自身也因此走进了死胡同。

每个人都有自我提升的动机和愿望，学生更是如此。所谓自我提升，是指个体不断累积自己的积极品质（个体不可能通过去除问题来提升自己），从而使自己不断达到一个新的高度，并最终走向自我完善。从一定意义上说，自我提升感可以被理解为人产生的一种积极道德情绪。例如，当个体看到他人展示了一种友好的道德行为时，就会自我体验到某种躯体反应，并同时伴随有情绪、动机上的变化——我也应该如此。相反，如果个体看到的是一种丑陋的抢劫行人的行为，这种人性的丑陋不光让人产生躯体的恶心反应，同时也会让人心生气愤。所以说，有了自我提升感，美德才会让人的情绪产生积极的变化，并由此带来躯体反应，驱使人去自觉地帮助他人，同时让自己也变得更好。

事实上，从心理学过去的研究来看，自我提升感是教育的一个很重要的把手（从某种角度来看，我国教育中一直比较强调的养成教育其实就很好地利用了学生的自我提升感）。美国学者兰迪斯（S. K. Landis）在2009年曾检验了"大五人格模型"（心理学中一种比较成熟的人格模型理论）中各因素和提升感的关系（共选取了188名学生被试），结果发现，外倾性、开放性、随和性、情绪稳定性和尽责性等都与提升感呈正相关。不仅如此，该研究还显示，提升感可以显著预测个体自我报告的亲社会行为，从而激发个体产生亲社会行为和宽容行为。

积极教育目前还处于探索阶段，一些积极心理学研究者先后在美国、英国、澳大利亚等地开展了积极教育研究，其主要方法就是通过对中学教师进行培训，提高这些教师识别、发展学生的积极品质及积极力量的技能。从2008年开始，塞利格曼等人就一直在澳大利亚墨尔本南部的一所一流中学（聚隆文法学校）开展积极教育活动。2009年元月，塞利格曼亲自对200位来自澳大利亚各地的国立中学教师进行了旨在推动普及积极教育的培训。

## 第二节　它何以成为一股心理学潮流

纵观心理学过去几十年的发展历史，其对人类最大的贡献之一莫过于出版了《精神疾病诊断与统计手册》（*The Diagnostic and Statistical Manual of Mental Disorders*，简称DSM），但心理学的这一成就恰恰证明了它所具有的病理性倾向。DSM 1952年第一版时只包含106种心理疾病，1968年第二版时心理疾病增加到了182种，1980年第三版时心理疾病增加到了265种，1994年第四版时心理疾病更是增加到了297种，手册页数也从最早的130页增加到现在的886页。DSM的这种变化有两层含义：一是整个社会在研究心理问题方面的投入越来越大，二是心理学本身似乎成了一个悖论——心理学越发展，人类反而出现越多的心理问题。DSM的第五版已经于2013年

5月出版，尽管DSM-5对所有精神疾病进行了重新定义和分类，有关的心理疾病种类似乎变少了，被列入治疗范围的相关行为也少了。但这主要是由于DSM-5的主题发生了改变，改变了以前各版遵守的DSM-1思路及不断添加新的心理疾病的诊断模式。

## 一、积极心理学对于社会发展的意义

积极心理学从1998年正式兴起到现在，不过短短的十几个年头，但它已经迅速发展成了一种世界性的心理学潮流，吸引了越来越多的学者投身于这一领域。如果从社会发展来看，积极心理学至少体现了以下几个方面的价值和意义。

### 1. 完善了心理学的存在价值

2004年塞利格曼曾在一次演讲中谈到传统心理学存在的问题：心理学家和精神病学家总把人看作有问题的人或病人，以疾病模式来开展自己的工作，忽略了怎样来帮助正常人生活得更快乐、更幸福和更有意义。他认为这种心理学本身就存在一个道德适当性的问题。心理学不是为少数人而存在，心理学应服务于全人类，这是心理学的存在价值。积极心理学的兴起促使心理学回归到了它应有的存在价值。

### 2. 为社会的繁荣开辟了一条新的途径

社会发展都存在着一种必然性：当一个社会处于稳定、繁荣昌盛的时代，那这个社会就会特别关注积极品质和积极力量，反过来，一个社会特别关注积极品质和积极力量，那这个社会就会继续不断地繁荣昌盛下去，15世纪的佛罗伦萨和维多利亚时代的英格兰就是最好的例子。一个社会只有以积极作为自己建构的出发点，这个社会才能变成有效的、公正的、人道的社会。从一定程度上说，社会建构的出发点对于整个社会来说担当了社会变化的诱导者，它的诱导方式将直接影响社会变化的具体方式。因此，如果一个社会超越现实的社会问题而把有关健康、幸福、关心、公正、移情、考虑他人权利的意义等作为社会变化的诱导，那么这个社会就会走上一条新的繁荣之路。

### 3. 尊重了人的价值

人为什么要活着？是因为有各种问题需要受到批评或指责吗？显然不是，人活着是因为人需要（而且能够）追求幸福，人是因为有了幸福而活着。今天的社会已达成一个共识，即全社会都要以人的生活幸福为追求目标，社会的终极目标是让所有人都过上幸福的生活，并使一切生命更有价值和意义。塞利格曼曾在《今日教育》(*Education Today*)上专门撰文指出：财富的目的应该服从于人的价值，要为人制造更多的幸福，只有当我们能准确量化民众的幸福之后，我们才能准确定义我们的国民生产总值、我们的公共政策、我们的政府和我们的社会（Seligman，2008）。

## 二、积极心理学对于个体发展的意义

如果从个体自身的发展来看，积极心理学的价值和意义主要有以下几个方面。

### 1. 提升个体的主观幸福感

#### （1）主观幸福感的特点

我们在前面曾提到过，主观幸福感是指个体主观上对自己已有的生活状态正是自己心目中理想生活状态的一种肯定的态度和感受（Diener，2000），它包括生活满意程度、积极情绪体验与消极情绪体验三个方面。美国心理学家狄纳（Diener，2000）曾概括了主观幸福感的三个特点。

◆ 主观幸福感依赖个体的亲身体验，具有主观性。主观幸福感主要取决于个体自己所定的标准，而不是参照他人或外界所制定的标准，虽然每个人都可能具有同等程度的客观幸福，但每个人的实际体验可能会各不相同。总的来看，主观幸福感是相对于"被幸福"而言的，较能反映出个体的真实心理水平。

◆ 主观幸福感不仅指个体没有消极情绪体验，而且更强调个体生理上能体验到的真实积极体验。

◆ 主观幸福感不是指个体对某一单独生活领域进行评估后的体验，而是指个体对自己的总体生活进行评价后所产生的体验，是一种对生活的总的体验。

主观幸福感一般包含三个等级：感受到美好生活、享受生活、获得生活意义。感受到美好生活主要指外在环境或条件所导致的主观感受，它常是一种被动感受，如你住在一个漂亮房间里或在一个干净的餐厅吃饭等，这些都会令你产生愉悦感。享受生活指个体在亲自参与后所产生的那种愉快感受，是一种主体参与后的主动感受，如你参加了一场网球比赛之后，你就会产生参与后的愉快，但如果你只是作为一名观众，那么你就不可能获得这种参与的快乐感受。获得生活意义指个体超越自我范畴，从人类、社会、信仰等层面获得的价值享受，这是一种终极快乐，如一个人拿出自己的钱去做了善事，虽然他损耗了一些钱财和精力，但他仍然感到很愉快，这种愉快就来自于对生活意义的理解和追求。主观幸福感这三个等级的划分其实也就是获得主观幸福感的路径，也就是说，人们总是先从外在环境条件中获得愉快，然后自己再投身参与，在多次参与的基础上最终能主动追求生活意义。由于"幸福"这一概念带有很大的哲学意味，它容易引起理解上的歧义，因此，目前很多心理学研究者研究主观幸福感主要通过生活满意度、积极情绪体验和消极情绪体验这三个指标,而生活满意度则是主观幸福感的一个最重要的指标(Diener,1984),这种方法确实有一定的道理。

成功会让个体产生幸福感是一个不需要证明的公理,那么幸福感会不会促进成功呢?换句话说,所谓快乐的日子会不会让人变得更聪明、更能干呢?有研究者曾在世界最著名的心理学杂志之一——《心理学公报》(*Psychological Bulletin*)上发表过一个有关幸福感与成功之间关系的研究。研究者分别采用横断研究、纵向研究和实验室研究三种方式证明了幸福感确实可以促进个体的成功(Sonja et al.,2005),也就是说,一个幸福的人更有可能取得事业或生活上的成功。

**(2)幸福的 10 个条件**

尽管对幸福本身的定义有许多种,但根据积极心理学已有的研究来看,成为一个幸福的人可能需要具有以下 10 个方面的条件。其中前 5 项是外在条件,另外 5 项是人的个性品质。

①有关系良好的朋友和亲密的家人。当代许多心理学家都证明了一条规律:良好的朋友关系非常有利于主观幸福感的形成和获得。狄纳和塞利格曼(Diener & Seligman,2002)曾以 222 名大学生为实验对象,将其中 22 名最幸福的被试抽取出来,对他们为什么感到幸福进行因素分析,结果发现与朋友在一起的丰富多彩的社会生活是其中最主要的原因。

良好的人际关系是人幸福的最重要的条件之一,之前许多研究都证实了亲密关系对人幸福的影响。日本东京大学的一项研究表明,经常独自用餐的老人更易患抑郁症,其中,独自用餐的女性患抑郁症的风险增加了 40%,男性则增加了 170%。2012 年,英国国家统计局等机构对超过 4 万个家庭进行长期追踪后发现,经济好转对幸福感的增强并没有太大帮助,反倒是经常在家做饭、与家人共同进餐的人普遍感到更幸福。《英国心理学杂志》(*British Journal of Psycholog*)2016 年发表的一项研究表明,一般来说,人与好友之间的互动越多,幸福度也就越高,而且这一过程还受人智商的影响,智商越低受人际交往的影响就越大。国家和社会的发展也同样依赖交往：1949—1978年，中国实行关紧国门的政策，与其他国家交往甚少，这一时期社会财富的增加极少；而1978年开始的改革开放带来了财富的极大增加。在世界范围内也是如此，三个财富大增加的时代也恰恰是世界各民族和文化大交往的时代，如：文艺复兴时期新大陆的发现实现了大交往，工业革命时期交通的发展扩大了交往，第二次世界大战后到现在实现了世界民族大交往。

②有一份稳定的工作或收入。金钱是我们这个社会的一般中介物，在当今这个商品经济高度发达的时代，它几乎能给人带来任何想要的东西。因此，许多人会把主观幸福感和金钱挂钩，认为金钱是导致生活满意的最主要因素，并进而影响个体的主观幸福感。不过，心理学过去的研究发现，金钱对人主观幸福感的影响有一点，但其实并不如人们想象的那么大。下面是两个广泛流传的真实故事[1]。

> 在美国佛罗里达州桑福德市一个安静的小镇上，有一名厨师叫马克·鲍勃，他的烹饪水平一直不错，在一家叫好望角的餐厅做了两年的厨师。当厨师之余，他还热爱博彩，虽然他一直没有中过大奖。
>
> 2009年2月，幸运眷顾了他，他居然中了数百万美元的大奖。在经济危机的情况下，他成了小镇最幸运的人。中奖的那个晚上，他在自己工作的餐厅请客。他亲自下厨，和大家一起庆祝自己一夜暴富。
>
> 那个狂欢的晚上，所有人都尽情地玩闹，只有饭店老板约翰有些难过，因为他得开始计划重新招聘一名厨师了，他想鲍勃肯定不会继续干这份工作了。
>
> 第二天，就在约翰拟好招聘广告之后，一个熟悉的身影出现了。

---

[1] 摘自：骆驼. 快乐工作才能快乐生活[J]. 读者，2009 (21).

鲍勃居然回来了。鲍勃不但回来了，而且风趣地说："我是厨师，你们休想把我丢进那些豪华会所。"

于是，鲍勃又吹着口哨开始了他的工作。很快，饭店里的食客渐多，当人们发现鲍勃依然在这里工作时，都很惊讶地向他挥手致意。

后来，他的做法引来了好奇的记者。记者举着"大炮"闯进厨房问他："鲍勃先生，你完全不必继续在这里工作了，为什么还要继续呢？"

他一手端着盘子，一手拿着勺子对记者说："我从小就学习做菜，并在父母亲的反对下坚持成为一名厨师，你大概知道我有多喜欢干这个了吧？而且，我在这里有像亲人一样的老板和同事，我们相处得非常快乐，他们让我人生的大部分时间都很快乐。我为什么要因为一笔意外之财而丢弃我热爱的工作呢？是的，我不能因为钱耽搁了我的快乐。"

记者很惊讶，良久无语，仍然很执着地问："你这么有钱，干吗不把这家餐厅买下来，然后自己做老板，这样不是很好吗？"

鲍勃笑了，隔着玻璃门指着外面的老板约翰说："像购买这家餐厅成为老板这种事情，我是不会干的，因为这是约翰最喜欢干的事情。我如果买下这家餐厅，那不意味着约翰要失业并失去快乐吗？既不能给我带来快乐，又有可能夺走别人快乐的事情，我为什么要干呢？"

记者再次惊呆，然后对鲍勃竖起了大拇指。

· · · ·

2007年10月，在英国，一位叫卡尔·普兰斯的火车司机幸运地中了690万英镑的大奖。他中大奖后花了6.4万英镑买了一辆房车开始了他的环球旅行，并尽情地享受着金钱带给他的乐趣。但是就在几个月后,普兰斯居然提出申请要回到铁路部门,由于他的听力受损,公司拒绝了他的申请。后来在他的万般恳求之下,他终于重回自己心爱的岗位。当人们问他是不是疯了的时候,他发自内心地说:"我不能把自己的余生花在无聊的度假上,我要与我亲爱的同事及心爱的火车一起快乐地工作下去。"于是,他继续着自己充实而特别的生活,工作时间他继续与火车、同事为伴,下班后他开着自己的豪华轿车回家。人们都相信,他是快乐的,因为他热爱有工作的生活。

很多时候,我们都把工作的目的等同于赚钱,于是工作便成为一种庸俗的劳累。如果你试着把工作和钱分开,和快乐挂上钩,也许会发现工作将成为一件愉快的事情。细细想来,我们大多数人都没有中头彩的命,可能要将人生大部分的时间献给工作,如果不把工作当成快乐的事情,不去从工作中寻找快乐,那我们长长的一生不是注定要悲哀地度过吗?

奇克森特米哈伊(1999)曾做过一个调查研究,结果显示,金钱可能只是人头脑中的一个数据链:每年赚 2.5 万美元的人认为每年赚 5 万美元会使他们很幸福,每年赚 5 万美元的人觉得每年赚 10 万美元会让他们很幸福,每年收入 10 万美元的人则期待每年赚 20 万美元来使自己更幸福,依此类推。这一研究表明,财富可能并不一定是影响主观幸福感的一个重要因素,至少到目前为止,几乎没有证据证明富人会比处于平均财富水平的人幸福得多。当然,财富不能决定主观幸福感,但这并不意味着财富与主观幸福感无关。有研究显示,尽管财富不能带来幸福,但贫穷确实会降低人的主观幸福感。因此,有人认为,财富与幸福只是相关,并不能成为一种保障,财富所能带来的幸福可能主要在于收入的改变(主要是增长),而不在于财富的总量多少。

工作有时候并不是为了钱,工作在一定意义上与一个人的自尊联系在一起,有工作意味着你被需要,这会让人有一种自尊感和获得感。心理学的研究早已表明，金钱不是幸福的决定因素，但金钱却在一定范围内起着一定的作用，特别是在社会保障不太健全的社会，金钱对心理的暗示作用还是非常大的。一般来说，在同一个地区或范围之内（如同一个城市），钱多的人总的来说要比钱少的人更幸福。但在不同的地区或城市之间，这一现象就不存在了。

③有自己喜爱的文体活动。业余活动更能让人产生福乐（Flow）情绪，福乐情绪是人特有的一种情绪，它是指人在沉浸于一项活动或行为时产生的情绪体验，类似于生活中所谓的痴迷感（或痴恋感）。不仅如此，文体活动或适当的运动还可以促使肾上腺素和多巴胺的分泌，多巴胺（Dopamine）是下丘脑和脑垂体腺中的一种关键神经递质，中枢神经系统中多巴胺的浓度受精神因素的影响，从理论上看，增加这种物质，就能让人兴奋、开心和快乐，它有时甚至会令人上瘾。瑞典科学家卡尔森（Arvid Carlsson）在世界上第一个确定了多巴胺为脑内信息传递者的角色，这使他赢得了2000年的诺贝尔医学奖。

④身体健康。主观幸福感与个体的身体健康有密切的关系。心理学过去的研究表明，个体的主观幸福感体验会通过影响人的免疫系统来影响其身体健康，与缺乏主观幸福感的个体相比，主观幸福感体验较强的个体，其免疫系统的工作也更为有效，拥有更高的身体健康水平。反过来，个体的身体健康程度（包括主观和客观健康程度）同样也会影响其主观幸福感体验，一般来说，良好的身体健康状况会使个体体验到更强的幸福感（Carr，2004）。

多数时候，身体健康本身就是幸福的一个重要组成部分，不仅如此，身体健康还能使人有更多机会参与各种文体活动和与他人交往。身体健康中的一个很重要的方面是远离噪声。已有的心理学研究发现，如果一个人长时间地处于噪声影响之下，那么他的快乐能力会显著地下降，并且这种下降不可逆。也就是说，长时间的噪声是人幸福的一个疯狂杀手。

⑤拥有一定的时间和空间自由（甚至为此不惜花费一定的金钱）。一个人

相对的时间和空间自由与这个人的生活控制感有关。积极心理学的一些研究已经证明，总的来说，有控制感的人要比没有控制感的人更幸福，也更乐观。哈佛商学院的威兰斯（Ashley Whillans）等人于2017年6月在《美国科学院院报》（Proceedings of the National Academy of Sciences of the United States of America，简称PNAS）上发表了一项研究。一个研究团队对美国、丹麦、加拿大和荷兰的6000多个成年人进行了调研，结果发现：如果一个人愿意花一些钱来为自己购买一些闲暇时间（如花钱请人打扫卫生、做饭或做家务），会显著提高其生活满意度。研究还发现，其实购买时间所得到的快乐等同于赚更多的钱得到的快乐。这一研究结果并不局限于有钱人，无论收入高低，这么做的人都会出现同样的结果。不过，尽管花钱购买时间可以缓解一个人的日常生活压力并提升幸福感，但绝大多数人似乎都不愿意花钱来购买时间，即使是百万富翁也不太愿意这么做（研究发现，有一半以上的百万富翁都不愿意花钱找人做家务等）。

以上这五个方面属于成为一个幸福的人的外在条件。

⑥喜欢迎接未来。开放性是当前世界文化经济发展的最新趋势之一，一般来说，那些经常着眼于未来的人都相对具有更多的开放性特点。这种乐于并善于迎接未来的人总会对当前所面临的问题有好的解决办法，因为他们把自己放在了一个没有时间和空间边界的世界里，这样那些原本以现实为标准而处于当前焦点地位的问题就会被边缘化，从而失去了对生活的影响力。相反，那些原本在时间维度上边缘化的未来积极事件却可以被拉入到当前的生活焦点中。美国学者金（King）在2001年的一项研究中让被试积极地想象将来最有可能发生的所有快乐的事情，如想象10年后幸福的恋爱或婚姻生活，每天一次，一次20分钟，持续4天。结果发现，与控制组相比，这些想象将来自我的被试的积极情绪得到了提升，而且这一练习还降低了被试的患病率。

⑦乐于助人。心理学界流传着一种说法：如果你想快乐一小时，就去睡个午觉；如果你想快乐一整天，就去钓鱼；如果你想快乐一个月，就去结婚；

如果你想快乐一辈子，那就去帮助别人吧……助人在多个心理学的研究中都被证明能显著地增强人的幸福感。如，邓等人（Dunn et al.，2008）在具有世界权威的学术杂志《科学》上发表了一项研究。该研究调查了632个美国样本，结果发现，如果被调查者每个月大约有10%的预算能花在社会交往上（比如给其他人买礼物或者捐助慈善事业），那么这些人相对更幸福。虽然这些人的总收入与幸福感并不相关，但是花在其他人身上的钱确实与他们的幸福感相关。此外，他们还对一些人从公司领取到奖金红利前后的幸福感进行了比较，发现那些为别人花了更多钱的人幸福感水平确实更高。

但这一结果不禁使人产生疑问：到底是为别人花了钱才感到更多的幸福，还是幸福感更强的人倾向于为别人花更多的钱？哪个是因，哪个是果？为了解决这一问题，邓等人又做了下一步的实验：研究者在早晨随机给46个大学生志愿者5～20美元数量不等的钱，并告诉他们今天必须将这些钱花完，当然这些钱可以为自己花掉或者为别人花掉。到了晚上，他们发现那些为别人花掉了钱的人幸福感明显更强，这种幸福感与他们得到或花掉的钱的多少并没有显著关系。

⑧善于宽恕。宽恕也就是人们日常所说的不记仇性格。这个世界有人对我们好，但在一定的时间或一定的场合，也一定会有人对我们坏。一旦有人对我们使了坏，该怎么办呢？积极心理学提倡：在生活中要和他人比记住快乐的时长而不是比记住仇恨的时长。一个总想着报仇的人或者民族一定不会是一个快乐的人或民族，人们多数时候应该持宽恕之心，处罚或惩罚交给法律去做，而不是交给我们自己的心去做。宽恕既包括宽容，又包括饶恕，人们通常意义上所谓的宽容实际上就是一些心理学研究中所指的宽恕。宽恕并不是简单地指"容忍他人的行为"，而是指要承认他人的权利与自由，要用关心取代冷漠与轻视，用了解取代盲目、无知和歧视。

⑨拥有同情心或共情心。同情或共情（Empathy）有时也被译作"移情"，指的是一种能设身处地地体验他人的处境，从而达到感受和理解他人情感的

特性。善于共情的人更愿意改变自己不合理的认知，更愿意考虑对方的处境或心情，从而表现出更得体的行为。

⑩学会感恩。感恩（Gratitude）指对他人或社会给予自己的善意、善行后的一种积极回馈。感恩在心理学研究的早期被看作一种情绪状态，但现在研究者一般认为它更是一种积极品质。意大利著名哲学家、历史上最伟大的神学家阿奎纳曾认为它是仅次于公正的人类第二重要品质。作为一种品质（类似于人格特质），感恩一定是跨情景的，它对任何外来的益处都会表达谢意（而不是对特定的人或特定的对象）。不感恩被看作一种恶习（Vice），从临床上来看，不感恩的品行可能伴随着过分自恋（Narcissism）的心理疾病，而且个体越不感恩，其自恋病越有可能加重。

在一个为期4周的纵向研究中，控制组只是每天回忆自己生活中的一些细节并记录下来，而实验组则被要求记录他们每天需要感激的一些事情（不论大小）和他们未来的理想生活。结果发现，与控制组被试相比，实验组被试具有更高水平的快乐的内在动机，这种动机和相应的行为方式使个体能持久保持一种积极的情绪状态。所以，个体只要不断努力去完成一些善的事情（这实际上是一种情绪控制策略），就会获得一种持久的幸福状态（Sheldon & Lyubomirsky，2006）。

生活中有一些人的坏习惯是对坏事总是夸大程度且逢人必说，而对发生在自己身上的好事却永远不满。请记住：生活一定不是用来抱怨的。

从条件⑥到条件⑩是指一个幸福的人应该具有的品质或人格特质。

## 2. 使个体学会并保持乐观

从目前积极心理学的研究来看，幸福最基本的条件是要保持乐观，没有乐观，便没有幸福可言。乐观不是天生的，而是在后天的环境、家庭、学校氛围中逐渐形成的。人一旦学会了乐观，他就会用乐观的方式去对待他所经历的一切事，这在积极心理学上被称为"乐观型解释风格"。解释风格是指个体对生活中所发生事情的一种归因方式的习惯化表现。心理学研究表明，孩子一般在 8 岁之前就已经基本形成了相对固定的解释风格（即一种人格类型）。乐观型解释风格其实就是一种积极的归因，乐观的人常把事情的成败归于可控因素（如努力程度或勤奋程度等），而悲观型解释风格的人则正好与此相反，常把事情的成败归因于不可控因素（如任务难度、运气等）。

塞利格曼在研究中发现，具有乐观型解释风格的人遭受失败时，一般不会变得沮丧、不会很快放弃，也不容易形成习得性无助，这些人甚至还会有意识地抗拒无助。研究结果还表明，无助感经验越少，免疫系统就会越强健，身体也就越健康。而且，从对儿童的研究来看，孩子一旦形成了乐观态度，就能很快地从生活中碰到的无助中恢复过来，在跌倒后，能很快地爬起来，耸耸肩然后继续前进。因为乐观的孩子把困难看成是暂时的、特定的，而不是普遍的。而悲观的孩子在遇到挫折后，往往一蹶不振，沉溺在失败中很久。当他好不容易从一次失败经历中走出来，又遇到另一个挫折时，就很容易陷入无助的情境，在他看来，失败是普遍的、永久性的。悲观的孩子把一点挫折就当成失败，以为一步走错就必然全盘皆输，遭遇一点失败就认为自己坠入了无尽的深渊。

不仅如此，具有悲观型解释风格的人还倾向于相信一切坏事都是自己的过错，而且发生的坏事一定会持续很久，并且会扩散到毁掉人生活的各个方面。与之相反，乐观的人面对同样的厄运时，会认为当前的失败是暂时的，并且每个失败都有它的特定原因，不是自己的错，可能是环境、运气不好或其他因素的结果。尽管看上去两者之间只是一个小小的归因区别，但这种区别对一个人的生活来说相当重要，它往往可以决定一个人事业、生活的成功以及身体健康的程度，甚至寿命的长短。

保险业在美国是一个影响比较大的行业，但这个行业总有两个问题让人头疼：第一个问题是保险从业人员的流动性太大，几乎所有的保险公司每年都要招聘大量的新员工，但这些新招聘来的员工不到一年时间就会流失很多，单单培训费一项每年就要损失几千万美元。如美国著名的大都会保险公司每年都会招聘 5000 名左右的新员工做保险销售，在新员工培训期间，公司对每个新员工的投入在 3 万美元左右。但往往在一年之后，就有约一半以上的员工辞职，到了第四年的时候，留下的新员工就没有多少了，大量的培训费就打了水漂。第二个问题是许多从事保险销售工作的员工容易患上抑郁症，这不仅影响了这些人之后的生活，同时也影响了保险行业的声誉。面对这种情况，大都会保险公司的总裁希望塞利格曼来帮他解决这两个问题。

塞利格曼研究后发现，保险行业是一个与人打交道的行业，推销员每天都要面对不同职业、性格、年龄、文化等特点的个体。在此过程中，这些保险推销员必然会经历多次的拒绝，吃到多次的闭门羹，有时甚至还会挨骂（有统计显示，保险推销员每打 10 个电话可能只有一个人愿意和他坐下来谈谈，而且不一定购买保险）。许多员工在遭受这样的打击之后，自信心荡然无存，他就会失去进一步努力的动机，业绩自然就会下降。当他的业绩不好之后，他就会觉得自己不适合这个行业，跳槽也就成了一种必然的选择，即使公司不辞退他，他自己也不好意思继续留下来了。而当一个个体带着失败离开时，如果这个个体自己的性格本来就有点不太乐观，那么抑郁自然就有可能找上他的门。因此，塞利格曼认为保险行业应该仔细挑选员工，保险销售工作并不是什么人都能干的，只有那些具有乐观型解释风格的人才更适合做这项工作。

于是，塞利格曼和大都会保险公司进行合作，为该公司挑选 1985 年的新员工。为了检验自己的假设是否正确，塞利格曼对当时参加面试的 1.5 万名应聘人员进行了两次测试：一次是大都会保险公司安排的职业测试（即公司以前挑选员工的做法），另一次是塞利格曼自己安排的乐观测试，乐观测试采用归因风格问卷（Attributional Style Questionnaire，简称 ASQ）（Peterson et al.，1982，pp.287–299）。ASQ 问卷的核心就是测量个体对积极事件和消极事件归因的三个维度：外在的—内在的、不稳定的—稳定的、普遍的—特定的。

ASQ 主要是由 12 个假定性情境事件组成，其中 6 个是积极事件、6 个是消极事件，每一个情境事件有程度不同的 7 个答案供选择，每个答案分别被赋以一个相应的分数，采用 7 点量表计分法。

同样，录用新员工时也采用两种标准，一种是按该公司之前的标准录用，也就是按这些人的职业测试分数的高低，一共录用了 1000 人，同时对这些人进行归因倾向测试，并根据测试分数在这些人中筛选出乐观风格组和悲观风格组；另外一种是挑选出职业测验不合格，但其 ASQ 乐观测验的分数较高的人，按这一标准一共录用了 129 人。通过两年的追踪发现：在 1000 人组中，具有乐观风格的推销员所做出的业绩要比悲观者高——第一年高出 8%，第二年则高出 31%；129 人组（职业测试分数低但很乐观的人）与 1000 人组中的悲观者相比，两年期间的业绩差异更为显著——第一年高出 21%，而第二年则高出 57%。这些结果充分证明乐观型解释风格在保险推销行业中的重要性。

塞利格曼认为，具有乐观型解释风格的人之所以能创造更好的业绩，主要是因为乐观者在推销失败后，会将失败视为只是暂时没有成功，并没有将失败视为难以逾越的鸿沟而使自己陷入绝望之中。因此，他们会屡败屡战，将面前的困难看作一种挑战，百折不挠地坚持到最后，直到成功。只有在每一次拒绝面前都能保持乐观的人，才可能成为真正的优秀推销员，也才能获得真正的成功。

当然，积极心理学强调乐观，但并不是强调一味地乐观，更不是强调过度乐观。积极心理学所提倡的乐观更多的是为了让个体形成一种生活观念：不论面对成功还是失败，尤其是在面对失败的结果时，人们要学会做出积极乐观的理解，以便为日后的成功打下基础。

### 3. 使个体形成积极人格

积极心理学强调人格心理学必须研究人内心所存在的积极力量，只有人所固有的积极力量得到培育和增长，人性的消极方面才能被抑制或消除。积极心理学认为，尽管先天的生理因素不可缺少，但人格的形成主要还是依赖于后天的社会生活体验，正是不同的人在后天有着不同的社会生活体验，人与人之间才出现了不同的人格面貌，因此，积极心理学的一个重要核心就在于培养个体的积极人格。

所谓积极人格，主要指个体由积极品质和积极力量所组成的那部分人格结构。积极人格其实就是积极心理学想培养什么样的人的一个标准，它是和问题人格相对应的，在某种意义上也是人格心理学的一个组成部分。从彼得森、塞利格曼等概括的具体内容来看，积极人格目前主要包括6大美德和24种积极品质，即积极人格建设所包含的主要内容，具体如表1-1所示。

表1-1 积极人格

| 良好美德 | 定义性特点 | 性格类积极品质 |
| --- | --- | --- |
| 智慧 | 知识的获得和运用 | 1. 好奇和对世界感兴趣<br>2. 热爱学习<br>3. 心灵手巧、独创性和实践智能<br>4. 判断力、批判性思维和开放性思想<br>5. 社会智能、个人智能和情绪智能<br>6. 洞察力和大局观 |
| 勇气 | 面临内在或外在压力时誓达目标的气魄 | 7. 英勇和勇敢<br>8. 坚持不懈、勤奋和勤勉<br>9. 正直、真诚和坦率 |
| 仁爱 | 人与人之间交往的积极力量 | 10. 亲切和慷慨<br>11. 爱和被爱 |
| 公正 | 文明的积极力量 | 12. 公民的职责、权利与义务，忠诚和团队精神<br>13. 公平和公正<br>14. 领导力 |

续表

| 良好美德 | 定义性特点 | 性格类积极品质 |
|---|---|---|
| 节制 | 做事不过分的积极力量 | 15. 自我控制和自我调节<br>16. 富有远见、谨慎和小心<br>17. 谦虚 |
| 卓越 | 把自己与全人类联系在一起的积极力量 | 18. 欣赏美与优秀<br>19. 感激<br>20. 希望、乐观和面向未来的胸襟<br>21. 精神追求、信念和信仰<br>22. 宽恕和宽容<br>23. 玩兴和幽默<br>24. 热情、激情、热心和精力充沛 |

1999年11月的一天，塞利格曼接到了一个电话，电话是美国迈耶森基金会的主席尼尔·迈耶森（Neal Mayerson）先生打来的，迈耶森在电话里表示希望资助塞利格曼的积极心理学研究。但迈耶森先生在和塞利格曼商谈资助时明确提出，他不想资助那些只能摆在书架上的研究成果，所以想向塞利格曼请教两个问题的答案：积极心理学到底能培养出什么样的人？这些人的品质具体是怎样的？为了回答这两个问题，塞利格曼决定借鉴传统心理学之前的成功做法。

传统心理学之所以取得很大的进步，就在于它建立了自己的"问题"标准，即《精神疾病诊断与统计手册》（DSM）。也就是说，判断一个人是不是有心理问题，只要按照DSM上所列举的标准来进行核对即可，如果他符合了或在一定程度上符合，他就可能是有一定心理问题的人。所以，从本质上说，DSM其实就是"问题人格"所具有的具体品质（消极品质）的集合。

塞利格曼和迈耶森意识到，如果积极心理学要切实地改善人类的生活实践，那么它也一定需要这样的东西。所以他们一致认为，积极心理学应该建立一个"积极人格"所具有的具体品质（积极品质）的集合，即积极人格应该包含哪些具体的品质。迈耶森先生决定全额资助这项研究。在确定了这一研究主题之后，塞利格曼认为密歇根大学的克里斯托弗·彼得森教授是主持这项研究的最佳人选。彼得森教授是一位享有世界声誉的人格心理学家，尤其是在乐观和希望的研究方面堪称世界性权威，他撰写的人格心理学方面的专著（如《变态心理学》等）是美国各大学人格教学的首选教科书。但彼得森会同意担任这个项目的主持人吗？塞利格曼对此并不抱太大的希望，因为邀请一个已经成名的学者来从事一项全新的工作实在不是一件容易的事。出人意料的是，彼得森教授在听完塞利格曼的意图后立即答应了他的要求。

最终，历经三年的艰苦努力，彼得森教授和他的研究小组提出了积极人格的 6 大美德和 24 种积极品质。当然，积极人格包含的这 24 种品质只是现在的研究结果，相信随着积极心理学的发展，积极人格中的积极品质也会逐渐增加（和 DSM 的扩容方式类似）。

### （1）智慧

智慧的要素力量主要有：

- 好奇和对世界感兴趣。好奇指面对与自己先前经验不一致的事物时，能以开放的姿态去体验，并采取灵活的应对方式。好奇的对象可以是特定的（如只对玫瑰感兴趣），也可以是全世界广阔视野里的一切事物。好奇的人有着强烈的获得答案的欲望，而不会容忍模棱两可。与好奇相对应的反面是厌烦。
- 热爱学习。热爱学习的你喜欢上学、读书和参观博物馆等，享受一切学习机会，无论是在班级里学习还是自学，都乐在其中。你热衷于某一专业，而且专业技能出色，就算得不到他人的价值认可也觉得无所谓。
- 心灵手巧、独创性和实践智能。当你想要得到某物时，你特别擅长采取一些新奇却又适当的行为来达到目标，很少满足于按惯例做事。这种要素力量包括人们常说的创造性，但不限于艺术方面，也称为实践智能。

◆ 判断力、批判性思维和开放性思想。对你而言，思考一个问题并从各个方面去验证它是你生活的重要方面，你一般不会轻易地得出结论，一切决定都建立在可靠证据的基础之上。当然，你同样也善于变通自己的想法，通过客观理性地筛选信息，做出于人于己都有利的判断。判断要立足于现实，不要将自己的愿望和需要与现实世界搞混。与之相反的是逻辑错误，偏爱和固守自己相信的东西，如过度自我责备（"这全都是我的错"）以及非黑即白的想法等，这些容易导致抑郁和消沉等不良情绪。

◆ 社会智能、个人智能和情绪智能。社会智能是一种观察他人的差异，通过了解他人的情绪、性格、动机以及意图，认识其差异性的行为反应的能力（这里只是解释，并不是下定义，因为很多概念是没有办法下明确的定义的，因此，这里只强调其主要内容，通过这种方式来界定其在本书中的指代范畴）。个人智能是指体察自身的想法，并且以此理解和指导自己行为的能力。二者合起来称为情绪智能，即根据对自己和他人的了解，意识到他人的动机和想法，并且能很好地做出回应。

◆ 洞察力和大局观。这是最接近智慧本身且最成熟的一种要素力量。当你具有了这种要素力量，别人就会寻求你的帮助，你就可以凭你的经验来帮他们解决问题，因为你有看待世界的独到方式，这对你和他人来说都很有意义。有洞察力和大局观的人擅长解决生活中最重要、最纠结的问题。

## （2）勇气

**勇气的要素力量主要有：**

◆ 英勇和勇敢。这样的人不会在威胁、挑战、伤痛或者困难面前退缩。英勇不仅仅表现在生理上（如在发生火灾时很勇敢），还包括在智能、情绪上勇于坚持自己的立场，尽管可能不受欢迎。品质上的英勇与生理上的英勇（勇敢）有所不同，害怕是区分二者的标准，也就是说，英勇不是不感到害怕，而是虽然害怕，却依然选择面对。

◆ 坚持不懈、勤奋和勤勉。勤奋的人一旦接受了高难度的任务，就会想方设法将它完成，他们少有抱怨，做事有始有终。当然，坚持不懈并不意味着执着于一些无法达到的目标。真正勤勉的人有抱负，他们处事灵活、现实，不是过度的完美主义追求者。

◆ 正直、真诚和坦率。你是一个正直的人，这不仅指说真话，也指以一种坦率和真诚的方式来生活；不仅指诉说事情的真相，还指以纯粹的方式告诉别人你的想法和承诺。

### （3）仁爱

仁爱的要素力量主要有：

◆ 亲切和慷慨。你对人非常亲切和慷慨，常常抽出时间帮助别人。你喜欢为别人做好事，就算那个人和你并不熟也没关系。这种特质使得你在与他人相处的过程中，经常将对方的兴趣爱好放在自己之上。

◆ 爱和被爱。爱和被爱不仅仅是指男女间的浪漫，它反映的是你如何评价与他人亲密、直接的关系。一般来说，爱别人比使自己被爱更为普遍，在男性当中尤其是这样。

### （4）公正

公正所包含的要素力量在公民活动中显示出来，不仅包括一对一的关系，还包括你与家庭、社区、国家乃至全世界等更大群体的关系。公正这种美德所包含的要素力量主要有：

◆ 公民的职责、权利和义务，忠诚和团队精神。这指的是你善于成为团队中的一员，对队友很忠诚，乐于分享，并且为团队的成功不懈努力。

如：你是否努力做好分内的工作？你是否尊重团队的目标？你是否尊重教师、教练等处于权威地位的人？这些力量都不是无意识和自动产生的，而是可以后天培养的。

◆ 公平和公正。你不会让个人情感影响你对他人所做出的决定，而是给每个人以机会。如：你是否以更大的道德原则来指导你的日常生活？你是否会认真考虑不认识的人的权利？你是否认为在同等情况下必须以同等的方式来对待他人？你能否很容易就将个人偏见抛在一边？

◆ 领导力。这是指在活动组织及开展等方面表现出色。一个仁慈的领导首先必须是有效的领导，在完成团队任务的同时也能保持与各成员的良好关系。有效的领导也必须是仁慈的领导，在处理团队关系时要做到不蓄意伤人，宽宏大量，坚持正义。

**（5）节制**

节制作为一种核心美德，是指对需要和欲望的适当表达。有节制的人不是压抑动机，而是不伤害自己和他人，等待机会来满足自己的需要和欲望。节制的要素力量主要有：

◆ 自我控制和自我调节。这是指在适当的时候，容易阻止自己的渴望、需要和冲动。它要求个体不仅要明辨是非，而且要把认识付诸行动。如：当不幸事件发生时，你能调节好自己的情绪吗？你能够独自修复和压制消极情绪吗？

◆ 富有远见、谨慎和小心。你是一个小心的人，你说的话、做的事绝不会让自己事后后悔。富有远见是指在决定做某事前就先想好了行动方案，富有远见的人能够抵制短期利益的诱惑，从而实现自己的长远目标。谨慎是一种家长希望孩子能够具有的力量，尤其是在危险情境中，如"小心受伤"等。

◆ 谦虚。你不喜欢成为公众聚焦的对象，更倾向于用技能说话。你不认为自己很特别，不喜欢炫耀，别人往往觉得你很谦虚。谦虚的人把自己的抱负、成功和失败看得不重要，认为胜利和挫折都不值得多说。谦虚不只是一种行为表现，更是一个人内心品质的反映。

**（6）卓越**

卓越的要素力量主要有：

- 欣赏美与优秀。你会停下来闻闻玫瑰的花香，你欣赏美，欣赏优秀成果，欣赏自然、艺术、数理科学和日常事物等所有领域的巧妙。你对反映人类美德的运动、行为有着独特的鉴赏力，类似的事物都容易引发你的积极情绪。

- 感激。你能意识到发生在自己身上的好事，并且从来不认为它们是理所当然的，你总是花时间来表达你的谢意。感激是对他人优秀品行的欣赏，表达了一种对生活本身的期望、感谢和欣赏的情绪。别人帮我们做事，我们会感激，但是，我们还可以感激更一般的好人好事（如"生活在这个世界是多么美好啊！"）。感激还可以出于客观的、非人类的原因——神灵、大自然、动物——但它不指向自己。

- 希望、乐观和面向未来的胸襟。你期望拥有最好的未来，并且为达到它而认真计划、不懈努力。希望、乐观和面向未来的胸襟代表了对未来的一种积极看法。你希望好事发生，认为努力就能够达到目标，并即时为未来做计划，从而选择有目标导向的生活方式。

- 精神追求、信念和信仰。你对宇宙的更高使命和意义有一种强烈的、一贯的信念。你的信念是你行为的指导，也是你舒适的来源。如：你是否有清晰的生活哲学在指引你的存在？对你而言，人类美德或者超出个人精神追求的生活是否有意义？

- 宽恕和宽容。你原谅曾经对你做过错事的人，会再给他一次机会，信奉宽恕别人而非报复。宽恕意味着一个人在被他人攻击或伤害后，能进行一种有益的转化。当人们宽恕别人的时候，他们会更关注错事的积极方面（与人为善、友好、宽宏大量），同时其报复、回避等消极动机或行为会减少。

◆ 玩兴和幽默。幽默的人容易发现生活中光明的一面，喜欢笑，也喜欢给他人带来欢乐。如：你玩兴足吗？你是个有趣的人吗？

◆ 热情、激情、热心和精力充沛。如：你会全身心地投入到某个活动中吗？你对它的热情是否充满感染力？你早晨起床的时候，会对新的一天充满期待吗？

# 第二章　积极心理学带来的革命性理念

尽管积极心理学只是在 20 世纪末才兴起，但它卓有成效的研究还是给人类的生活带来了一些新的革命性理念，这些新的理念不仅丰富了心理学的知识系统，同时也在一定程度上改变了人们的生活认识和生活态度。

## 第一节　无心理疾病≠心理健康

积极心理学认为，一个人没有心理疾病并不就意味着他心理健康。所谓心理健康应是指个体能不断主动追求幸福并能经常体验到这种幸福，同时又能使自己的能力和潜力得到充分发挥。从本质上说，心理没有病和心理健康是两种发展状态。心理状态应该有三种形态：问题状态、"0"状态和健康状态。这就如一个人的生理状态一样，没有病至多也只能算是处于"0"状态，而"0"状态肯定不是严格意义上的健康状态。而且从机制上说，去除问题之后并不会自然增加一个人健康的程度，因为问题去除机制和心理健康机制是两种不同的机制。因此，人类走向心理健康一定有自己特定的技术要求和方法，也就是说，心理健康过程绝对不是一个自然发展过程。

虽然我们对什么是心理健康有了初步的认识，但在心理健康方面还有其他一些问题需要澄清，有些问题也许会令你吃惊不小。

## 一、"我抑郁，我健康"怪论：心理学的著名论断被证伪

尽管你或许能举出许多例子来说明不正确认识自我与心理问题之间存在着相关，但这能证明正确认识自我是心理健康的基本条件吗？20世纪50年代，奥尔波特（G. W. Allport, 1897—1967）、埃里克森（E. H. Erikson, 1902—1994）、马斯洛（A. H. Maslow, 1908—1970）等许多大心理学家都认为心理健康的前提是个体能够对自我、现实生活和未来产生准确的知觉（Taylor & Brown, 1988）。事实上，这一论断也符合人的直觉，生活中许多家长或老师都会要求孩子正确认识他们自己。试想：一个不能正确认识自我的人会心理健康吗？可积极心理学的研究告诉我们，这个论断可能是错的，正确认识自我并不是心理健康的前提条件，相反，积极认识自我可能才是心理健康的标志。

让我们来看一个有名的心理学实验，这个实验是塞利格曼的博士生阿罗伊等人（Alloy & Abramson, 1979）做的。阿罗伊等人在实验中首先根据贝克抑郁量表（Beck Depression Inventory）的得分高低从上千名大学生中筛选出两组大学生，抑郁得分高的学生组成一组较抑郁组被试，抑郁得分低的学生组成另一组非抑郁组被试（即心理较健康的被试），然后研究者让这两组被试同时参加一个电灯点亮控制实验。

这个实验的精妙之处在于让被试在实验过程中具有不确定的控制权，也就是说，当一个被试打开电灯的开关时，这个电灯有时候会亮，有时候不会亮。当电灯随着被试打开开关而亮时则意味着被试对电灯有控制权，如不亮则意味着被试对电灯没有控制权。所有被试均同时参与了三轮实验，三轮实验过程中被试的控制权概率分别预先设定为25%、50%和75%，当然控制权概率是以随机的方式出现在整个实验过程中的。

每当被试完成一轮实验之后，阿罗伊等人就会分别告诉所有被试，他们

将要面临和刚才完全一样的新任务（如共有 60 次开电灯开关的任务），希望被试能预先报告自己在随后这轮新任务中的控制权有多大。实验结果发现，抑郁组被试自我报告的控制权概率和实际设定概率比较接近，而非抑郁组被试却过分夸大了自己的控制力，两组被试间有显著性差异，亦即非抑郁组被试自我报告的控制权概率大大超过了实际设定的概率。阿罗伊等人于是得出结论——抑郁的人比非抑郁的人对自我的认知更准确，在自我认知方面更聪明，亦即相比于乐观（抑郁量表得分较低的那些人实际上属于非抑郁状态中的乐观群体）的个体，抑郁的个体对自我状况的认知更准确，存在所谓的"结果接近效应"或"消极实在主义"（Alloy & Abramson，1979）。

如果根据奥尔波特、埃里克森和马斯洛等人所谓的正确认识自我是心理健康的前提条件的观点，那么阿罗伊等人的实验会得出一个有趣的结论：抑郁的人比非抑郁的人的心理更健康，因为抑郁的人比非抑郁的人对自我的认识要准确得多。这显然是一个错误的结论。也许有人会问：阿罗伊等人的实验会不会在操作上存在什么问题？显然不会，因为在阿罗伊之后，又有人多次做过这个实验，结果都完全一致（Taylor & Brown，1988）。因此，这个实验实际上推翻了所谓的"正确认识自我是心理健康的前提条件"这个结论。

基于阿罗伊等人的实验，许多人都开始对心理健康与自我认识间的关系进行深入研究。这些研究都发现：当个体面对威胁性情境或压力性事件时，如果采用一种轻微的、积极的、"歪曲"事实的知觉方式，反而会更有利于个体保持自己的心理健康（Taylor & Brown，1988）。比如在实际生活中，当个体把自己出现的不良情绪当作自己心理适应的一种特定方式时，个体便不太会受到这种不良情绪的消极影响。

心理学史上有一个真实的故事：经典心理物理学创始人之一的费希纳（G. T. Fechner，1801—1887）在 1833 年获德国莱比锡大学的哲学教授职位后患了抑郁症，具体症状表现为身体无力、失眠、无食欲、怕光，平时连书都不能自己看，只能听母亲为他读书。费希纳曾尝试用多种方法来对抗自己的抑郁，如吃泻药、电击、中医的拔火罐、自己编谜语、写诗歌、散步等，但都没有取得任何效果。后来有一次受到一位朋友的启发，他在观念上把自己的抑郁变成了一种自我陶醉的尊贵感，他宣称自己需要解开这个世界的奥秘，因此他才会产生抑郁。从此，他开始愉快地对待自己的抑郁（这种愉快的观念最终还影响了弗洛伊德），后来他活到86岁，身体状况一直很好。你要知道，莱比锡大学在费希纳逝世的40多年前就已经宣布费希纳是个病人，并每年付给他一笔退休金。

事实上，过去众多的心理学研究表明，这个世界上的大多数正常人在日常生活中都有主动偏向积极的倾向，也就是说，正常的人都会自己主动稍微"歪曲"对自我的认知，他们一般会认为自己比其他人更幸福，更能良好地适应环境（和他们的真实情况比），并相信自己的未来会比其他人更好。比如在求职过程中，一般情况下，求职者对自己在面试中的表现的自我评价要明显好于他在面试中的实际表现，同时也好于别人对他面试表现的评价。你也可以自己动手做个小小的调查，假如你是一所学校的教师，那么你可以问一下你所在学校的所有教师："你觉得自己在学校所有老师中的水平处于'差''中等偏下''中等''中等偏上''好'这五个等级中的哪一个等级？"当然，相类似的调查你还可以做很多。我可以负责任地告诉你，相类似的调查都会得到差不多的结论，大概有超过80%的人都会把自己定位于"中等偏上"和"好"这两个等级。试想，如果一个学校有80%以上的教师都觉得自己处于中等或中等以上，那这种情况就只能是幻觉了。

有意思的是夫妻间也存在这种现象，我们曾经访问了30对"80后"的夫妻，这些夫妻结婚至少一年以上（从实际来看，"80后"的夫妻做家务有民主化的趋势）。我们罗列了20项家务（如买菜、扫地、做饭、整理床铺等），并分别告诉这些"80后"的妻子和丈夫：在过去的三个月中，如果调查表上所列的任何一项家务主要由你做（以超过50%的概率为标准），你就在这项家务后面打个钩（√）。结果很有趣，所有的丈夫平均勾了其中70%左右的家务

（平均数），而所有的妻子更是平均勾了其中75%左右的家务，也就是说，这些妻子和丈夫合起来一共做了约145%的家务。这怎么可能呢？！

## 二、"我积极，我健康"：积极幻想有助于心理健康

上述现象现在被称为"积极幻想"，我国心理学界也有人把它称为"积极错觉""积极幻觉""积极幻想"等。积极幻想已经成为心理学的一个重要研究主题，不过当代心理学研究通常把它和乐观、希望等方面的研究联系在一起（Carr，2004）。

### 1. 什么是积极幻想

积极幻想是个体在生活中或在面临威胁性情境、压力性事件时所做出的一种对自我、现实生活和未来的消极方面的认知过滤，而这种过滤是以歪曲表征方式投射到个体自我意识中的。从某种角度来说，积极幻想虽然是对现实的一种背离，但它实际上是个体的一种积极心理适应，因为积极幻想显示了个体对现实的积极把握和乐观知觉（Carr，2004），同时也体现了个体对自我价值和自尊的一种保护（Robins & Beer，2001）。因而，积极幻想（而不是正确认识自我）在一定意义上更有利于促进个体的心理健康。当然，我们也不能据此得出另外一个结论：有了积极幻想就一定能实现心理健康。

到目前为止的多数心理学研究基本上都支持积极幻想在一定程度上有利于个体的心理健康，也就是说，积极幻想与心理健康的多个指标都存在正相关。生活中也经常出现这样的情况，一些赌博者在赌博输钱后为了获得心理平静，也常常采用积极幻想来应对自己的消极情绪体验。另外，从许多教师过去的经验来看，不论儿童具有什么样的攻击性特质，儿童对与同学和朋友等社会关系的积极幻想都会增加其对同伴的积极评价并促进相互间的稳定关系，同时，这也会降低儿童的抑郁情绪。因此，泰勒等人（Taylor & Brown，

1988)建议将积极幻想纳入心理健康的标准,即心理健康水平应把积极幻想作为一个测量指标,他们认为积极幻想对心理健康的贡献主要有三个方面:增加生活幸福感或满意度、激发关心他人的能力和提升生活中的创造力。

积极幻想与恋爱关系的研究一直是心理学家们比较青睐的一个研究领域,中国古语就有"情人眼里出西施"的说法,这实际上是积极幻想的生活写照。当恋爱双方沉浸在浪漫的爱的体验中时,他们在对对方的外表吸引力以及双方关系质量方面的认知均存在积极幻想,他们常常会将自己的希望或愿望想象成现实,他们不会为对方的真实品质而感到失望,而是将自己理想的形象投射到对方身上,有时甚至会将对方明显的缺点看作一种美德(比如把暴力倾向看成勇敢行为等)。因此,积极幻想不仅会使恋爱双方的关系更稳定、更持久,增加双方的满意度,而且会降低双方的冲突、怀疑和不安全感。

在另一项研究中,默里等人(Murray & Holmes,1997)分别以恋爱中的双方和刚结婚后的伴侣作为被试,要求他们各自描述他们自己和他们恋人的各种积极品质和消极品质。结果发现,被试对对方的品质印象,与对方对自己品质的自我报告相比,前者的评价要显著高于后者,也就是说:所有被试均比对方自己更喜欢对方(Barelds-Dijkstra & Barelds,2008)。

与此相反,也有一些学者(Colvin & Block,1994)认为积极幻想可能并不利于心理健康,有研究甚至发现,积极幻想会让个体产生更多的攻击性行为(Baumeister,Smart & Boden,1996;McDermott,Johnson,Cowden & Rosen,2007),这些结论也得到了其他一些研究的验证。如心理学上曾用模拟危机游戏实验模式研究了大学生的攻击性行为,研究结果发现,积极幻想唤起后的被试出现了更多的攻击性行为,表明积极幻想在一定程度上助长了攻击性行为。不仅如此,从另一个角度来看,过度自信的人也有可能对自己所获得的行为结果体验到较少的乐趣,这是因为他常常会把结果看成自己应得的。更有某些研究发现,积极幻想可能只对个体具有短暂的积极作用(Robins & Beer,2001),是一种所谓的垃圾食品(只具有好的口感,但没有营养）。王玮（2007）的研究同样发现，出现在恋爱初期或结婚初期的积极幻想，在短期内也许对恋爱或婚姻满意度有积极作用，但随着恋爱或结婚时间的增长，这种积极幻想所导致的积极作用会逐渐减弱，最后甚至会出现某些消极影响，比如降低了个体对真实的现实生活的快乐感。另外，从对特定特质的人的研究来看，有研究者也发现，和一般儿童相比，多动症（Attention Deficit Hyperactivity Disorder，简称 ADHD）儿童似乎更容易产生积极幻想。

所以，从以上这些研究来看，我们目前只可以得到这样的结论：正确认识自我肯定不是心理健康的必要条件，但积极幻想也并不一定就意味着心理健康。

### 2. 积极幻想为什么会影响一个人的心理健康

一般认为，积极幻想可能会影响一个人的心理资源，而心理资源是个体进行有意识行为的基础。有研究表明当个体进行一些有意识的心理控制或心理调节时会消耗大量的心理资源，这时个体就会出现心理资源不足的状态，以致个体在随后有可能会出现反应不当或行为失控（Muraven，Tice & Baumeister，1998）。不过积极幻想与心理资源的关系是一个充满争议的研究课题，这种争议主要体现在个体在发生积极幻想时是自动加工还是主动建构，因为人们通常认为只有主动建构才会消耗心理资源。有人发现心理资源消耗高的个体，其自恋倾向反而更高，这说明积极幻想可能并不一定要消耗心理资源，即心理资源的消耗并不会削弱个体的积极幻想，进一步说明积极幻想可能是一个自动加工过程。但也有证据表明，积极幻想可能不是自动加工过程，因为积极幻想是一种主动建构（如维护自己的立场、抑制威胁性信息等），这一过程肯定要消耗一定的心理资源。

### 3. 积极幻想是否具有文化性的特点

海因和哈马穆拉（Heine & Hamamura，2007）运用元分析的方法，发现东亚人与西方人在积极幻想方面有显著差异,西方人积极幻想的程度更高。国内的王轶楠等人也曾做过相关的研究,发现北美文化下的个体普遍表现出积极幻想,而东方文化下的个体普遍倾向于关注自己的缺点与不足,这说明积极幻想在跨文化上可能存在不一致性特点。

另外一项研究检验了积极幻想的维度与三个西方国家(分别是美国、克罗地亚和挪威)篮球运动员的运动成绩的相关性(Catina et al., 2005),结果表明二者呈显著正相关,这说明积极幻想在一定程度上可以作为预测行为的一项重要指标(指西方文化背景)。除此之外,该研究还发现,三个国家的个体的积极幻想水平并无统计学上的差异,积极幻想的结构在这三个国家中具有类似的操作方式,尤其是在夸大个人对现实的控制感维度方面,三个国家的个体呈现高度一致。这一研究从另一个角度说明,积极幻想可能仅存在东西方文化的差异,但在同一种西方文化背景下,不同国家的个体的积极幻想的特点可能呈现一致性。

## 三、积极幻想的三种表现

积极幻想的内涵较为丰富,从目前来看,积极幻想主要包括三个方面:不切实际的自我积极看法、夸大个人对现实的控制感和对未来的盲目乐观。这实际上也是个体积极幻想的三种主要表现方式。

### 1. 不切实际的自我积极看法

不切实际的自我积极看法主要是指个体对自己的行为表现和个体品质等方面给予不切实际的积极评估(Carr, 2004)。也有人认为不切实际的自我积极看法实际上就是过度自信,穆尔和希利(Moore & Healy, 2008)就持这样的观点。他们曾从三个不同的方面描述过这种过度自信:首先,过度自信是指个体过高估计自己的实际能力和表现;其次,是指个体认为自己比大多数人的品质更好；最后，是指个体过度相信自己判断的准确性（尤其是在数字方面）。从内容来看，过度自信确实与不切实际的自我积极看法相类似。

尽管在现实生活中很少有个体能表现出对自我的绝对准确知觉，但多数人在认识自我时似乎都表现出同一种取向——"优于大多数"效应，即过分高估自我（Taylor & Brown，1994）。心理学过去的研究表明，这种不切实际的自我积极看法已经成了许多人的一种稳定的自我认知方式。泰勒和布朗（Taylor & Brown，1988）在回顾过去的研究时发现，多数个体在涉及积极品质、结果归因、学业成绩、事情的重要性、人际关系等方面的自我认知时都表现出积极偏向特征。在有关长时记忆的研究中，人们发现多数个体能更轻易地回忆出与自我相关的积极品质和积极事件。这说明大多数人在对自我进行知觉时，可能在有意无意地忽视自己的缺点和错误，转而专注于自己的优点与特长。

这种对自我不切实际的积极看法还可能存在着一定的特质性差异。如罗宾斯和比尔（Robins & Beer，2001）曾做了一个有名的纵向研究，他们以大学生的真实生活情境为背景，重点跟踪考察了那些在进入大学前就对自己的学业成绩持过度积极信念的大学生（研究中被称为自恋型学生）。结果发现，和一般大学生相比，这些具有自恋倾向的大学生在整个求学期间都表现出明显的不切实际的自我积极看法效应，他们会觉得自己比多数人在完成任务的过程中表现得更好，也觉得自己的学习能力比其他人更强。有趣的是，这一研究还发现，这些具有明显不切实际的自我积极看法的个体还拥有更多的积极情绪体验，这在一定程度上也验证了泰勒等人的结论——积极幻想具有一定的社会适应性功能（Robins & Beer，2001）。

不切实际的自我积极看法目前主要通过问卷测量得以展现，测量的核心内容以自我品质与能力为中心展开。目前使用较为广泛的主要有HSMQ问卷（How I See Myself Questionnaire，简称HSMQ）和人际关系品质量表（Interpersonal Qualities Scales，简称IQS）。HSMQ由泰勒等人编制，项目内容较全面，共涵盖21项积极品质（如学术能力、自尊等）和21项消极品质（如自私、自命不凡等）。不过也有人质疑HSMQ的效度，认为这一问卷有点模糊准确知觉与不切实际的自我积极看法间的界限，而这可能会在一定程度上夸大不切实际的自我积极看法与心理健康间的关系。特别是对一些本来就很优秀的人来说，如果他们认为自己具有较多的积极品质和较少的消极品质，这也许是准确知觉而不一定是自我夸大。而IQS包含的内容相对较少，主要涉及共21项积极品质（如耐心）与消极品质（如懒惰等）项目。默里等人（Murray & Holmes, 1997）就是用这一量表做了一系列的研究，这表明该量表具有良好的结构效度和生态效度。

除此之外，还有其他一些有关量表也被研究者用来测量不切实际的自我积极看法，如自我特质量表、能力表现量表和过度自信测验等。

### 2. 夸大个人对现实的控制感

积极幻想的第二种表现形式是夸大个人对现实的控制感。控制感指的就是个体自己能够做决定与采取有效行动，并获得想要的结果和避免不想要的结果。包括社会心理学家、发展心理学家等在内的许多心理学家都认为，控制感是个体自我概念和自尊不可或缺的成分。不过有研究发现，人们在实际生活中有时会夸大自己的这种控制感（Taylor & Brown, 1988）。例如：当我们驾驶汽车时，如果没有系上安全带，我们会想当然地认为发生车祸时自己可以牢牢地抓住方向盘而不至于受伤；当我们开始吸烟时，我们总想象自己不论在何时做出戒烟的决定都似乎可以立即戒掉烟瘾。实际情况可能不会是这样。

夸大个人对现实的控制感与不切实际的自我积极看法不同，前者强调个体高估自己对自我以外的现实的掌控度（有时也称之为控制幻想），后者则主要涉及对自我各种特质和品质的过高评价。夸大控制感一般是个体对自己事实上已具有的控制感的一种轻微扭曲，如果一个个体对某一情境完全不可控，那他一般不会发生夸大控制感的情形。美国心理学家朗格（Langer，1975）曾经做了一系列赌博范式的实验研究，他发现人们在赌博情境中通常会把原本是运气的成分归结为自己的控制感，也就是说，人们有高估自己的控制水平和低估运气所扮演的角色的倾向。例如：如果让个体自己来掷骰子，那他就会夸大自己的控制感，认为输赢是可以由自己来控制的；而如果让其他人来掷骰子，他一般会把输赢直接归结于运气（Thompson et al.，1998）。

在另外一项研究中，汤普森等人（Thompson，Armstrong & Thomas，1998）系统提出了影响夸大个人对现实的控制感的五个因素：

◆ 与技能相关的因素。比如，被试在看到较为熟悉的实验材料时（即被试已经具有使用这些材料的技能），就可能会认为自己更有把握来完成任务。
◆ 是否能成功地完成任务。实验中个体如果成功地完成任务，那么这种积极反馈会导致个体夸大自己在随后任务中的控制感。
◆ 对结果的需求。实验的结果如果能够满足个体的某些心理或生理需求，那么个体会觉得更有把握完成任务。
◆ 情绪状态的不同。比如，具有抑郁情绪的个体与具有快乐情绪的个体相比，后者对掌握现实的积极取向更为显著。
◆ 现实生活的干扰。被试如果事先知道实验中的情形不会真实发生在现实生活中，就会降低自己对控制感的夸大。

与不切实际的自我积极看法相比，夸大个人对现实生活的控制感方面的测量量表并不太多，此类量表的设计通常都采用让被试对积极事件和消极事件进行自我评估的形式。目前这方面的量表主要有积极和消极事件控制力知觉（Perceived Controllability of Positive and Negative Events，简称 PCPNE）量表和控制效能感（Efficacy of Control，简称 EC）量表。PCPNE 量表中的积极事件（如收到一个心仪已久的礼物）与消极事件（如试图自杀）各10项，该量表的内部一致性系数和重测信度分别为0.67和0.70（Lee & Chung，2008）。EC量表同样以积极事件和消极事件为题项，但该量表所包含的项目数量只有前者的一半，内容上也有一定的变化，其主要侧重于测量被试对恋爱关系的控制感（Murray & Holmes，1997）。

### 3. 对未来的盲目乐观

积极幻想的第三种表现形式是对未来的盲目乐观，主要指个体毫无根据地对未来充满希望，并认定未来会出现更多对自己有利的事件和机遇（Taylor & Brown，1988）。人类是生活在希望之中的，相信现在要比过去好，未来会比现在好，因此大多数个体在知觉未来的时候都倾向于认为自己在未来的发展要好于现在。不仅如此，大多数人还会认为自己的未来会好于他人，而自己在未来所遇到的逆境、灾难则会少于他人。

有研究表明，对未来的盲目乐观也是一种普遍现象。如在一项研究中，当被试被问及在未来可能会遇到些什么时，这些大学生被试报告的积极反应是消极反应的4倍多，却又不能为这些乐观主张提供足够的证据支持（Markus & Nurius，1986）。相反，如果让被试选择自己将来可能会面临的各种消极事件（包括遭遇车祸、成了犯罪受害者、找工作遇到了困难、找不到配偶、生病或患抑郁症）时，绝大部分被试却认为自己不太会经历这些消极事件（Taylor & Brown，1988）。在另一项由106位父母参加的研究中，研究者让这些父母评估风险问卷中所涉及的每件事情（其中积极事件、消极事件各半）发生在自己孩子身上的可能性（与其他孩子对比），结果显示，父母认为自己的孩子更可能达到积极的结果和更可能避免消极的结果（Lench，Quas & Edelstein，2006），这说明绝大多数父母对自己孩子的未来都表现出明显的盲目乐观。

对未来盲目乐观的测量方法与夸大个人对现实生活的控制感相似，它也主要通过测量个体对积极生活事件与消极生活事件的风险评估水平或归因维度来反映个体的盲目乐观程度,不过多数问卷或量表还是以测量被试的风险评估水平为主。虽然同样采用了积极事件与消极事件为题项,但与夸大个人对现实生活的控制感不同的是,对未来盲目乐观的测量更偏重于测量个体心目中的未来取向。目前常用的问卷是风险问卷(Risk Questionnaire,简称RQ),RQ包含了24个生活事件(其中积极事件和消极事件各半),问卷中的14项可能发生的事件(如肺气肿、癌症等)是与身体健康相关联的,而另外10项事件则主要与生活事件(如离婚、大学毕业等)相关,RQ中积极事件、消极事件的内部一致性系数分别为0.66和0.84(Lench,Quas & Edelstein,2006)。此外,还有其他一些量表有时也被用来测量对未来的盲目乐观,如韩国学者选用积极与消极事件检查量表(Positive and Negative Events Checklist),该量表主要用来测量个体的归因差异(Lee & Chung,2008)。

随着对积极幻想研究的进一步深入,还有一些学者开始尝试将积极幻想的三个方面合在一起来进行测量,并编制了相应的测量工具,如有一些研究者编制了积极幻想的三维度量表(Catina et al., 2005)。不过该量表仅应用于体育运动领域,并未推广至其他领域。

总的来看,目前对于积极幻想三个方面的研究更多的是从特质角度入手,通过采用问卷或量表测量的手段,考察人们是否存在积极幻想,至于积极幻想偏离真实知觉的具体距离数据的测量,目前还没有相关的研究。而在以上提到的这些问卷或量表中,分数的高低,有时也并一定就代表偏离真实知觉的程度,即高分不一定就是偏离,高分也有可能属于正常范围,因为这里面可能会涉及特质、文化、教育等多方面的影响。

## 第二节 心理问题的预防比治疗更重要

对于人来说，不管是在生理还是心理方面，预防永远要比治疗更重要，人一旦出现问题，哪怕只是一个小问题，解决和消除它都将是很困难的。比如，每个人在其一生中都可能患过感冒，一旦你患了最普通的感冒，即使你吃最好的药（现在的医生一般都是给你开抗生素，实际上，尽管抗生素确实能杀灭侵入你体内的细菌，但感冒一般是感染了病毒而非细菌，所以你感冒痊愈最重要的原因还在于你自己抗病毒的免疫系统的功能），你的病也不可能一下子就痊愈，而是要经历一个过程。除此之外，预防更重要还有以下几个原因。

### 一、治愈还是缓解症状：这是一个选择

目前生理疾病的治疗思路主要有两条：一条是治愈，另一条是缓解症状。治愈即通过直接杀灭或消除导致问题出现的东西（一般是病毒或细菌），比如吃抗生素、开刀切除癌细胞组织等，只要把这些导致疾病的根源消除，个体就会借助于免疫系统的功能重新恢复健康。缓解症状主要通过间接的方式来减轻症状或限制病症的进一步扩大，并进而提高个体自身的免疫功能。比如，一旦你患了疟疾，如果你服用足够量的抗生素，那么你的疟疾就能被治愈。当然你也可以服用奎宁，但那只能减轻外显症状，一旦你停止服用奎宁，疟疾还可能会复发，奎宁在这里只是一种缓解剂。许多人可能会认为，缓解症状的思路对人类健康没有什么帮助，其实不然。比如，你患了近视，如果你通过配戴眼镜来解决近视问题，你就是采用了缓解剂策略，当然，你也可以通过手术来彻底治愈近视。看看你身边，使用哪一种策略的近视患者更多，

你就会明白缓解剂在生理健康中的作用了。尤其是现在人类对许多疾病（如听力失聪、失语、先天性心脏病等）还没有治愈的办法，人们只能采用缓解剂策略来对付它们。

与对待生理疾病一样，人们对待心理疾病同样也有两条思路，即治愈和缓解症状。事实上，从目前来看，人一旦患上心理疾病，治愈将是一件非常困难的事情。弗洛伊德曾经一生致力于治愈心理疾病，他采用让患者回忆幼儿时的创伤性生活事件的方法（弗洛伊德认为回忆出的这些内容都属于潜意识），最终自认为获得了治愈心理疾病的抗生素。弗洛伊德有一个假设：那些被压抑到潜意识中的记忆或思维就是病人产生心理问题的根源。因为只有患者内心的冲突才会迫使这些内容进入病人的潜意识，所以心理治疗最有效的方法就是把那些被压抑的记忆或思维带到患者当前的意识觉察水平，让治疗者和患者自己充分了解。当这些被压抑到潜意识中的东西得到暴露以后，患者的病源就会被消除。其实，弗洛伊德心理治疗的核心就是把患者那些隐藏在内心深处从来没有见到过阳光的东西拿出来晒晒，让阳光来对这些东西消消毒，这样病人就会被治愈。弗洛伊德是一个典型的因果决定论者，他相信进入病人心里的东西一定不是偶然的，因此需要通过自由联想的方式来加以揭示，那些被患者讲述的经验都是预先被决定的，是患者的意识选择不能阻止的。但弗洛伊德成功了吗？弗洛伊德事实上没有成功，他只是成名了，不管是在临床治疗领域还是在实证科学领域，他的这些治疗理论和技术到现在还得不到强有力的支持。

事实上，随着现代精神病学和现代科技的发展，人们越来越发现治愈精神病的难度太大，其关键原因主要有两个。

### 1. 心理问题本身的确定太复杂：没病也能查出病

人的生理疾病可以通过体温、血压等一系列客观的指标来确定，但心理问题的确定却找不到这种指标。让我们来看一个发表在世界著名杂志《科学》

上的研究。美国著名心理学家罗森汉恩（Rosenhan，1973）招了8个被试（3女5男，包括1名研究生、3名心理学家、1名儿科医生、1名精神病学家、1名画家和1名家庭主妇），想看看这些正常人是否能被精神病医生送入精神病医院。研究者的目的是想知道究竟是精神病病人本身所存在的病理特征，还是观察者看到病人所处的环境或场合导致了精神病的诊断。所有被试一共问诊了美国东、西海岸共5个州的12所精神病医院。到了精神病医院之后，每个人都对医生说同一种指导语：他们在生活或工作中时常能听到"empty"（空洞的）、"hollow"（低沉的）和"thud"（砰的）等声音。除了这一症状是虚构的之外，所有被试的其他言行都完全符合各人的实际状况，而且回答医生们的信息也都是真实的（当然，除职业和姓名之外）。结果很有趣：除1人之外，其他7个人均被医生诊断为精神分裂症而被分别送进了不同的精神病医院。

这7个人进入精神病医院之后，都不再表现出任何精神病症状，而是行为正常，他们被要求每天记录自己在精神病医院的生活经历。这些被试发现，自己的这种记录不需要对医生做任何隐藏，因为这种记录本身在多数情况下就被认定为精神病的另一个症状。许多医生会对一些实习医生说："你们看，这就是典型的精神病症状，医生说什么，他们就记录什么。"结果这些假病人的住院时间短的为7天，长的达52天，平均住院时间达到19天。这一研究还显示了另一个重要问题：在这些假病人住院的过程中，没有任何一个假病人被任何一个专业医护人员（包括医生和护士）识破。当他们出院之后，他们的心理状况被确定为"精神病恢复期"而记录在他们的病历中。

特别有意思的是，当专业医护人员不能鉴别这些假病人时，其他和这些假病人待在一起的某些真正的精神病病人却不那么容易被欺骗。在3个假病人所在的精神病医院，118个真正的精神病病人中的35个对被试表示了怀疑。他们认为被试不是真正的精神病病人，有时会说："你不是疯子，你是记者或编辑，你们是来检查医院的。"

在 7 个假病人住院的整个过程中，医生一共发给这些假病人各种各样的药共 2100 片，当然，这些假病人把这些药全部扔掉了，他们发现许多真正的精神病病人其实也同样经常扔掉医生给他们的药。罗森汉恩通过这一研究得出结论：过于强大的医疗机构或社会舆论影响了专业医务人员对个体行为的正确判断，人一旦进入这种医疗机构，专业医护人员就有一种定式——你肯定有病。也就是说，专业医护人员在特定的环境中会倾向于忽略每个人的个体化差异，会产生所谓的"贴标签效应"，一旦某个人被贴上了某种标签，人们就更倾向于去理解标签而不是去理解这个人的真正个性。

罗森汉恩的研究公布之后，受到了一些精神病医院的批评。为此，罗森汉恩又做了进一步的研究。他告诉某家精神病医院，他会在三个月内至少派一个假病人到这家医院就诊，如果该医院的医生能把派去的假病人筛选出来，那么他就会修改自己的研究报告。因此，这家医院的每个精神病医生都被要求用美国精神病学会颁布的《精神疾病诊断与统计手册》（简称 DSM）上的 10 点量表来对病人进行严格检查，以便能准确地确认谁是假病人。结果在随后的三个月中，来这家医院看病的病人中共有 193 人被认为是假病人。但事实上，罗森汉恩在这三个月中并没有派去任何一个假病人。这说明在悬赏不同的情况下，精神病的诊断会有很大的差异，这也充分体现了心理问题在诊断时的不确定性。罗森汉恩的研究告诉我们：至少，精神问题的诊断过程不是一个让人十分信赖的过程。

尽管确定心理问题非常复杂，但是心理问题还是有自己的核心特征，即行为不正常且表现出持续性。所谓行为不正常就是指个体的行为和这个社会大多数同龄人的行为之间存在显著性差异，并影响到他人或自己的正常生活及工作等，具体来说就是行为古怪。行为古怪虽然是一种主观判断标准，但它一般和特定的情境或场合结合在一起，我们通常都可以利用常识来认定某些行为是不是古怪。例如，一个成年人在自家院子里给花浇水没有什么古怪，但当这个成年人在暴风骤雨中给自家院子里的花浇水就是行为古怪了。因此，判断行为古怪必须认真考虑行为或行为模式发生时的场合或情境，以及有没有影响自己或他人的正常生活。

古怪行为并不都是心理问题，我们每个人都曾有过疯狂的时候，一个人有可能偶尔表现出古怪行为，但不一定就意味着这个人的心理有问题。例如，当你正在街头行走时，你突然收到了一个意想不到的好消息，这时你可能会在街头跳舞并大声歌唱。虽然这种行为比较古怪，也在一定程度上影响了他人或自己的生活，但这并不表明你的心理异常。除非你一直这样持续下去，每天、每周或每年的大部分时间都是如此。因此，对于心理问题的确定来说，古怪行为模式的持续性也是一个非常重要的指标。

当然，有时候即使古怪行为具有明显的持续性，我们也要小心判断，因为从本质上说，这个世界上的每个人都是一个个性化的人，他的行为都是个别性的。这就如你现在用手挖一下你的鼻子，你的这个行为肯定和其他人挖鼻子的行为不一样。因此，生活中有些看起来比较古怪的行为也不一定就是心理问题的表现，比如你的爱人每天睡觉前都要站在床上唱一遍国歌，只要这种古怪行为没有对他人或自己造成什么大的损害，那也不必大惊小怪，因为这种行为和你刚才挖鼻子行为的性质差不多。

### 2. 心理治疗中会出现安慰剂效应：很难和你说再见

所谓安慰剂效应，就是指不管治疗是不是真的有效果，被治疗的人都倾向于报告这些治疗是有效的。为什么会出现安慰剂效应呢？最主要的一个原因（当然还有其他原因）就在于每个人都会刻意维护自己已有行为的价值，因为这样可以有利于自我的存在。比如你买了一种化妆品，当你使用之后别人问你有没有效果时，如果你告诉别人"这种化妆品一点效果也没有"，你的自我就会受到威胁，因为你就有可能被他人认为愚蠢或是傻瓜等。所以，通常你会说"还是有点效果的"。

从心理治疗的角度来看，安慰剂的作用一定是缓解症状，因为它没有针对心理疾病的病源,事实上,目前许多心理疾病的病源很难找到,自然也就无法彻底治愈。

心理学家博克(Bok,1974)和拉索(Russo,2002)的研究表明,大约35%的心理疾病患者吃了安慰剂后,其病情会得到满意的缓解。鲍尔(Bower,1996)曾对常用的抗抑郁药氟西汀(Fluoxetine)进行了研究,结果发现药本身的安慰剂作用是药效的2倍,不过许多医院或医生似乎在有意隐瞒这个事实。如,现在有30个抑郁症患者,被随机分为三组:第一组什么药也不吃,第二组吃安慰剂(如维生素片),第三组吃氟西汀。结果半年之后,第一组有2个人痊愈了(因为人都有一定的自愈能力,即使医生什么也没有做,有一部分病人也会感到病情有所好转),第二组有6个人痊愈了,第三组有8个人痊愈了。你认为是安慰剂的作用大还是氟西汀的作用大?你可能会认为氟西汀的作用更大(8大于6)。其实你错了,安慰剂的作用更大。在这里安慰剂治愈的人其实是4个(因为6个治愈的人中间有2个是自愈的),同样,氟西汀治愈的人应该是2个(8减去4再减去2),现在我们清楚了,这个例子中安慰剂的作用应该是氟西汀的2倍。但医生却会告诉你,氟西汀是多么有效,它能使80%的患者痊愈,他其实是在骗你。

安慰剂有时甚至可以强到让人(包括病人和正常人)上瘾。曾有美国心理学家做过这样一个研究:他们在电视上做了一个广告——清晨击头治疗法。广告宣称,一个人如果每天早晨起床后用经过医学和心理学测试的特制橡胶槌子敲打自己的头10分钟,就会整天精神百倍,这种槌子的邮购价是10.95美元一个。实际上,这些槌子就是从普通杂品店里买来的便宜货。研究人员发现,在广告刊出后不久,他们很快就收到了许多来自全国各地的邮购订单,并且许多人出现了槌子综合征——这些人如果早晨起床不用这种槌子敲打头10分钟,他就会整天没精打采。更有意思的是,许多人还一定要用邮购的这种槌子敲打,如果用其他的槌子敲打就觉得没有用,这就是典型的安慰剂上瘾效应。

正是因为目前的心理治疗太依赖安慰剂的作用，所以生理精神病学和心理学现在似乎已经放弃了治愈心理疾病的念头。目前的心理治疗几乎都只是缓解症状，不管是源于心理学的行为疗法、认知疗法，还是源于生物精神病学的药物疗法，心理药房里的每一种药似乎都只具有缓解作用。有关研究还表明，缓解治疗只有65%左右的疗效。再以抑郁症为例，有人对缓解抑郁症的两种方法——认知疗法与精神性药物（如氟西汀等）治疗——进行了比较。在考察了这两种缓解方法的效果之后，研究者发现，这两种方法大概只有65%的缓解率，而这其中又伴随着45%～55%的安慰剂效应，这意味着这两种方法的实际缓解效果仅在10%～20%之间（Seligman，2010，pp.1-3）。

基于以上两个方面的原因，积极心理学提出，保持心理健康的重点应在于预防而不是治疗，只有预防才是去除心理问题的最有效方法。但预防和治疗完全是两回事，其原理和机制完全不同，正如我们要预防感冒不能采用治疗感冒的方法（预先服用抗生素）一样。2009年，世界各地流行甲型H1N1流感，也许甲型H1N1流感疫苗的研制过程会对心理问题的预防有某些启发作用。

借助于显微镜，人们发现甲型H1N1流感病毒就像是个带刺的球，球上布满了触角，这些触角是血凝素蛋白质（H1）和神经氨酸酶（N1），正是这些H1和N1会引起人体免疫系统的攻击，所以人们把它们称为抗原。因此，制作甲型H1N1流感疫苗，就是先将H1N1流感病毒杀死，并将它分裂，再收集那些触角H1和N1，也包括一些其他无害的蛋白质。当把这些无害的触角H1和N1注射到人体内后，人体的免疫系统便会对它们发起攻击，并将它们吞噬。自此以后，人体就会识别这一新病毒，当外在具有活性的甲型H1N1流感病毒再侵入人体之后，人体的免疫系统就会很快对它们进行识别，并把它们消灭，这样，人类就能预防甲型H1N1流感了。

现在你也许有点了解心理预防的机制了，这就是说，教育者要时常对儿童进行心理拓展训练，预先在他们的心里种下各种心理疾病的"抗原"，这些接受了"抗原"的儿童就能有效地预防心理问题的出现。当然，教育者让儿童接受的"抗原"也必须是失去活性的心理问题，这就是说，拓展训练的问题不能对儿童有任何实质性的伤害。不过积极心理学也认为，仅仅在人心里种下各种心理问题的"抗原"还不够，人们也应该不断提高自己心理免疫系统的功能，而这主要是通过培养个体的积极品质和积极力量来实现的。

## 二、帮个体回归正常生活：我们的治疗观

到这里也许有人会问：人一生中总可能会有某些心理问题出现，如果出现了问题，那又该如何处理呢？积极心理学认为，心理治疗的核心应该是帮助对象在不良心理状态下发挥正常的心理功能，而不应该把重点放在消除其不良心理状态上面（因为目前根本没有有效的办法来消除导致这些问题产生的根源）。具体来说，假如一个个体患了抑郁症，那么心理治疗的重点在于帮助这个个体怎样在抑郁的状态下正常地生活、正常地工作、正常地认知、正常地交往，而不是把精力花在怎样帮助这个个体消除抑郁症上面。亚伯拉罕·林肯和温斯顿·丘吉尔都是相当程度的抑郁症患者，但他俩所做的贡献是世人皆知的，也就是说，抑郁症并没有影响他们的伟大和成功。他们的经历告诉我们一个结论：人类可以有效地应对自身的不良心理状态（如抑郁等），并使自己处在这种状态时仍能很好地表现自己。

冬季奥林匹克运动会有一个项目叫冬季两项，是由越野滑雪和射击两种特点不同的竞赛项目结合在一起进行的运动，要求运动员既要有由动转静的能力，又要有由静转动的能力。这个项目要求运动员必须在长距离越野滑雪过程中，用不同的姿态先后进行4次射击。射击的距离大约为50米，靶子只有一个高尔夫球般大小。如果运动员在射击时脱靶一次（没有击中目标），就必须额外多滑雪150米，因此射击的准确性对比赛的结果来说相当重要。当运动员经过几公里的越野滑雪后，早已精疲力竭，而整个比赛中的4次射击

又是在不同的时间、不同的地理环境下进行的，因此，冬季两项实际上比的是谁能在疲劳不堪的条件下发挥好自己的水平。参加冬季两项比赛的运动员在经过多年的专业训练之后，在平时正常条件下的射击几乎都可以做到百发百中，但只有那些在非常艰苦、非常疲惫的条件下能发挥平时正常水平的运动员才能最终获得冠军。在冬季两项的整个比赛过程中，运动员没有办法消除影响自己射击精确的各种不利因素，如疲惫（生理因素）、环境干扰（环境因素）、被罚时的沮丧（心理因素）等，他们只能通过常年的训练来提高水平。心理治疗也许应该向冬季两项学习！

我们再来看一下军队特种兵训练的情境。在军队特种兵的训练过程中，训练者总是会有意地给学员设置各种险恶的情境，如缺乏食物、没有合适的工具、让学员疲惫不堪等。这些训练项目的目的是什么？其实特种兵训练的核心就是教授特种兵如何在极其险恶和困难的环境条件下发挥自己正常的功能，也就是通常所说的应对消极处境的能力。因为训练者知道，险恶环境是客观的，你不可能改变它或消除它，你所能做的就是在这样的环境条件下发挥你应有的能力。特种兵必须具备坚强的人格特质，在任何情况下都不能慌乱，但面临紧急情况时，即使是有着最坚强人格的人，也会有一定的恐惧。因此，特种兵训练就是要让学员学会：即使很恐惧，也要顽强地控制自己的行为，并发挥自己应有的能力。

## 第三节　意志力强不见得能克服心理问题

许多时候，人们把是否能克服心理问题与一个人的意志力联系在一起，认为：意志力强就能克服各种心理问题，反之意志力薄弱就会产生各种心理问题。这话听起来似乎有点道理，但它肯定不全对。

下面是一个真实的故事。

祥祥是一个初一年级的学生，他很喜欢打电脑游戏（好像是非常流行的魔兽游戏）。他的父母非常反对他打游戏，因为父母发现，由于太迷恋游戏，祥祥的学习成绩已经大不如以前了，老师也经常批评他。于是父母开始采取一系列限制祥祥打游戏的措施。父母首先停掉了自己家电脑的上网功能，但祥祥却跑到网吧去打游戏。为了不让孩子有机会上网吧，父母让孩子由住校改为走读，父亲每天早晚接送孩子上学，但祥祥却利用每天中午在学校吃饭的时间去街上的网吧上网。由于父母控制了祥祥的零用钱，所以他每天中午不吃饭，把省下的钱用来上网。父母又进一步采取措施，每个月亲自到学校帮祥祥把钱充入饭卡，并且不给祥祥零用钱，这样祥祥就彻底失去了上网的经费。父母认为这下子祥祥再也不能去上网打游戏了，但他们错了！祥祥开始用自己的饭卡为同学买饭，然后再让同学给他钱，他照样天天去上网，而且到后来，祥祥会在晚上趁父母熟睡后，一个人溜出去上网，然后到天快亮时再悄悄回来睡觉。

　　这是一个让人有点揪心的故事，但故事的主人公祥祥却在这里展现了非凡的意志力，他为了上网打游戏，先后克服了很多困难或压力：父母的责骂、老师的批评、饥饿、身体疲惫等。对一个十几岁的孩子来说，这些困难或压力都可能会把他打垮，但他硬是能坚持下来，并一一加以克服。祥祥在打游戏这件事上为什么会有这么大的意志力？意志力到底是什么？

## 一、意志力：我的别名叫"福乐"

　　积极心理学认为，意志力其实是一种积极情绪，它的英文名字叫"Flow"，也就是说，祥祥在打游戏的过程中会体验到"Flow"，正是这种

"Flow"体验才使得他能——克服自己所遇到的困难或压力。目前我国心理学界对"Flow"这一概念还没有统一的译法，主要有"福乐""沉浸""心流"和"流畅感"等多种译法。我于2006年在我的一本积极心理学著作中把"Flow"译为"福乐"，在这里我暂且沿袭这种译法。

"福乐"概念最早由奇克森特米哈伊（原意大利心理学家，现定居于美国）于20世纪60年代在其写博士论文时提出。当时奇克森特米哈伊对数百名攀岩爱好者、国际象棋选手、运动员和艺术家进行了访谈（这些人常常在自己所从事的活动中表现出非凡的意志力），这些不同的受访者报告自己在从事活动时都获得了一种非常相似的、令人十分兴奋的情绪体验，以至他们很愿意多次去持续地体验这种状态，特别是当他们从事的活动能顺利进行时。一些受访者借用隐喻"水流"（Flow）来描述他们当时的情绪感受，声称这种情绪状态能毫不费力并且源源不断地出现（Nakamura，2002）。奇克森特米哈伊把这种情绪体验命名为"福乐"并对其进行定义，即福乐是指人们对某一活动或事物表现出浓厚的兴趣并能推动个体完全投入某项活动或事物的一种情绪体验，同时他认为福乐一般是个体从当前所从事的活动中直接获得的，回忆或想象等则不能产生这种体验（Carr，2004）。从内涵来看，"福乐"概念的来源实际上可以追溯至人本主义学家马斯洛提出的"高峰体验"。

"福乐"概念从提出到现在已有很长一段时间了，许多学者在这一过程中对福乐进行了大量研究，如果我们把这些研究进行简单的概括，其主要可以分为两类：一类是关于福乐自身属性的研究，另一类则是福乐的应用研究。

### 1. 关于福乐自身属性的研究

这类研究主要围绕福乐的性质、福乐的作用和潜在影响因素进行研究。福乐的性质一直是福乐研究的一个重要领域，因为许多人都意识到福乐的存在，但不知道这种情绪体验和其他情绪体验到底有什么样的区别。如布洛克（Bloch，2000）对福乐体验进行了实证调查和现象学分析，结果表明福乐具有三个现象学结构,即成就结构、联合/整体结构和意义结构,而不同的现象学结构或结构组合揭示了福乐体验的不同意义。蒙纳塔(Moneta,2004)对269名中国香港中文大学的大学生和533名美国12年级的学生进行了实证研究,结果揭示了福乐模型存在一定的文化变异性:中国人倾向于在低挑战、高技能的掌控条件下体验更高的内在动机水平;而在高挑战、高技能才有可能产生福乐的条件下体验到的内在动机水平较低。内在的集体主义价值观可部分地解释这种变异。

由于福乐体验与活动本身的内在自我奖励相关联,因此我们可以用福乐来促使个体坚持某项活动或再次回到某项活动中来,从而不断提高其自身的技能水平来获得积极的结果。夏因(Shin,2006)以福乐理论为基础提出了一个有关常规大学教学情境中虚拟课程(以 VOD 形式呈现网络在线讲座的课程)的福乐教学模型,这一模型包括福乐前兆、福乐体验和福乐结果。他以525名参加23门虚拟课程的本科生为研究对象,检验了这一模型。结果显示:①学生所感知到的课程挑战水平和技能水平是确定他们的福乐水平的一个重要因素;②福乐是课程满意的一个重要预测指标;③性别差异对学生的福乐水平无显著影响;④强烈的学习动机对福乐水平有着相当大的影响。福乐除了可以使个体产生积极的结果之外,多个纵向研究结果也显示其可以有效防范消极结果的产生。当一个个体在家中或学校里经历了不幸事件之后,如果他随后能参加一些有挑战性的活动,这对他后来的发展是极为有利的,特别是挑战活动的有效性、个体对挑战活动的投入度以及参与挑战活动时的成功感都与该个体数年后不良行为的减少高度相关。

心理学家在福乐体验的影响因素方面也已进行了一些研究,如拉塞尔(Russell,2001)访谈了42名大学生运动员,他们参加各种运动,包括足球、棒球、排球、垒球、游泳、摔跤和三项全能运动,他在访谈影响被试进入福乐状态的因素的同时,也让被试填写了福乐状态量表(Flow State Scale,简称FSS),结果显示,性别、运动类型或交互作用都不显著。因此他认为,只要活动具有结构性，不论所参加的运动或参加者的性别有没有差异，参加者都会有相类似的福乐体验。李（Lee，2005）以 262 名韩国本科生为被试，检查福乐和延迟反应的相关性，结果表明延迟反应与福乐有显著的负相关，这说明即时反馈对福乐有影响。浅川兰（Asakawa，2004）将日本大学生被试分为自带目的人格和非自带目的人格两组，结果发现自带目的人格组学生所感知到的挑战和技能水平比非自带目的人格组学生更平衡，而且自带目的人格组的学生趋向于将自己置于感知到的挑战水平比感知到的技能水平更高的状态，非自带目的人格组的学生则相反。此外，这一研究还表明日本学生福乐状态下的心理幸福感很高。

### 2. 关于福乐的应用研究

在过去的几十年里，一些研究者开始将福乐理论从心理学转介到其他学科。目前这方面的研究侧重于福乐与其他心理特质、计算机网络应用、学习、运动、工作、艺术创作等的相关研究。由于福乐研究特别重视其在学习和人机交互领域中的应用，所以我们在这里主要对学习领域、人机交互领域的福乐研究进行介绍。

福乐体验与学习的关系是一个相当有吸引力的研究课题，这方面的研究常与网络学习情境相结合，一些研究者已在这一领域取得了不错的成果。如塞蒂格（Sedig，2007）等人研究了福乐体验在数学学习中的应用，提出了一个怎样设计儿童数学学习软件的福乐操作模型。这个模型主要是通过一个被称为"超级七巧板"的操作学习软件来展示，其核心在于以综合方式来操作数学学习软件中所具有的福乐特征，从而增加儿童在数学学习时的福乐体验，并最终提高儿童的数学理解力。评估结果显示此模型非常有效。一项针对有数学天赋学生的纵向研究发现，在控制了学生原先的能力和分数水平的情况下（使被试具有同质性），那些在学习数学课程第一部分有福乐体验的学生在后半部分学习中的表现要更好一些。廖（Liao，2006）通过建构模型来评估学生在远程学习中所体验到的福乐,研究发现福乐体验对学生在远程学习环境中的学习很重要,可以激发学生学习的内在动机,体验到福乐的学生对远程学习抱以积极的态度,积极主动地利用远程学习。同时研究还指出,三种交互作用(学习者与指导者、学习者与学习者、学习者与学习界面)对学习者的福乐体验有重要影响。

在人机交互领域里,福乐研究旨在改善交互情境或提高工作品质,常与不断增加的积极情感、探索行为和计算机使用相关。莱茵伯格等人(Rheinberg & Vollmeyer,2003)在控制了电脑游戏和情境变量的情况下,以被试所玩游戏的难度水平为自变量,采用简明福乐量表(Flow Short Scale,简称FSS)来评估被试的福乐水平。结果显示,难度中等或最佳的游戏水平更容易使人产生福乐体验,而较简单和较难的游戏水平则较少使人产生福乐体验。一般认为,网站设计的各要素(如吸引力、速度和使用的难易度)间的相互关系与福乐体验相关,浏览网页时体验到福乐的人往往其使用网络的态度和行为更积极。侧重于设计数字游戏的研究近来也已注意到福乐的潜力,也就是说,如果游戏设计者将福乐原理应用到游戏设计中,其设计的游戏会更迷人。蔡等人(Choi et al.,2007)在福乐理论的基础上提出了数字化学习(e-learning,也有人称之为"电子学习""网络学习"或"在线学习")的成功模型,在此模型基础上的研究表明,数字化学习特征、福乐体验、学习者对数字化学习的态度与学习结果之间有显著的相关性。这一研究还特别揭示了福乐体验作为学习过程中的核心因素对学习起着关键作用,它对学习结果的多个方面(如质与量)会产生直接或间接的影响。

## 二、福乐的心理机制

发展心理学的研究表明,尽管自我是在意识的逐步发展过程中形成的,但自我一旦形成,它就会表现出两个特性,即存在性和自由性。所谓存在性,就是指自我要极力保持自己的存在并使自己得到延续，自我本身就是自我的目的；而自由性则是指自我虽然是在个体的生理遗传基础上产生的，但独立后，它对个体的作用会越来越不受个体原有的生理遗传因素的影响。

人们去做什么事常常依赖于一个人的需要系统，即一个人是根据其内驱力所发出的指令来行动。如果把内驱力分为遗传（具有先天特性）和文化（具有后天特性）两个部分（Nakamura，2002），那么自我就自动充当调解遗传指令和文化指令间冲突的中介（因为个体的每个指令都想即刻支配行动，而人又不可能同时采取多个行动，且某些行动又可能和社会价值观相矛盾，因而先天和后天的各种指令间就必然存在冲突）。自我会依据价值（包括社会和个体自身）的大小不同设定各指令的优先次序，然后根据这个次序来选择指令并采取行动。具体来说，自我主要是通过意识觉知来调解这些相冲突的指令。意识觉知主要由三个子系统组成：注意（确保信息在意识中出现）、知觉（解释和加工信息）、记忆（储存信息）。自我在维持自身存在的过程中会将注意、知觉和记忆集中起来，使那些利于自我存在的意识状态得到保持，并排除那些威胁到自身存在的意识状态。自我的这一意识过程，实际上是将自己的行动目标按照价值的大小而排列成一个目标梯度，组成自我的结构。

外在的实际活动通常是一个综合的信息体，它在进入人的意识时既可能有与自我结构中的目标梯度相一致的地方，也可能有与目标梯度相矛盾的地方，这种相矛盾的状态被称之为"精神熵"。精神熵主要指个体在信息加工过程中与自我目标梯度不匹配的"噪声"程度，它常常表现为恐惧、厌恶、冷漠、焦虑、妒忌、慌乱等一些消极体验。精神熵值的大小，取决于外界信息体与自我目标梯度相冲突的程度。这种精神熵理论看起来与费斯廷格（L. Festinger，1919—1989，美国著名社会心理学家）的认知失调理论有点相类似，但费斯廷格的认知失调理论没有涉及自我，仅涉及个体的认知，因而二者间还是有差异的。与精神熵相反的状态，即进入意识的外在实际活动与自我的目标梯度相协调的状态，奇克森特米哈伊称之为精神负熵，这种精神负熵也就是福乐。福乐的表现有愉快、幸福和满意等主观体验。因此，福乐状态是人意识中一种自带目的的内在动机活动方式，是意识内容与自我结构相协调的状态，它唯一的目的就是想要体验行为本身而不是想获得行为所带来的任何外在奖励或其他好处。

奇克森特米哈伊在20世纪60年代提出"福乐"概念之后，又于1975年系统地构建了福乐的理论模型，他指出个体所感知到的自己已有的技能水平与外在活动的挑战性相符合是引发福乐体验的关键，即只有技能和挑战性呈平衡状态时，个体才可能完全地融入活动，并从中获得福乐体验。由于外在活动是不断变化发展的，亦即个体所从事活动的复杂度会不断增加，所以为了维持福乐体验，个体就必须不断发展出新的技能来应对新挑战，这也促使个体的身心得到不断的发展。为此，奇克森特米哈伊提出了福乐通道分割模型，该模型试图说明技能和挑战间的所有可能性关系，在其中起中心作用的是技能和挑战间的适合度。福乐通道分割模型具体有三种模型。

第一种是早期的福乐三通道模型（见图2-1），这种模型将个体所感知的技能水平和挑战水平相适配时所产生的情绪体验看作福乐体验，因此，高技能水平和高挑战水平、低技能水平和低挑战水平相适配时个体都会产生福乐体验。当活动挑战水平要求很高而个体的技能水平较低时，个体会产生焦虑感；反之，当个体的技能水平较高而活动挑战水平要求很低时，个体则会产生厌倦感。然而，有研究者发现，低技能水平与低挑战水平所呈现的平衡状态不仅无法让个体获得福乐体验，反而会使个体产生无兴趣感。所以奇克森特米哈伊等人又将原始理论修正为福乐状态仅发生于高技能水平与高挑战水平二者呈现和谐状态之时，

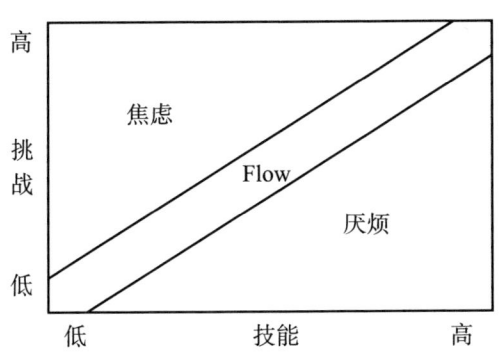

**图2-1　福乐三通道模型**（Nakamura，2002）

并在此基础上修订了原来的三通道模型而提出四通道模型。

第二种是四通道模型（见图2-2），这是后来心理学界应用最广的福乐理论模型，它是在早期三通道模型基础上分离出第四种状态而得到的。依据这一理论模型，奇克森特米哈伊认为个体所感知到的活动挑战水平虽然很高，但如果仍在个体的技能所能控制的范围之内，个体便会产生福乐体验。也就是说，四通道模型存在四种可能性：活动的高挑战水平和个体的高技能水平相结合时会使个体产生福乐体验；活动的低挑战水平和个体的低技能水平相结合时会使个体产生冷漠体验；活动的低挑战水平和个体的高技能水平相结合时个体会产生厌烦体验；活动的高挑战水平和个体的低技能水平相结合时个体会产生焦虑体验。不过这一模型仍然存在一些缺点，如：它没有说明如何评估挑战和技能，也没有对所谓的高挑战水平和高技能水平进行明确的定义；另外，挑战水平与技能水平的平衡到底如何操作也需要进一步明确。

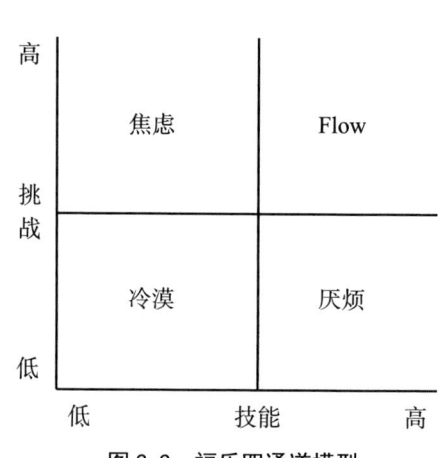

图2-2 福乐四通道模型

第三种是八通道模型，为了进一步增强理论的科学性，奇克森特米哈伊和他的研究小组在1997年又进一步把四通道模型中的四种心理状态细分为八种不同的心理状态（见图2-3），并用同心圆对它们各自的程度进行了区分。这一模型在保留了技能水平和挑战水平相适配这一中心观点之外，又确定了四个额外通道：觉醒、控制、放松和担忧（Nakamura，2002）。按照奇克森特米哈伊研究小组的最新观点，当活动的挑战水平过高时，个体可能不会产生焦虑体验，反而会处于一种无所谓的觉醒状态；同样，当活动的挑战水平只是稍高于个体的技能水平时，个体也可能不会产生焦虑体验，只是出现担忧等心理体验；当个体的技能水平远远高于他所面临的活动的挑战水平时，个体能毫不费力地应对挑战，就可能不会产生厌烦体验，而会产生轻松感和控制感等心理体验。因此，八通道模型在某种程度上比前面的两种模型更科学，也更符合人的实际状况。

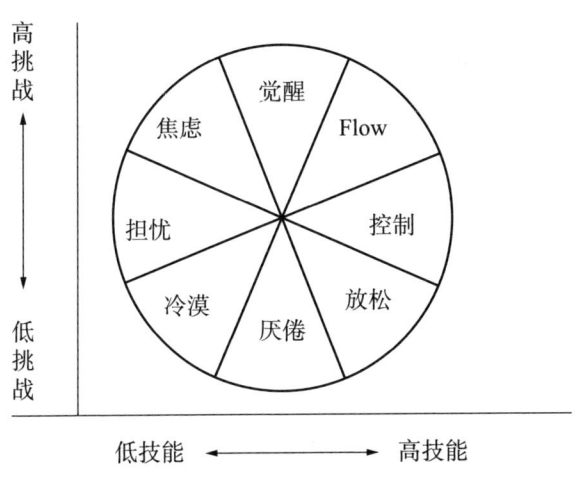

图 2-3　福乐八通道模型

以上只是福乐结构的一般理论模型，目前随着对福乐研究的进一步深入，在某些应用领域也出现了一些新的福乐结构模型，如人机交互中的福乐因果结构模型等。

## 三、福乐的特征和产生条件

研究表明，福乐心理体验的产生具有跨阶层性、跨性别性、跨年龄性、跨活动性和一定的跨文化性（Sedig，2007）。奇克森特米哈伊在其多年研究的基础上认为，处于福乐状态中的个体几乎都有以下九个共同特征：

◆ 体验活动本身成为活动的内在动机；
◆ 注意力高度集中于当前所从事的活动，其他任何外在引诱最多也只可能使个体出现暂时的分心；
- ◆自我意识的暂时丧失，如忘记了自己的社会身份、身体状况（饥饿、疲劳）等；
- ◆行动与意识相融合；
- ◆出现暂时性体验失真，如觉得时间过得比平常要快；
- ◆对当前的活动具有较好的控制感，即个体能大致认识到自己能应对即将出现的后续行为，并能对它做出适当的反应；
- ◆具有直接的即时反馈，活动的每一个环节都是对上一活动环节的反馈；
- ◆所感知到的活动的挑战水平和个体自身的技能水平之间具有平衡性；
- ◆有明确的活动目标。

尽管日常生活中的福乐体验相对较少，但是倘若满足了一定条件，几乎每一种活动——工作、学习等——都能使人产生福乐体验。我们把福乐产生的条件概括为三个方面：

- ◆个体所从事的活动要有一定的结构性特征。所谓结构性特征就是指一个活动应该具有确定的目标、明确的规则和相应的可操作的评价标准。在结构性活动中，参与者要明确自己所要达到的目标，知道自己应该做什么，同时活动本身可以给活动者提供足够的、直接的即时反馈，使他了解自己已经取得了哪些进步、需要做哪些调整，知道下一步应该做什么。
- ◆所感知到的活动的挑战水平和技能水平之间必须建立平衡，当然，这种平衡是相对的。如果所感知到的活动的挑战水平开始超过所感知到的自身的技能水平，个体就会变得很焦虑；如果技能水平开始超过挑战水平，个体就会感到放松，然后变得厌烦。这些不同的状态提供了这种平衡关系对环境的反馈结果，并迫使个体调整行为来规避更令人厌恶的主观体验，使自己重新进入福乐状态。
◆ 福乐的产生还取决于个体自身的特点。每个个体都拥有体验福乐的能力，但是人们体验福乐的次数和所报告的福乐体验的质量还是存在个体差异的。也就是说，个体自身的特点（主要是人格方面的特征）对福乐状态的产生起着一定的影响作用。奇克森特米哈伊将那种更易产生福乐体验的人格称为"自带目的性人格"。拥有这种人格特质的人喜欢享受生活，他们只是为了自身的内在目的做事，而不是受外在目标的驱使。此外，个体注意力集中方面的品质对福乐体验也有很大的影响，有着不同注意力品质的个体在福乐体验的质量和数量上会有差别。

## 四、福乐的测量方法

福乐是一种积极的情绪体验，其在不同时间、地点以及个体之间有着一定的差异性，这就需要通过测量来评估这些差异性。但是，由于福乐和其他主观体验一样不太稳定，同时又具有无自我意识性特点，因此，对福乐的测量就变得很复杂且具有挑战性。不过，研究者还是找到了多种评估福乐体验的方法（包括定性的和定量的）。到目前为止，心理学对福乐的测量方法主要有三种。

### 1. 面谈

面谈是福乐测量的一种最常用的方法，是一种比较传统的方法，同时也是一种直接、简单而易行的测量方法。奇克森特米哈伊最初就是通过访谈许多有相似体验的人而提出"福乐"概念的。福乐研究主要采用半结构式面谈（Nakamura，2002），即研究者在与被试进行面谈时预先做好一定的准备，但在实际过程中又会根据具体情况而有一定的灵活变化。这种面谈的最大特点是可以在真实的生活场景中对被试的福乐体验进行具体而细致的了解，可以确定福乐的动力学特征和大致范围。但这种方法也有一些显而易见的缺点：

首先，一个人的自我感觉常常不准确，人们经常会混淆自己的感觉或被自己的感觉蒙蔽；其次，一个人的自我报告容易出现"实验者效应"，这容易导致面谈结果的信度、效度出现问题；最后，面谈比较费时间。不过，随着人们对访谈的形式、语言要求等进行不断的规范，面谈方法正在得到不断改善，目前正朝着能更丰富、更完整、更客观地描述福乐体验的方向发展。

### 2. 问卷调查

问卷调查也是一种较常用的福乐测量方法，研究者常常用它来测量福乐体验的维度、情境和个体间的差异（Nakamura，2002）。福乐问卷一般主要包括以下几个方面的内容：①是否有过福乐体验；②福乐体验的频次；③在什么活动或情境中能体验到福乐。问卷调查最重要的特点是一次可以调查许多被试，而且被试的反应可以按照主试的要求来进行，便于研究者获得想要的信息。目前使用最广泛的福乐量表主要有杰克逊（L. Jackson）和其同事共同编制的福乐状态量表（FSS）和倾向性福乐量表（Dispositional Flow Scale，简称 DFS），这两个量表都是以前面所讲到的九个福乐特征为基础而发展得来的（Kawabata，2008）。FSS 主要测量个体产生的福乐状态的连续统一性而非片段性，最初被用来研究各种体育运动中个体所体验到的福乐，现在其他领域的福乐研究也常采用此量表。DFS 则是对福乐的倾向性进行测量，是用来评估个体参与某项活动时产生福乐体验的可能性及其具体的体验程度。现在这两个量表已在原有基础上得到了进一步的修订。此外还有福乐特质量表（Flow Trait Scale）等测量工具，其主要用来测量福乐体验产生的个体间差异。

问卷调查虽然可以大大节约研究时间，看起来似乎比面谈具有更好的科学性，但其实质和面谈一样——也主要依赖个体的内省，因而也不可避免地存在着和面谈同样的缺陷。也就是说，面谈和问卷都比较依赖于被试对过去体验的回忆。但是回忆存在着一个精确性问题，回忆的内容或多或少会与当时真实的情境内容之间存在一定的偏差。所以这两种方法收集到的资料信息不能确保真实性，这也就影响了测量本身的信度。不仅如此，面谈和问卷调查还要求被试将那些分散的画面组织成一幅完整的画面并呈现出来，呈现的结果将受到个体的组织能力和言语表达能力的影响，这也会影响测量结果的精确性。此外，面谈和问卷调查受被试当时的情境条件的影响很大，即被试提供的内容也许更多地包含了他当时的即时心理体验成分。基于这些缺陷，研究者们通过实践又摸索出了一种新的研究方法——心理体验抽样法。

### 3. 心理体验抽样法

心理体验抽样法（Experience Sampling Method，简称 ESM）为福乐研究提供了一种新的视角。心理体验抽样法的思想核心在于多次重复评估个体在日常行为中对自己和环境的感受，从而保证结果的准确性和客观性。这种方法要求被试佩戴一个能发声的电子仪器（类似于 BP 机），当被试收到一个来自主试的声音信号时，立即完成一份相应的问卷并把它传给主试。主试呼叫被试的时间及被试完成的问卷等都是预先设计好的，可根据研究者的具体目的来决定（Smith，2005）。心理体验抽样法的最大特点是可以收集被试当时的认知、情绪和动机方面的信息，也就是说可以了解被试的即时活动和即时体验，清晰地呈现出被试的日常生活状态，从而帮助研究者了解或获得个体真实的生活体验以确保研究的准确性和客观性。此外，这种方法还可以进行持续性研究，从而帮助研究者更好地掌握被试总的福乐状态。福乐的心理体验抽样研究主要关注个体在一些典型时刻的信息资料，如福乐体验条件出现的具体时刻、福乐体验出现的具体时刻等。研究者通常用一个 10 点计分量表来测量，将被试的注意力集中程度、参与度和愉悦度三个方面的自我报告水平相加得出测量结果。尽管心理体验抽样法比前面两种方法更客观、更精确，但这种方法存在一个明显的缺陷，那就是会妨碍被试的活动表现，有研究表明运动情境下此方法会影响到运动员的水平发挥（Kawabata，2008）。

以上是福乐测量的主要方法。不过随着当代科学技术的不断发展，已有研究者开始尝试运用其他方法来测量福乐状态，比如使用心理生理学方法对福乐进行探索研究。该方法将心理指标和生理指标相结合，认为采用心理生理学方法可以在被试不知不觉的情况下对其进行测量，被试因而不会意识到用心理生理学方法评估福乐体验的过程，同时采用这种方法还可以持续地监控和记录被试的生理过程。

福乐是一种重要的积极情绪，它有助于改善人类自身的生活品质，因此心理学界一直没有放弃对这一主题的研究，特别是随着当代积极心理学运动的兴起，福乐正受到各领域研究者越来越多的关注。我国学者对福乐的研究相对较少，主要集中在把福乐和具体活动相结合的应用研究方面，如梁斌（2007）对足球运动员流畅感心理状态特点及诱发心理因素的调查研究等。目前福乐研究主要呈现出三个发展趋势：

◆ 福乐研究将逐步走入实验室，尤其是利用事件相关电位（event-related potential，简称 ERP）、正电子发射计算机断层扫描（positron emission tomography，简称 PET）、功能性磁共振成像（functional magnetic resonance imaging，简称 fMRI）等设备的实验室研究逐渐开始成为福乐研究的主流。我们认为，过去福乐研究的客观性可能存在一定的问题，如人机交互领域使用最多的福乐研究工具便是 FSS，但还没有数据显示它在数字游戏或其他人机交互情境中有较高的信度或效度。因此，如何利用当代的最新技术和设备来探讨福乐体验的生理机制和心理机制，从而确保福乐研究更客观、更科学，将是福乐研究的一个主要趋势。

◆ 福乐的跨文化研究。尽管已有学者对福乐进行了一些跨文化研究，但仍然有一些学者认为福乐的主要研究成果出在西方，其理论过于西方化，由此扩展到全人类可能存在一定的局限性（Moneta，2004）。因此，大力进行跨文化的福乐研究也将是一个很重要的发展趋势。

◆福乐研究将更紧密地联系人们的日常生活。心理学必须为全人类的生活服务，必须扎根于人类的生活实践，也就是说，福乐研究必须为增进全人类的幸福而提供技术支持。因此，如何提高普通人在日常生活中的福乐体验也将是今后的一个重要研究方向。

# 第三章　孩子的心理资源：教育成败的一个秘密

据 2010 年 2 月 8 日的《扬子晚报》报道，2010 年 2 月 6 日下午，南京市建康路因为紧临夫子庙，又逢周末，整条马路上人流十分密集。在建康路公交站台附近，一名衣着时尚的女子站在街头。她样貌姣好，身材高挑，但表情显得有些凝重。让周围的路人没有想到的是，正是这样一个大家眼中的美女大学生，竟然在街上见人就打、见东西就踢。尤为恶劣的是，当见到一位头发花白的七旬老太后，她竟然对老人拳打脚踢，老人被打得直喊"救命"。一位路过的男子当即上前制止并报警。在派出所里，女大学生表示自己与被她踢的路人都不相识，她这样做只是觉得压力太大了，想发泄一下。

这位女大学生为什么会出现这种不可思议的行为呢？从心理学的角度来看，这是因为她出现了心理资源不足的情况。

## 第一节　行为依赖于人的心理资源

心理资源就是心理能量，它主要用来支撑一个人产生或进行各种有意识的心理活动以及外在行为。"心理能量"这个概念最早出现在精神分析学派创始人弗洛伊德的理论中，他受当时物理学上能量守恒定律的影响，认为人的心理活动都需要一定的心理能量，而这种能量主要来自人的潜意识本我（Id）。但后来的主流心理学开始抛弃本我，而转向以自我（Ego）为主，心理能量也因此遭到一些正统心理学人士的批评，认为它过于神秘化。但目前积极心理学正用实证的科学方法来研究有关心理能量的问题，并在这一领域取得了一些令人振奋的成果。也许心理能量和心理资源有那么一点区别，但在本书中，我对它们不做严格区分，把"心理能量"和"心理资源"当作同一个概念。

## 一、心理资源是什么

"资源"这一概念最早来自 2002 年获诺贝尔奖的美国著名心理学家卡尼曼（D. Kahneman）的注意分配模型理论（卡尼曼教授也是当代积极心理学的大力倡导者，并曾亲自在国际积极心理学大会上做过讲座）。卡尼曼在 20 世纪 70 年代研究注意的过程中提出，人们在日常生活过程中之所以能同时从事两项（或多项）不同的活动（即注意的分配），主要是因为个体已有的认知资源可以同时足够分配到这两项活动上，如果个体已有的认知资源不够分配到这两项活动上，那么个体就不可能同时顺利完成这两项活动（或影响活动完成的质量）。卡尼曼曾将认知资源比喻为可供消耗的内心努力，他认为心理任务与物理任务一样，都需要付出相似的努力。卡尼曼理论的核心在于认为人的认知资源是有限的，在特定时间内会出现消耗一点就少一点的情况。影响认知资源消耗的因素主要有两个：

- ◆ 任务的难度。一般情况下，个体所面临的任务越是困难，其加工活动需要的认知资源就越多；相反，如果任务越容易，加工活动对认知资源的需求也就越少。比如，打扑克和看电视相比，在相同时间内，打扑克导致的疲劳程度总是要高于看电视。
- ◆ 技能的熟练性。当面临相同任务时，技能越熟练的人，其消耗的认知资源就越少；越不熟练的人，其消耗的认知资源就越多。比如，一个有多年结毛线经验的妇女可以一边结毛线一边看书，这是因为她结毛线的动作已经自动化了，只需要消耗极少的认知资源，也就是说，她的总认知资源足够分配到这两项活动上。反之，如果这个妇女刚学会结毛线，那么她就不可能做到一边结毛线一边看书，如果她这样做，就很可能把毛线结错了或记不住自己所看的书的内容。这是因为她结毛线的动作要消耗她大量的认知资源，以致她的总认知资源这时不够同时分配到这两项活动上。注意分配是生活中常见的事，只要你有一种动作达到自动化的地步，一般情况下，你在做这种动作的时候就可以再兼顾做一些其他的事（特别提醒，即使你开车的动作已经达到自动化的地步，也请你开车时不要去做其他的事，如使用手机等，因为这是违法的事，同时，开车的动作对你的生命和其他人的生命影响太大了）。

在卡尼曼理论的基础上，心理学家康菲（Kanfer）和阿克曼（Ackerman）等人开始把"资源"这一概念引入心理学的其他多个领域，称之为心理资源（psychological resource），并把它定义为个体所拥有的一个"未分化的能量池，它意味着人类信息加工能力的有限性"（Kanfer & Ackerman，1989，p.663）。因此，从信息加工认知心理学的观点来看，心理资源实际上就是心理能量，为人的心理活动或行为提供能量支持。也就是说，人类进行各种有意识的心理活动或外在行为，都必须依赖自己已有的心理资源。一般来说，心理资源越充足，人的有意识行为或心理活动的质量就越高。

尽管心理资源是一个看不见、摸不着的东西，但人们显然可以借助于反应变量（行为变量）来对它进行操作和测量，这正如人们测量饥饿（饥饿也是看不见、摸不着的）一样，人们可以通过测量个体吃饭的数量来界定其饥饿的程度。基于这一思路，到了21世纪初，一些研究者提出了一种相对较为成熟的研究心理资源的实验模式，这种研究模式以自我管理或自我调节为主要方式，核心在于强调当个体进行有目的、有意识的自我控制和行为调节时，个体自身的心理资源的数量会减少，而在此之后紧接着进行的有目的、有意识的自我控制和行为就会出现质量下降（Muraven & Baumeister，2000）。即当个体进行自我管理时，由于自我管理会消耗个体已有的一些心理资源，因而个体的心理资源会出现暂时性减少或消耗，进而会影响到个体随后进一步的自我管理活动质量。

之后，更多学者开始研究心理资源与个体自我调节之间的关系，鲍迈斯特（R. F. Baumeister）等人于2000年在世界著名的心理学杂志《心理学公报》上提出了心理资源的自我控制力量模型假设，他将个体的自我控制比作肌肉，认为自我控制依赖于一种有限的、可消耗的心理资源。个体在应对压力性事件、调节负性情绪和抵制诱惑等时都需要自我控制，而这一过程需要消耗大量的心理资源。但在一定时期内，人的心理资源是有限的，如果在一个任务中使用的心理资源过多，就会导致个体在其他领域可供使用的资源减少，这将直接导致其他任务的失败或质量下降（Muraven & Baumeister，2000）。按照鲍迈斯特等人的观点，许多现实生活中的现象就可以得到合理的解释，如在压力情境下个体一般很难有效地进行自我调控，这主要是因为压力本身已经消耗了个体的一部分能量，因此个体就没有充足的心理资源来进行有效的自我控制。

尽管人的多数行为或心理活动都会消耗一定的心理资源，但有些行为或心理活动则有可能不消耗或消耗极少的心理资源，如一些习惯性的或本能性的举动等。这并不奇怪，不论是习惯行为、本能反应或者是条件反射，它们都是个体已经形成的一种自动化加工，自动化加工几乎不用消耗人的心理资源。心理学研究表明，如果仅仅靠意志力，人的控制性加工系统是很难击败自动化加工系统的，因为前者就像疲劳的肌肉，很快就会磨损耗尽，而后者则可以不费力气地、永远地自动运行下去。

多个研究显示，个体如果因为某些情况而出现心理资源不足的状态，在随后就有可能会出现反应不当或行为失控（Muraven, Tice, & Baumeister,

1998），如出现争执、打斗等。在某些时候，这种行为失控或反应不当甚至还能发生在一些与当前情境毫无关系的其他领域，如一些在工作中受了批评的妇女会出现购物的冲动等。

## 二、大量消耗心理资源的行为模式

心理学过去的研究发现，在以下这些情形下，个体的心理资源极容易被大量消耗。如果你的孩子处于这些情形之中，那么你就要注意了。

### 1. 情绪调节

所谓情绪调节，就是指个体通过自己的努力，从一种情绪状态转变为另一种情绪状态。在学习或工作过程中，个体经常会面临一些工作或生活压力问题，同时也会面临一些意想不到的高兴事。当人受了外在的刺激而出现情绪变化之后，他一般都会回归到正常状态，这在心理学中被称为回归现象。如，一个人受到老师的批评、遗失了自己的心爱之物或没有找到好的停车位置等，这些问题都会使他的正常情绪受到影响，从而出现某种程度的消极状态（如难过、气愤等），这时他会通过努力来使自己摆脱这些消极状态，而使自己恢复平时的正常情绪状态。同样，当一个人遇到一些意想不到的喜事（比如买彩票中了大奖）时，他也会努力控制自己的这种喜悦感来使自己恢复正常的情绪状态。情绪调节过程是一个典型的自我调节过程，所以这一过程会消耗大量的心理资源。

过去的一些心理学研究表明，不论是积极情绪调节还是消极情绪调节，它们都会造成心理资源的大量消耗。美国心理学家鲍迈斯特等人曾做过一个很有意思的实验，研究者随机把 30 名大学生分别分配到实验组（情绪抑制组）和控制组之中，所有被试被告知一个假的实验目的——研究人格特质对情绪体验的影响（主要是为了避免被试产生实验者效应）。实验者首先让所有被试观看一段包含不同效价情绪的录像影片（一半被试观看包含积极情绪的录像，另一半被试观看包含消极情绪的录像），影片长度都为 10 分钟。其中实验组的被试被要求在观看录像期间努力克制自己，不能流露出任何情绪；而对控制组被试则不做任何要求，这些被试在观看录像过程中可以自由发泄自己的情绪。在观看完录像之后，研究者紧接着要求所有被试在 6 分钟内单独完成拼字任务——将 13 组无意义的英文字母整理成有意义的英语单词。实验结果显示，不论是观看包含积极情绪的录像，还是观看包含消极情绪的录像，实验组被试的组词成绩都显著低于控制组被试。这一结果意味着：当被试调节自己的情绪时，这种调节行为会消耗被试大量的心理资源，从而影响到他们随后的任务完成质量。

另外一些心理学家（Muraven et al., 1998）也做了一个相类似的实验，这一实验对心理资源的测量更直接。实验开始之前，研究者首先对所有被试做一个心理能量的基线水平测定（主要测量被试的憋气时间和握手柄的力量），然后让所有被试观看一段包含不同效价情绪的影片。在观看时，第一组被试被要求故意夸大自己的情绪表现（如当影片中的镜头让人觉得有点好笑时就开始放声大笑，当影片中的镜头让人感到有点难过时就开始号啕大哭）；第二组被试被要求抑制自己的情绪表现（不管电影中出现什么镜头，始终要努力保持平静的情绪状态）；第三组是控制组，被试可以根据电影镜头自由地表达自己的情绪。观看完电影片段之后，研究者再次对所有被试进行了憋气时间和握手柄力量的测量。结果显示，实验组被试第二次测试所获得的憋气时间和握手柄力量均显著低于其原来的基线水平，而控制组被试前后两次测试之间则没有显著差异。这一研究同样证明了情绪调节会消耗个体的心理资源。

斯梅切尔等人（Schmeichel et al., 2006）认为自我调节的其他形式在自我调节力量使用和消耗的范围内，应该有相似的负性结果：夸大反应，尤其是对负性情绪刺激，个体也会出现心理能量的消耗。研究评估了抑制的相反表达——夸大反应同样也会降低自我调节力量，并因此削弱后续的自我调节

（出现了心理能量消耗）。

## 2. 思想抑制

人的思想很奇怪，当你不想去想某一个内容时，你反而有可能偏偏会想到这个内容。例如，失恋的人总想尽快忘记对方，但实际情况是越想忘记越忘不掉。生活中我们很多人都曾有过痛苦的经历，其实我们都想尽快忘掉这些经历，但奇怪的是，这些经历总是会浮现在我们的心头。学生面临考试时总想让自己不要去想即将到来的考试，但实际上经常事与愿违。心理学的研究表明，当一个个体想抑制自己的思想时，他会消耗自己大量的心理资源。心理学家维格纳等人（Wegner et al., 1987）曾做过一个有关这方面的经典实验，他们把被试随机分为三组，要求所有被试在一张纸上写下自己当时的所有思想内容。要求第一组被试可以顺其自然地想到白熊（研究者故意提到的一个鲜明的形象目标，当然也可以是一匹白马等），想到后只要把这一想法写下来即可；要求第二组被试一定不要去想白熊，如果想到了，被试每想到一次白熊就要在纸的反面做个记号（如画个"△"），想到多少次就要做多少个记号；对第三组被试没有特定的要求，也不跟他们提白熊，只是要他们把自己当时所想到的任何东西都写下来。当三组被试进行完这一活动后，所有被试被要求做一项不可能完成的工作任务（如做一道解不开的数学难题或走一个完全没有出路的复杂迷宫）。结果发现：第二组被试（即抑制其想白熊的这一组被试）坚持做不可能完成任务的时间显著低于另外两组（即这一组被试的心理资源少于另外两组被试），而第一组被试和第三组被试之间并无显著差异。相同的结果也出现在穆拉文等人（Muraven et al., 1998）的研究中。

2010年1月24日上午11时许，正念初二的14岁少年钟某回到位于四川省郫县德源镇的家中。路过邻居小浩家时，借了小浩的自行车骑回家，并说好回家换了衣服就把自行车还给他。钟某到家后，便把衣服换了，然后准备出门。父亲见钟某刚到家就又要出去玩耍，就把钟某借来的自行车锁在家中的后屋，还让钟某把鞋子脱了，然后把自行车钥匙和钟某的鞋子藏起来，以阻止钟某外出玩耍，让钟某在卧室里看电视。钟父在床上躺着看电视，不一会儿就睡着了。

钟某见父亲熟睡，越想越气，就到厨房里找了一把榔头，用力在父亲的头部左侧敲了一下。听见父亲"啊"的一声惨叫，钟某很害怕，赶忙跑出房门，并将榔头扔在家附近的臭水沟里，然后出门找同学玩耍去了。下午4时许，钟母下班回家看到血泊中的丈夫，急忙送医救治，最后钟父因抢救无效死亡。

钟某为什么会出现这种极端行为？这实际上就是思想抵制惹的祸。思想抵制会导致心理资源不足，当出现心理资源缺乏之后，个体即使对一些明令禁止或违法的事情也会变得麻木和糊涂，也就是说，当个体处于心理资源缺乏状态时，明知这件事是违法的，也可能会对自己不加控制。穆拉文等人在2002年以会开车的成年人为被试进行了一个喝酒后开车的实验，所有被试都知道喝酒对开车是没有好处的，研究者就是想通过实验来看看这些被试在被抑制了思想后能不能控制自己。实验也是采用"白熊"模式，一组被试被抑制想法，而另一组被试则顺其自然。研究者告诉这些被试，他们将参加一个汽车模拟测验，成绩好者将会得到丰厚的奖励。在正式模拟驾驶之前，研究者给了所有被试一些酒，但告诉他们要限量，以免影响接下来的驾驶成绩。研究表明，与控制组相比，那些进行了思想抑制的被试更不能控制自己的喝酒行为，这些被试喝酒的量明显较大（Muraven et al., 2002）。

以上这些研究告诉我们，当人们想有意识、有目的地去抑制某些自然发生的思想、反应或行为时，人们可能要因此而冒缺乏足够心理资源的风险。当心理资源出现严重不足时，负性后果就会紧跟着出现。逆反行为是很多孩子经常出现的一种行为表现，许多时候，教师或家长越是反对的行为，孩子反而越可能去做。为什么会出现这种情况呢？这实际上就是心理资源不足引起的。当教师或家长明令禁止孩子做某种行为时，教师或家长的提醒便会使孩子经常想到这个行为（就和上述实验中的"白熊"一样），由于教师或家长具有权威性，孩子便会时时想抑制自己做这种行为的想法。假如教师或家长禁止的行为恰巧具有某些特点，如比较有趣、易行或比较流行等，那么孩子就会在抑制自己这种"想做"的想法时消耗大量的心理资源，当孩子的心理资源处于严重不足状态时，孩子就会出现莫名其妙的非理智行为（包括去做教师或家长禁止的行为或其他一些非常态行为）。

网瘾是目前青少年所面临的一大问题。2010年1月由中国青少年网络协会发布的《中国青少年网瘾报告》披露了几个重要信息：第一，我国城市青少年网民中，网瘾青少年约占14.1%，人数约为2400万，这意味着——与2005年相比，我国网瘾青少年在过去的4年中增长了近1倍。第二，以前人们认为，经济越发达的地区，上网的人越多，可能沉迷于网络的青少年也越多，但调查表明，实际情况恰恰相反——北京、上海、广州的网瘾青少年所占的比例比较低，只有7%～8%，但像贵阳、南昌等地，网瘾青少年的比例达到了20%～30%，至于农村地区、县城的网瘾青少年的比例还要远远高于调查结果。第三，调查结果表明，"家教越严的孩子越容易形成网瘾"。

为什么经济发达地区的网瘾青少年的比例要低一些？报告中认为，这是因为经济比较发达地区的家长的教育方式更开明、平等，学生的活动具有多元性和丰富性。这种分析有一定的道理，但实际上，这种分析还只是看到了表面现象。如果我们结合该调查得到的"家教越严的孩子越容易形成网瘾"这一事实来看，青少年网瘾其实和心理资源有很大的关系。从本质上说，家长告诉孩子"你不许上网"和前述实验中"你不要想到白熊"是一回事。经济发达地区的家长一般不会把孩子的将来完全押在读书上，在这些家长的心目中，孩子即使上不了大学，也不是什么天要塌下来的事，因此这些家长在对待孩子上网这件事上相对宽松一些，平时提及的也少一些，从而使这些孩子在拒绝"想上网"这一思想时消耗的心理资源相对较少（家长提到"不能上网"的次数少，孩子控制这种念头的次数也会少）。而经济落后地区的家长常把孩子的将来完全押在上学上，他们会对孩子严格要求，对孩子的与学习无关的行为都会严格禁止，并时时警告，殊不知这种严格的时时警告反而使这些孩子在拒绝"想上网"这一思想时消耗更多的心理资源（家长提到"不能上网"的次数越多，孩子控制这种念头的次数也就越多）。心理资源消耗越多，行为离理智就越远。网瘾本身就是一种非理智行为，因此经济相对落后地区的网瘾青少年反而更多。

据搜狐新闻网报道，在2010年大年初一万家团聚的夜晚，重庆市云阳县江口镇上的吴辅东老人面对的却是孙子吴强冰冷的尸体。他怎么也不相信，年仅11岁的吴强会因为偷偷进网吧上网被自己发现而上吊自杀。吴强是一个成绩优秀、性格开朗的初一学生，其父母长年在外省打工，他从4岁开始就和爷爷生活在一起，是一个典型的留守儿童。爷爷对孙子的管教较严，当他发现吴强痴迷上网打游戏，并三天两头放学就往网吧跑以后，便开始不准吴强上网。一旦发现孙子去了网吧，吴辅东少不了给孙子一顿说服教育或打几个手板以示惩罚。但这样的教育方法显然没有对吴强起到任何作用，相反，吴强去网吧的愿望更强烈了，于是爷孙俩开始玩起了"警察抓小偷"的游戏。在网吧里一个躲，一个找，成了爷孙之间的常事。在2010年大年初一的晚上，当爷爷再次把吴强从网吧找回来以后，吴强在自己的房间里用一根尼龙绳将自己吊死在床头，网瘾最终演变成了一场悲剧。

一个孩子总是在多次上网之后才会被父母提醒不能去上网（一般情况下，一个从不去上网或难得上一次网的孩子不可能会被父母提醒不能去上网），孩子的多次上网已经使这种上网行为变成了一种自动化加工行为。譬如，如果我们经常骑自行车，那么骑自行车的动作就会变成一种自动化动作，只要看到车，骑车的一整套动作就会自然呈现。思想抑制过程其实是一种控制性加工，控制性加工由于要消耗很多心理资源，易使个体很快出现疲倦，这样控制性加工就会输给自动化加工过程，亦即孩子抑制想上网的思想（控制性加工）就输给了去上网的行为（自动化加工），这样孩子脑中反而会出现家长想抑制的东西——去上网。

当然，孩子出现网瘾还有另一个重要原因，即我们前面提到的福乐体验。也就是说，孩子在上网过程中会获得一种连续的积极体验，正是这种体验吸引着他克服各种困难去坚持上网，并最终形成网瘾。因此，网瘾的戒除也要从多个方面入手，进行综合矫治，相关的内容可以参阅下一节要讲到的心理资源的恢复。

在现实生活中，许多教师或家长会一再对孩子唠叨不能做什么，事实是你唠叨的东西就是"白熊"，这种唠叨最终会导致孩子因心理资源缺乏而变得心烦意乱。我们很多人对此也深有体会，譬如：如果我们不断地告诫自己"不要睡过头"，那么我们很可能就会出现"睡过了头"的情况；我们即使不停地嘱咐自己不要乱说话，也还是会在重要场合说错话，害得自己丢人；尽管我们在考试前一再默念要细心、不要粗心，但是考试结束后我们还是会发现自己因为粗心而犯了很多不该犯的错。其实这些一而再、再而三的告诫、嘱咐和默念过程，就是一种思想抑制过程，它会使我们的心理资源处于大量消耗的状态。

### 3. 抗拒诱惑

李响是个小学六年级学生。在六年级第二学期开学后，李响发现他的同桌买了一款漂亮的手机，这部手机不仅能拍照，还能播放音乐和小电影等。李响也特别想买一部这样的手机，当他回家和父母讲了自己的想法之后，父母坚决反对。他们认为，小学生还不需要手机，而且这款手机太贵了。李响听了父母的话后再也没有提过要买手机的事，父母还为此向同事夸奖李响是个懂事的孩子。但自从买手机的要求遭到拒绝之后，李响好像变了一个人似的：他把头发理得极短，以前很爱整洁的他不再整理自己的房间，喜欢把家里的东西扔来扔去，动不动就发脾气，胃口也变差了。李响的父母感到很纳闷，以为儿子生病了，但他们带李响去医院检查后却发现儿子什么病也没有。

人类的冲动与诱惑构成了人类的本能。在今天这样一个丰富多彩的世界，人类会面临很多的诱惑，因此，抵制各种诱惑也就成了积极心理学研究的一个重要主题。

心理学的研究表明，当人在抵制自己的冲动或外在诱惑时，心理资源会急剧下降，并最终造成心理资源的不足。鲍迈斯特等人（Baumeister et al., 2000）曾做了一个相关的研究，他们在实验之前首先要求67名被试饥饿3小时以上，当这些被试进入充满了诱人的巧克力香味的实验室后，呈现在被试面前的是两种食物：一盘飘香的巧克力饼干，一碗普通的萝卜（包括红萝卜和白萝卜）。实验中一组被试被要求只能吃2～3个萝卜，另一组被试被要求吃2～3块巧克力饼干，而控制组被试则可以随意吃。主试离开房间后透过单向玻璃观察被试的具体行为表现，5分钟后主试回到实验室，在让被试填写了两个问卷之后，接着让被试完成一个问题解决任务（被试被要求描摹一个复杂的几何图形，目的主要在于测试被试的坚持性）。结果发现，被要求只能吃萝卜的被试（抗拒巧克力饼干的诱惑）在描摹复杂几何图形的持续时间上显著低于其他两组。鲍迈斯特认为，这主要是因为这些被试要尽力抗拒巧克力饼干的诱惑，在抗拒过程中，他们的心理资源受到了大量的消耗，从而影响了后续任务完成的质量。

所以，当家长发现自己的孩子在面对一些诱惑（如名牌服装、漂亮的手机、时尚的书包等）时，你要知道你的孩子有可能会在抵制这些诱惑时丧失一些心理资源，以致出现一些不可理解的行为，前面例子中的李响就是这样。事实上，当个体的心理资源在抵制诱惑的过程中丧失到一定地步时，个体就有可能抵制不了这种诱惑，从而出现一些问题行为，有时甚至是犯罪行为（如偷或抢等）。

## 第二节 心理资源的恢复：积极心理学的重要课题

心理资源不足会导致个体出现不理智的行为，有时甚至还会出现犯罪行为，因此，如何让个体从心理资源缺乏（或不足）状态中恢复过来，就成为当代积极心理学研究的另一个重要课题。生活常识和一些相关的研究告诉我们，充分的休息和充足的睡眠是恢复心理资源的重要途径，如有研究表明，睡眠能使人的心理资源得到恢复，从而促进顿悟的产生等（Ullrich, Steffen, Hilde, Rolf, & Jan, 2004）。如学生之所以上完一节课（45分钟）后需要有10分钟的课间休息时间，主要就是因为如果紧接着上课，在前一节课中已经消耗了的心理资源就不能得到恢复。当学生处于心理资源不足状态时，下面的课程就有可能很难进行下去。因此，如果某些学生能充分利用课间休息使自己消耗的心理资源得到良好的恢复，那么这部分学生就会学得更好一些；反之，如果某些学生并没有利用课间休息来恢复自己的心理资源，而是去做另外的工作（如许多同学经常利用课间休息来做作业），就会使自己的心理资源变得更少，从而影响他们随后课程的学习效果。

不过，当一个人的心理资源处于不足状态时，多数情况下会出现睡眠质量下降或休息不好的情景（有烦恼时，你还会安心地睡觉和休息吗？）。那么，除了睡眠和休息的途径之外，还有没有其他的恢复途径呢？当代积极心理学研究在这方面为我们寻找到了一条有效的心理资源恢复途径——诱导积极情绪。

### 一、诱导积极情绪是个有效途径

关于诱导积极情绪对心理资源影响的研究范式主要有两种。

一种是先对被试进行心理资源消耗处理，然后再对其行为进行比较分析。如，在比较有名的"白熊模式"（Wegner et al., 1987）中，实验者首先让被试把自己现在的所有想法都写在纸上，但规定被试一定不能想到白熊的形象，如果被试想到了白熊，就要立即报告，被试在写下自己想法的过程中会千方百计地控制自己不去想白熊，但越控制自己不想却越会想到，这一过程就会导致被试的心理资源被大量消耗。然后，实验者把这些处理过的被试进行随机分组，一组进行积极情绪诱导，另一组进行消极或中性情绪诱导。最后，实验者让这些被试做一些有意识的自我管理活动（如智力测验、走迷宫等）。过去的多个研究表明，诱导的积极情绪可以帮助这些被试恢复心理资源，进而显著提高这些被试随后的自我管理活动质量（Muraven, Tice, & Baumeister, 1998；Muraven & Baumeister, 2000）。

另一种是直接对被试在正常情况下进行不同效价的情绪诱导，然后对不同组被试的行为进行比较分析，如积极情绪扩建理论就是用这种研究范式所获得的一个重大成果。积极情绪扩建理论最早由美国密歇根大学的女心理学教授弗雷德里克森（Fredrickson）于1998年提出。积极情绪扩建理论认为，积极情绪能扩建个体即时的思想或行为资源（即心理资源），并在此基础上帮助个体建立起持久的个人发展资源——包括身体资源、智力资源和社会性资源等，从而使个体随后的行为变得更有建设性和创造性（Fredrickson, 1998；Fredrickson & Joiner, 2002；Fredrickosn, 2005）。也就是说，诱导的积极情绪能够增加个体原有的心理资源，当个体的心理资源比较充足时，个体就会在随后的行为、认知等方面表现得更好；与此相反，诱导的消极情绪会消耗个体原有的心理资源，当个体的心理资源由于消耗而处于不足状态时，个体就会出现认知、身体或精神等方面的问题。

目前，有关积极情绪扩建功能的研究主要涉及以下几个方面。

## 1. 体现在认知领域的扩建功能

积极情绪在认知领域的扩建功能是心理学研究的重点，也是心理学家最感兴趣的课题，有关这方面的研究成果相当多。如有研究者（Fredrickson & Branigan，2005）证实，诱导积极情绪不仅可以扩建人们当前行为的技能和技巧，增加其对外在新体验的开放性和批判性反馈，而且能扩建人们即时的注意和思想，亦即积极情绪可以扩展视觉注意的范围和思维的多面性与深刻性（Fredrickson & Branigan，2005）。加拿大多伦多大学的研究者（Schmitz et al.，2009）更是提供了直接证据，证实人们的视觉系统会受诱导情绪的影响，从而影响人们的认知。研究表明，当个体处于积极情绪状态时，人们的视觉皮层能处理更多的信息，而处于消极情绪状态时则会出现短视行为。实验者采用了磁共振成像技术，首先向被试呈现了能诱导积极情绪和消极情绪的几类图片，结果发现，当被试被诱导消极情绪后，他们只能看到刺激中的人脸部分，而对刺激中的其他图像部分却不能知觉到，而在被诱导积极情绪后，被试能看到更多信息——既能看到刺激中的人脸，也能看到人脸周围的其他图像。

后来的许多相关研究也都进一步证实了积极情绪的这种扩建功能，如约翰逊等人（Johnson & Fredrickson，2005）用人脸再认实验证明了具有积极情绪体验的被试在人脸识别上较少出现"自我种族偏爱"，也就是说具有积极情绪体验的个体对其他种族的人脸具有更高的再认（即认知能力提高了）。米利等人（Miley et al.，2006）的研究则表明，当被试处于较高的感恩、宽恕等积极心理状态下时，他们的认知执行功能水平（如目标定位水平、自觉行为水平等）也较高。不仅如此，积极情绪还能有效地组织人的认知活动，使人的认知活动范围更广、流畅度更高、灵活性更强。希尔（Hill，2004）等人的研究证明，积极情绪体验中的个体能更全面地认识自己面临的任务，从而保证个体在特定的情境任务中能做出最有效的反应。积极情绪在认知领域中的扩建功能在近两年又获得了更多实证研究的支持（Folkman，2008；Kuroki，2007），有人甚至还在研究中发现动物似乎也有这一特点（Boissy et al.，2007）。相反，如果对个体进行消极情绪诱导，那么诱导的消极情绪就会伴随一系列消极认知行为结果的出现，不仅如此，诱导的消极情绪还有可能导致个体出现某些问题，这些问题既可能是身体方面的，也可能是精神方面的。

不过，诱导积极情绪在认知领域所导致的扩建功能也引起了一些争论。有人认为积极情绪在认知领域的扩建功能确实存在有利的一面，它会使个体更全面、更透彻和更综合地看待任务；但它也可能存在不利的一面，那就是这种扩建功能可能会让个体出现分心，从而造成在处理一些需要集中注意力的关键任务上的分心，比如操作危险的机器或者从事机场安检等。消极情绪可能使人显得不够开放和积极，但它在一定程度上也能使人们的注意力更集中，防止人们过多地去注意任务外部的一些无关信息（Schmitz et al.，2009）。

### 2. 体现在生理上的扩建功能

积极情绪不仅能扩建个体认知等方面的心理资源，有研究发现它甚至还能扩建个体的生理资源。美国卡梅隆大学的博士科恩等人（Cohen et al.，2003）进行了一项研究，结果表明，积极情绪可以提高人们对普通感冒的抵抗力。实验招募了334名18～54岁的被试。两周之内，被试必须在每周三个随机挑选的晚上接受电话访谈，向研究者描述他们这一整天的感受，主要包括对三类积极情绪（充满活力程度、幸福感程度和宁静程度）及三类消极情绪（抑郁程度、焦虑程度和敌意程度）的感受，并用"0—4"的评分方式对这些情绪分别进行评定（0代表"完全不准确"，4代表"完全准确"）。这样研究者就可以清楚地了解这些被试这一段时间的情绪状况，为后面的研究打下基础。

两周之后，研究者再给这些被试注入一种能引发轻微程度感冒的病毒

（被试以为注入的是生理盐水），并每天观察被试的病情发展情况。结果显示，积极情绪得分低的被试患上感冒的可能性是得分高的被试的三倍。而如果以消极情绪得分情况来看，消极情绪的得分对这些被试是否能患上感冒并无显著影响。这说明，积极情绪增加了被试抵抗感冒病毒的生理资源。另外，研究者在实验中还要求被试在观察期内报告自己的生理状态，即感冒的严重程度，如头痛程度、咳嗽状况、是否流鼻涕等。结果显示，处于消极情绪状态的被试报告了更多的病情症状，但实际上这些被试的感冒并不比其他被试更严重。

弗雷德里克森等人（Fredrickson & Lenenson，1998）也曾做了一个有关积极情绪扩建功能的生理研究。他们在这项研究中发现，当个体受到一定的消极刺激后，其心脏血管的压力会出现明显变化，当分别再对这些被试施行积极情绪、中性情绪和消极情绪诱导后，那些接受积极情绪诱导的被试最先且最快地使自己的心脏血管活动恢复到了原来的基线水平。这一研究从生理角度证明了积极情绪具有帮助个体从消极刺激影响中恢复的功能，说明积极情绪确实具有促进个体从偏态回归常态的作用。最近也有研究者发现，当个体看到自己喜欢的人时（即个体的积极情绪被诱导），个体的皮肤电水平、心率、儿茶酚胺的血清水平和淋巴细胞中 T 细胞和 NK 细胞在周围血液中的比例都会出现显著增加，而这些变化会更有助于个体的生理健康。

### 3. 体现在人际关系方面的扩建功能

有研究者发现，通过对个体进行积极情绪的诱导，不仅可以增加个体对陌生人的亲切感和和蔼感，而且可以增加其对熟悉人的信任感，尤其是对于个体的亲密之人（如父母、子女、情人等），积极情绪诱导更能增加双方的同一性，从而使双方的行为或思想逐渐接近。

2010 年年初，湖北省襄樊市 23 岁的刘敏每天都会炖好汤去医院看望她

9年前的语文老师田明华[1]。一个已经大学毕业的学生为什么还会每天去看望生病的初中老师呢？刘敏告诉记者，她刚上初中时，语文成绩很差，脾气倔强，上不喜欢的课时就不听讲，为此挨过不少老师的批评。有一天，田明华把她叫到办公室，刘敏当时感到很紧张。谁知田老师亲切地对刘敏说："宝贝，你家住哪里？家里还有哪些人？"刘敏哽咽着说，以前从来没人叫过她"宝贝"，这让她很开心。那次田老师根本没问她考试的事，只是跟她聊天，说一些让她感到开心的事。从那以后，刘敏就把田老师当成自己的朋友，一直到读高中、考大学、参加工作，不管大事小事，她都找田老师出主意。几天前，在培英中学读书的弟弟告诉刘敏田老师住院了，她当天就约了几个同学去探望。当得知田明华和丈夫的父母都在农村，在武汉没有其他亲人时，刘敏就和父母商量，每天中午抽时间给老师送一次饭。老师住院需要加强营养，她就每天让父母帮着做点汤、稀饭，自己亲自给老师送过去。

### 4. 体现在积极品质上的扩建功能

通过诱导积极情绪，有可能会使好人变得更好，使坏人变得不太坏，使积极的人变得更积极，使消极的人变得不那么消极。到目前为止，一些相关的研究表明，不管是在什么情况下，那些被诱导了积极情绪的个体，其乐观主义、宁静（一种高级幸福感）、自我复原力等与心理健康有密切关系的品质都会有一定的提高。

美国北卡罗来纳大学的一些研究者（Cohen et al., 2009）发现，那些在日常生活中总能经常体验到积极情绪的个体，其心理复原力会更强，其生活满意度也会出现一定程度的提升。所以，弗雷德里克森教授认为，如果生活中缺少你想要的幸福，那你就应该每天有意识地增加自己瞬间的快乐体验，通过累积自己瞬间的积极情绪就可以得到你想要的幸福。尽管日常生活中那

---

[1] http://news.sina.com.cn/s/2010-03-04/011319782181.shtml

些小小的瞬间快乐看起来无关紧要，但它们可以让个体始终保持积极的情绪，从而促使个体变得更开放。而这种开放性会在一定程度上帮助个体扩建心理资源，并最终帮助个体从逆境和压力中更好地反弹和摆脱焦虑、健康成长。

当然，把获得积极情绪体验作为一种日常生活习惯，并不是要求人们在日常生活中一味地驱逐消极情绪，而只是要求人们在生活中抓住机会，尽可能多地获得积极情绪。当人们在生活中碰到不愉快或令人烦恼的事件时，那种一味地盲目乐观的方法将会是有害的，因为这有可能会降低人们对危险的警惕性，并有可能使人们失去对生活的正确判断力。

事实上，弗雷德里克森也从没有提出要在生活中对一切都保持积极乐观的态度，相反，她根据一些研究指出，人们日常生活中的积极情绪与消极情绪的比例以3∶1为宜，当积极情绪与消极情绪的比例高于3∶1时，个体较有可能会获得幸福的人生，但假如低于这个比例，那么个体的生活就有可能会面临一些问题（Fredrickson & Losada，2005）。

## 二、内隐积极情绪有时也很管用

过去相当多的研究结果都主要是采用外显积极情绪诱导而得到的，既然诱导外显积极情绪具有这种恢复或增加个体心理资源的功能，那么诱导内隐积极情绪是不是也具有这种功能呢？

"内隐积极情绪"是"内隐情绪"的一个子概念。心理学界对内隐情绪的理解有一个过程，早期人们把阈下刺激（即人根本没有意识到的刺激，如当一个亮点很快闪过屏幕时，你就不一定看得见。实验发现一般事物的呈现时间如果低于30毫秒，这个刺激你就有可能看不见，但看不见并不意味着它不存在）所导致的情绪统称为内隐情绪，也就是说，只要个体没有知觉到的刺激引起了个体的情绪，这种情绪就是内隐情绪。如有研究者（Monahan，Murphy，& Zajonc，2000）曾让一部分被试反复观看一个由多个中性视觉图形随机组成的阈下刺激（综合图案），而另一部分人则不重复观看，而连续观看新的阈下刺激，结果重复观看的被试（相对于那些没有重复观看的被试）对这些刺激的喜爱度增加了。这一现象在心理学上也被称为"简单暴露效应"。简单暴露效应的现象在生活中也比较常见，如当你来到一个新的环境之后，你会发现你周围的这些同事或同伴没有你以前的同事或同伴聪明、漂亮或可爱等，但等过了一段时间之后，你会发现，你的这些新同事或同伴其实并不比你原来的同事或同伴差。一个杭州人初到长沙后，他一定会觉得长沙人没有杭州人聪明和漂亮；同样，一个长沙人刚到杭州时也会觉得杭州人不如长沙人聪明和漂亮。大量心理学研究已经证明，人们总会觉得自己熟识的人会更可爱些、更可靠些、更聪明些，甚至在种族态度上也有这种情况出现。

后来，布里奇和温克尔曼（Berridge & Winkielman，2003）在仔细考察了简单暴露效应之后，认为这种由阈下刺激所导致的情绪不一定就是内隐情绪，因为许多时候外在刺激虽然是阈下的，但由此激发的情绪却是个体自己能意识到的（即个体能自我报告出来），从严格意义上来说，这些已经被个体意识到的情绪就不能算作真正的内隐情绪。因此，现在心理学界认为，所谓内隐情绪就是指由阈下刺激所引起的、个体自身没有意识到的情绪，即个体不能自我报告出的情绪。目前这种内隐情绪已经被证明广泛存在于人类生活的各个方面，而对于这种情绪的诱导方式则主要以布里奇和温克尔曼等人的实验模式为主。

如果内隐积极情绪是个体意识不到的，那么它能不能和个体意识到的外显积极情绪一样具有自我心理资源的扩建功能呢？任俊等（2010）在《社会行为和人格》杂志上发表了一篇相关的研究报告。研究者以140名大学生为被试，所有被试被随机分为两批，共进行了两个不同任务的实验。在每个实验中，被试都会被分成实验组和对照组。研究者首先对实验组被试进行心理资源消耗处理，心理资源消耗处理采用维格纳等人（Wegner et al.，1987）创造的自我控制范式，即通过促使被试有意识地抑制自己的一些不符合要求的思想来消耗其大量的心理资源，从而使其出现心理资源不足状态。而对照组被试则被要求做一般心理资源消耗处理（即不压抑这些被试的心理活动或思想）。然后分别对实验组、对照组被试进行不同效价的内隐情绪诱导（如观看时长为16毫秒的积极或中性情绪图片），最后再让所有被试做不同性质的自我调节行为（如走非常复杂的迷宫图）。

实验结果显示，心理消耗组中接受内隐积极情绪诱导的被试与接受内隐中性情绪诱导的被试做自我调节行为存在显著差异，内隐积极情绪诱导组被试做后面的自我调节行为（如走迷宫）时的表现更好；而非心理消耗组中接受内隐积极情绪诱导的被试和接受内隐中性情绪诱导的被试间不存在差异，二者的表现基本差不多。这说明，内隐积极情绪诱导具有恢复心理资源的功能，但在心理资源没有大量消耗的情况下，内隐积极情绪对个体的影响不大。

这一研究提示人们，生活中的一些没有意识到的东西或事件其实也可能在影响着人们的心理资源，所以有时候你觉得最近没有什么特别的事件发生在孩子身上，但孩子依然会出现某些行为偏差。

该研究还揭示了另外两个问题：

第一，如果把全体被试混合在一起，就会发现接受内隐积极情绪诱导与接受内隐中性情绪诱导的被试间的差异消失了，也就是说，如果个体在之前没有经历过如抵制诱惑、调节情绪、思想抵制等方面的事件，那么诱导内隐积极情绪就没有什么作用。这说明内隐积极情绪诱导对个体正常的心理资源的扩建作用不是很大，这和普通的外显（有意识的）积极情绪的扩建功能有所区别，普通的外显积极情绪对通常情况下的正常个体均具有扩建功能。从这一点来看，恢复或扩建个体的心理资源，激发外显的积极情绪也许是首选的途径。不过这一点也提醒教育者，当孩子经历了某些消极事件或面临了某些心理问题之后，他的心灵会更敏感，教育者应该时刻十分小心自己的言行，因为这时候你的一言一行都会影响孩子的心理资源，使之增加或减少！

前面所提到的吴强自杀事件就有这个特点，爷爷并没有呵斥吴强，孩子怎么就会自杀呢？实际上，当吴强在网吧被爷爷抓回来之后，他的心理资源已经处于严重不足状态，因为吴强在这一过程中要经历抵制网络游戏的诱惑，要压抑自己想上网的想法，还要调节自己对爷爷的愤怒情绪（他其实很恨爷爷，但又不敢表现出来），这三种情况中的任何一种都足以让吴强出现心理资源不足，更不用说这三种情况一齐出现了。所以这时候，吴强爷爷的走路方式、说话语气甚至任何其他行为都可能会被吴强认为是一种威胁，从而消耗掉他仅剩的一点心理资源。

那么这时候教育者应该怎么办呢？根据之前的内容，我们建议，这时候最重要的是增加孩子的心理资源，如安慰孩子好好休息一会儿、给他做一些他爱吃的食物、陪他心平气和地聊一会儿天（不能聊上网的事，而要聊让他感到开心的事）等，这些都有利于恢复或增加孩子的心理资源。只有等孩子的心理资源恢复之后，你才能实施教育或提出你的要求。所以，吴强的例子告诉我们：在孩子的心理资源严重不足时，教育者要格外小心自己的一言一行，尤其要注意的是，这时候更不能直接去教育孩子或对孩子提什么要求，这时的教育在某种意义上反而有可能是一种伤害。

第二，从实验所得到的结果来看，内隐积极情绪诱导对与智力有关的活动的影响似乎要更大一些。我们在研究中发现，诱导内隐积极情绪对个体智力活动的影响更大一些，起的促进作用更大；而对与智力无关，只需要保持注意力或意志力的活动的影响要相对小一点。至于其中的缘由我们还不太清楚，需要做进一步的研究来加以说明。

## 第三节 积极情绪诱导的用法有讲究

前面我们分析了积极情绪诱导可以帮助个体恢复心理资源，但这种诱导也存在一些技术上的差异。也就是说，当个体出现心理资源不足时，我们并不是随意用一下积极情绪诱导就可以帮助个体摆脱这种心理资源不足状态的。

## 一、连续诱导积极情绪会不会增强效果

积极情绪诱导会促进个体心理资源的恢复或增长，从而提高个体行为的有效性和创造性（Folkman，2008；Kuroki，2007），但诱导积极情绪在增加个体心理资源时有没有一定的限定范围呢？也就是说，当我们连续地用多个积极情绪刺激来影响被试时，被试的心理资源能不能随着多个积极情绪刺激的影响而出现持续性增加？同样，当我们连续地用多个消极情绪刺激来影响被试时，被试的心理资源能不能随着多个消极情绪刺激的影响而出现持续性减少？这一问题对教育有着重要的现实意义。

根据我们和中科院心理健康重点实验室所做的有关实验来看，那些连续受到两个积极情绪影响的被试与那些连续受到两个消极情绪影响的被试走迷宫的平均持续时间之间不存在显著差异，这表明当给被试施加两个连续的积极情绪影响之后，这些被试随后的自我调节行为持续时间与那些接受两个连续的消极情绪影响的被试没有任何差异，这一结果出乎我们的意料。当个体接受两个连续的积极情绪诱导后，积极情绪的扩建功能便消失了。这一实验结果提示我们，积极情绪增加个体的心理资源可能存在一个限定的范围，并不是施加越多的积极情绪刺激影响，就能越多地增加个体的心理资源。根据本实验结果，我们似乎可以做这样一个推测：过多的积极情绪和消极情绪影响可能导致个体的心理资源出现回归现象，正是这种回归现象才导致积极情绪的扩建功能消失。

有意思的是，连续受到两个消极情绪刺激影响的被试随后的自我调节行为持续时间反而更长（意味着这些被试拥有更多的心理资源），这一实验结果和我们之前的预想完全不同。这一结果说明诱导消极情绪减少个体的心理资源不仅存在着一个限定的范围（即连续性的消极情绪刺激并不会持续减少个

体的心理资源），而且连续性的消极情绪刺激反而会在一定程度上增加个体的心理资源。

为什么连续两个消极情绪刺激反而会增加个体的心理资源呢？我们认为这主要是由个体的心理适应所导致的。当个体一开始面临外在的消极刺激影响时，他会立即产生应激而使其当时的思维—行动系统专注于这个消极刺激，由于这个消极刺激具有新异性特征（人们处理新异事物时总会消耗较多的心理资源），因而其消耗的心理能量就特别大。但当这种影响持续发生时，个体就开始逐渐适应这种刺激，而心理的适应过程必然伴随着心理资源出现回归的现象，反映在我们的实验结果上，就是出现了连续的消极刺激反而导致被试的心理资源得到一定的增加的情况。这就如日常生活中，当一个人偶然面临一件痛苦的事件时，他会感到非常难受，但当类似的痛苦事件多次出现后，他的心情反而会比之前更平静一些。在这里，第一次所经历的消极事件可能起到了免疫学上所谓的"抗原"作用。

心理的这种适应状况同样也出现在多个积极情绪影响的情况下，当个体连续受到两个（或两个以上）积极情绪刺激的影响时，个体也同样表现出了适应的特性。生活中同样也有这样的情景——人们连续碰到多个强度类似的快乐事件之后，后出现的快乐事件总没有第一个快乐事件对人造成的影响大。

因此，积极情绪的扩建功能具有一定的范围限制，超过这个限定范围之后，即使增加更多的积极情绪刺激也不可能相应持续地增加个体的心理资源。同样，连续多个消极情绪刺激也不会持续地消耗个体的心理资源，而且在一定程度上，反而有可能导致个体心理资源出现一定的恢复趋势。

## 二、哪一种积极情绪诱导方式效果更好

诱导积极情绪的方式有很多，当个体因某种刺激而出现心理资源不足的情况时，用哪一种诱导方式来影响个体的效果会更好呢？比如，当一个孩子

因为某次考试失败而留下了心理阴影之后，这个孩子会常常不自觉地想起这次失败，他越想忘记这次失败的经历，反而越有可能想到这次经历，因此会出现心理资源不足的状态。自然，教育者首先要增加这个孩子的心理资源，然后才能对他进行相应的教育。

但在这里就出现了一个问题：该用什么样的诱导方式来增加这个孩子的心理资源呢？是该给他做可口的饭菜、让他看轻松的电影还是该陪他做一些娱乐性游戏呢？从过去的一些研究来看，以个体之前较为熟悉的娱乐方式来进行诱导的效果会更好。如果这个孩子之前很喜欢打篮球，那么这时候陪他一起打篮球的效果就会好于其他诱导方法。曾有人研究过灾民的行为方式，研究者发现，有些失去亲人的灾民，他们在调节自己思念这些已逝亲人的情绪过程中会出现心理资源不足的状态，从而出现一些非理性行为。研究者对这些灾民进行了多种积极情绪诱导，如给予他们慰问、让他们观看轻松的电影或参与游戏等，结果发现，让这些人参与打扑克游戏的效果最好。研究者通过随后的调查发现，打扑克是当地人平时最主要的、最喜欢的活动。

所以，教育者平时要多注意孩子的喜好，一旦发现孩子因某些事件而出现心理资源不足的状态时，最好能选择他平时最喜欢的方式来影响他，这样会起到事半功倍的作用。

## 三、立即诱导还是延迟诱导的效果更好

当孩子一旦出现心理资源不足时，在什么时候进行积极情绪诱导才最有效？是立即进行诱导还是过一段时间再诱导更好？这也是一个值得注意的问题。从我们已经做的有关研究来看，立即诱导的效果显然没有稍后诱导的效果好。这是因为当个体刚刚经历消耗大量心理能量的生活事件之后，他的生理或心理处于严重的疲劳期，在这一段时间会出现生理和心理的不应期，此时对他施加的影响并不会产生太大的作用。譬如，当一个人正在生大病时，

给他增加太多或太好的营养其实没什么太大的作用。生物学家有一个发现，蝎子体内的毒素其实就是它的生理能量，当蝎子碰到一个敌人并用光了它体内的毒素之后，即使把敌人杀死了，它一般也不会立即享受自己的战利品，而是要过一段时间，等自己体内的毒素增加了一些以后才会采取进一步的行动。

许多临床心理学家都建议心理干预越早越好，强调在孩子面临应激事件之后马上就对孩子进行心理帮助，这种说法其实只是建立在常识之上的一种误导，至少到现在还没有科学根据。人的心理本身有一种回归力，当个体面临应激事件而出现情绪波动之后，只要个体的情绪还没有处于崩溃的状态，他的心理回归力就会自然起作用。所以，当孩子经历了一些消极事件之后，教育者最好让孩子自己静静地待上一些时间，然后再去帮助他。

## 第四节　积极心理学给教育者的建议

不论是在孩子的学习还是生活中，心理资源的需求都无处不在，因此，为了解决有限的资源与无限的需要之间的矛盾，教育者要引导孩子做两件事情：第一是节省心理资源；第二是不断增加或补充自己已消耗的心理资源。这两件事情也就是我们通常所说的节流和开源。

### 一、引导孩子节省心理资源的方法

个体要想有效地节省自己的心理资源，重要的就是减少自我控制的次数。那怎样才能减少自己自我控制的次数呢？有研究者发现，人们可以通过形成强烈的行为动机、形成积极的情绪、建立行动意向、接受榜样启动等策略来减轻自我控制力消耗效应（谭树华，郭永玉，2008）。

穆拉文等人（Muraven et al., 2006）做了一个相关研究。研究者把被试分为两组，实验组被试在完成第一个自我控制任务时被明确告知，下一个将要完成的自我控制任务的利益会高于当前的这个任务，而研究者对控制组被试不做任何说明。结果发现，当被试清楚地知道自己下一个任务的利益会高于当前的任务时，他们会有意识地节省自己的心理资源，以便用于完成下一个任务。而当被试不清楚下一个任务的利益时，他会把更多的心理资源投入到当前的任务上。这说明人能有意识地保存自己的心理资源，以应对未来可能发生的、更重要的任务事件。这就如，当预计未来要办一件重要的事情时，一个家庭就会有意识地在平时节省一点，以便把更多的钱投入到那件事情上面。这一原理告诉教育者，平时应帮助孩子分清各种任务的轻重缓急，让孩子学会制订有效的计划，提醒孩子哪些任务需要认真对待，哪些任务只需要做出一般处理，以便把最多的心理资源用在最需要和最重要的地方。如明知道下节课要上自己很不擅长却很重要的数学课，那么下课的时候就不要仍然沉浸在上一节课的内容中（如做上节课老师布置的作业），也不要过于贪玩，应提醒自己节省一部分心理资源用于下节课的学习。

　　心理资源有点类似于一个家庭的收入，如果每天只是想着如何节省开支，不去饭店吃饭、只买打折的物品、每天只吃便宜的蔬菜等，这也不是最健康和最科学的方法。幸福家庭的成员不仅要有节俭的习惯，更要努力工作去赚钱，钱花掉了不要紧，要紧的是能想办法把花掉的钱再挣回来。当然，最好是挣回的钱比花掉的钱更多，这样家庭所拥有的金钱资源就会越来越多。那么个体是不是也能通过努力来提高其所拥有的心理资源总量呢？

　　穆拉文等人曾对这一问题进行了研究。在一个为时两周的短期纵向研究中，研究者首先对两组被试（实验组和控制组）的心理资源基数进行了测量（通过让其完成自我控制任务的时间来确定），然后在两周时间内多次有意识地对实验组被试进行积极情绪干预，而对相应的控制组被试则不做任何干预，让他们像平时一样生活。两周后，研究者重新对所有被试的心理资源进行了测量，结果发现，不管是控制组被试还是实验组被试，他们在两周时间内的心理资源总量并没有大的变化，前后并无显著差异。这说明平时的有意识练习并不能提高个体心理资源的上限，练习和不练习都一样。

不过，该研究同时也揭示了另一个现象，即尽管实验组被试在两周的训练中并没有提高其心理资源的总量，但这些被试却提高了自己心理资源的恢复功能（即个体对自己心理资源不足的补充能力），和控制组被试相比，实验组被试在大量消耗了心理资源之后，其心理资源的恢复功能明显强于控制组被试。这一结果说明练习和不练习还是有差别的，练习可以有效提高个体心理资源的恢复功能。

从某种意义上说，之所以有些孩子在遭受到一些挫折和失败后不会出现消极的不理智行为，而另一些孩子则在遭受了一些挫折和失败后很容易出现不理智行为，主要是因为他们的心理资源的恢复功能存在差异。前者很容易从失败或挫折所造成的心理资源不足状态中得到恢复，而后者的恢复则需要一个很长的过程，一个人经历心理资源不足状态的时间越长，其承受的风险自然就会越大，出现问题的概率也就更高。

## 二、有效增加孩子心理资源的方法

采用哪些方法可以有效增加孩子的心理资源呢？除了我们前面讲到的有意使自己多体验一些积极情绪之外，还有没有其他需要注意的地方呢？我们对过去的一些相关研究进行了一个简单的概括，并依据这些研究提出以下几条建议，供教育者指导孩子时参考。特别需要说明的是，这里所讲的并不是有效方法的全部，而只是针对之前人们不太重视但在实践中很重要，同时在学校或家里能有效实施的几种方法。

1. 加强体育锻炼

心理和生理有很大的关系，良好的生理健康条件会更有利于提高个体的心理资源的恢复功能。如上面提到的穆拉文等人的实验，研究者在两周之内让实验组被试参加了多项有关的身体训练，如改变坐姿、站姿等，两周后的再次测量显示，这些被试的心理复原力有了显著性提高。因此，教育者在平时应该多鼓励孩子参加一些体育活动，如打篮球、打排球、打乒乓球等。千万不要小看这些活动，从有关的研究来看：一方面，参加适时的体育活动可以增强人的体质；另一方面，体育活动本身就是一种心理放松法，能够提高人的心理复原力。当然，我们这里所讲的是消遣式运动，而不是指竞技运动。从本质上说，消遣式运动和竞技运动完全不同，前者的目的主要在于放松和娱乐，而后者则主要是出于一种功利性的目的。

2. 保持充足的睡眠和休息

从现在的心理学研究来看，休息与睡眠能够有效帮助个体重新恢复消耗的心理资源。如某项研究发现，当限制有烟瘾的人抽烟后，这些人在随后的警觉性任务测试中会表现得很差；与允许这些人抽烟时的测试成绩相比，限制的时间越长，这些人在警觉性任务测试中的表现就会越糟糕。这主要是因为这些烟民经历了自我控制而出现了心理资源的大量消耗，自我控制的时间越长，消耗的心理资源就越多。这时如果让这些被限制抽烟的人经过一段时间的睡眠休息（当然，在这一过程中仍然不抽烟），可发现这些被限制抽烟的烟民的警觉性任务水平有了明显提高，已经与其原来抽烟时的水平接近。这说明睡眠休息在一定程度上恢复了这些烟民已被消耗的心理资源。

男人戒烟痛苦，女人减肥也痛苦。很多女孩希望靠节食来减肥，节食（在不损害机体功能的前提条件下）确实是减肥的一个好办法，但很多女孩经常做不到节食，减肥自然也就成了泡影。这些减肥失败的女孩往往在什么时间做不到节食呢？有人（Muraven & Baumeister，2000）做过统计，节食失败的情形多数发生在晚上。这主要是因为节食的人在经过一个晚上的休息后，心理资源相对比较充足，而经过一整天的节食控制之后，其心理资源到傍晚时已经严重不足，因此就再也没有足够的心理资源来支持白天的节食行为了，于是进食重新开始。当然，节食计划也不得不重新开始。许多男人戒烟行为失败的时间也多数是在晚上，道理也是如此。

### 3. 练习冥想

冥想曾经是一种宗教方式，但现代心理学的研究表明，冥想也具有很好的恢复心理资源的功能。特别是随着现代心理生理学和神经心理学的发展，越来越多的研究开始借助于生理指标观测工具来考察冥想训练时（后）的一些生理指标，如脑电波、血流量等，这些指标都表明冥想是一种有益于身心健康的锻炼方式。

冥想是指一系列复杂的情绪和注意调节训练的总称，它主要通过调节个体的情绪平衡来使个体获得心理幸福感，并最终提升个体自身的生活意义。冥想是一种综合性的活动过程，而该过程大致可以分为三个阶段（姜镇英，2000）：①身体放松，②呼吸调节，③注意聚焦。从冥想的三个阶段可以发现，冥想不仅强调身体方面的放松，也强调认知和心理方面的放松。冥想的形式相对比较自由，例如有静坐式冥想、运动式冥想和躯体意象式冥想等多种，但各种形式的冥想基本上都有一个共同的目的：主要在于让练习者通过对身心进行自我调节，在获得自我放松和平静的基础上建立起一种特殊的心理活动机制。

冥想的种类非常多，美国的奥斯比纳等学者曾搜集和整理了 1956—2005 年的 400 多个冥想研究，依据沉浸度和专注度的不同，把它们归纳为五种类型——静思冥想、咒语冥想、气功、太极和瑜伽。沉浸度强调接纳，要求冥想时以一种知晓、接受、不做任何判断的立场来体验自己的想法和感受；专注度强调注意的专心，要求冥想时将注意力集中在感受呼吸、重复咒语、想象图像等这些心智或感知活动上。

- ◆ 静思冥想的关键在于知晓、接受和不判断，强调把注意力集中在自己当前所从事的活动上，具体包括如沉浸减压冥想、沉浸认知疗法、内观禅修式冥想、坐禅式冥想等。
- ◆ 咒语冥想的核心技术是心中默默重复一个咒语（某个词语、声音或者象征性符号等）来使自己达到放松的状态，如松弛反应冥想、超觉静坐冥想、临床标准化冥想、雅肯冥想等都属于这个范畴。
- ◆ 气功是一种源于中国传统中医的练习方式，它主要是将不同的呼吸方式、身体姿势（有时还有某种全身运动）等融合在一起。
- ◆ 太极源于中国传统武术，练习时讲究柔和、缓慢和流畅，有一定的套路。它被认为是一种很好的运动冥想，对放松个体的心情、提高个体的主观幸福感有一定的好处。
- ◆ 瑜伽来源于古代印度的瑜伽修行者，包括各种特定姿势、呼吸技巧、眼睛定位、咒语等方式。瑜伽有上千种具体技术，主要包括昆达利尼瑜伽、哈达瑜伽等。

冥想为什么会影响个体的心理资源呢？这主要是因为冥想练习对大脑神经的影响特别大。卢茨等人（Lutz, Greischar, Rawlings, Ricard, & Davidson, 2004）选取了8位具有15～40年冥想经验的僧侣以及10名健康的大学生志愿者作为被试，分别记录这些被试的EEG（脑电）指标并进行分析。他们除了发现僧侣在冥想过程中的伽马波（伽马波与注意、记忆、学习和感知等心理过程有着紧密联系）活动明显比其休息期增加之外（相对于大学生志愿者被试），还发现即使在休息期，这些长期练习冥想的僧侣的伽马波也更活跃（与大学生志愿者被试相比较）。因此，卢茨等人认为，长期的冥想改变了这些僧侣的大脑活动方式,并有可能引起了短期和长期的神经变化,从而导致这些人有较强的心理复原力。

卢茨等人的推测在潘格诺尼等人(Pagnoni, Cekic, & Guo, 2008)的研究中得到了证实。潘格诺尼等人选取了12名坐禅冥想修炼者和13名无经验被试,分别在冥想或休息时完成一个词汇判断任务。他们通过磁共振工具观察到,在词汇判断任务中,冥想修炼者概念加工区域的神经反应时间更短。另外,据《美国科学院院报》(PNAS)报道,和新手相比,冥想练习平均时间达到19000小时的个体,fMRI扫描结果显示,其大脑活动呈现一个倒U形波形,这表明长期冥想练习者们的大脑活跃程度明显增加了。

斯坦福大学的一些研究人员(Goldin, Ramel, & Gross, 2009)研究了一批社交焦虑障碍病人,发现病人冥想后的社交焦虑症状显著减轻,进一步借助于磁共振观察发现,这些病人与注意调节相关的脑区活动在冥想后有了显著增加,而涉及自我概念的脑区活动却减少了。科恩等人(Cohen et al., 2009)研究了瑜伽练习对大脑血流量的影响,他们用单光子发射计算机断层扫描(single-photon emission computed tomography,简称SPECT)技术发现:瑜伽练习后,被试的右扁桃体、背内侧额叶和感觉运动区的血流量显著下降;右背内侧前颞叶、前额皮层和右感觉运动皮层则出现了激活。

潘格诺尼等人(Pagnoni & Cekic, 2007)以磁共振为工具,发现随着年龄的自然老化,普通人大脑灰质的体积会逐渐变小,而规律的坐禅冥想练习者的大脑灰质体积却不随年龄的增长而缩小。由此,他们认为有规律地练习冥想会产生一种神经保护作用,并能减少自然年龄增加所引起的认知能力下降。近年来的一些磁共振技术研究发现,长期冥想练习者与同龄的非练习者的脑结构存在一定差异,冥想练习者下脑干区域的灰质密度更高,而这块区域主要负责控制心和肺,这个发现可以对一些冥想实验中发现的心肺副交感神经系统对认知、情绪和免疫反应方面的影响做出解释。以上这些研究都揭示了一个共同的东西,即冥想有利于优化人的大脑神经系统,从而使大脑神经系统的工作效率更高，为心理复原力的提高打下基础。

另有一些研究者更是直接研究了冥想的心理复原力。他们的研究表明，冥想对于很多心理、生理上的综合征有着良好的临床效果，一系列研究均表明冥想对减少不必要的焦虑有着良好的效果，同时还能有效降低压力、缓解抑郁等。

如有研究者（Goldin，Ramel，& Gross，2009）对社会焦虑症患者进行了研究，结果表明，冥想具有明显降低焦虑的效果，尤其是对患有焦虑症的女性来说作用更大。一般来说，对轻度抑郁的年轻人进行每周2次、连续5周的瑜伽训练，其生活中的日常抑郁就有可能得到一定程度的改善。事实上，从过去的临床经验来看，冥想对长期抑郁也具有很好的改善作用，一些临床心理学家更是开发出了一种基于冥想的认知疗法，并把它作为治疗抑郁症的一种重要方法。大连理工大学的唐一源等人（Tang et al.，2007）甚至还发现，短期的冥想练习（在唐一源等人的研究中，总共让被试进行了5天的冥想练习，而每天也只练习20分钟左右）同样可以有效改善个体的注意力品质，并增加个体对自己生活压力的控制力，如降低了个体的焦虑感、抑郁感、愤怒感和疲乏感等（这些都和心理资源有密切的关系）。

在其他心理问题的治疗方面，许多研究都表明，冥想作为一种有效的干预手段，对人的多种心理问题（如失眠、易怒、抑郁等）均具有很好的疗效。冥想在灾后心理危机干预中也有一定的作用，一项关于美国卡特里娜飓风（Katrina）后遗症的研究发现，飓风之后心理专家对新奥尔良市20名成年被试进行了冥想干预，经过8周的系统练习，这些被试的创伤后应激障碍症状、焦虑症状都有了显著改善。就较少的人力、物力消耗而言，冥想干预对现今自然灾害、战争和政治争端频繁的社会无疑有着积极意义。

此外，冥想在高血压、慢性病痛、艾滋病、癌症等人群中的作用也得到了广泛研究，比如冥想可以通过增加个体的心理资源而减缓艾滋病患者的病情发展。摩龙等人（Morone，Greco，& Weiner，2008）对一批患有慢性腰痛病的老人进行了研究，发现8周的冥想训练之后，与未参加训练的老人相比，这些老人在慢性病痛评定问卷上的表现有了显著的改善。一系列研究都表明冥想对癌症病人有很大的帮助。关于冥想与癌症病人方面的研究还是比较多的，2000—2005年至少有7篇相关的重要研究报告证明冥想有利于改善癌症病人的生活，且有助于对其病情的控制。

冥想除了对各种心理、生理综合征起着一定的缓解和治疗作用之外，对正常人的心理发展功能也有着很重要的影响。

过去的一系列研究表明，冥想对个体的认知、情绪和注意等各方面均有一定的影响，这种影响总的来说具有正向的作用。比如，冥想一般能通过缓解个体生活或工作中的心理压力来提升其宽恕、感恩等积极心理品质，从而有效促进个体的身心健康。冥想不仅能通过缓解消极情绪来提高人的心理健康水平，而且它本身更是可以直接通过增加人的积极情绪来增加个体的心理资源。早期的一项研究（Grace，1976）还表明，冥想甚至对个体的人格和价值观的发展也有重大影响，它可以减少个体的侵犯性行为、减弱以自我为中心的生活态度等。因此，有研究者（Wolf & Abell，2003）在详细研究了冥想技术对心理功能的作用之后，甚至建议把冥想作为一种重要的日常社会工作方式，倡导全社会的成员积极开展冥想练习。

冥想对普通人认知能力的积极影响一直受到心理学界的广泛关注。如有人（Jha，Krompinger，& Baime，2007）研究发现，冥想对注意系统具有调节作用，同时还能降低认知任务中的情绪（尤其是负性情绪）干扰，使个体的注意力能集中于当时的认知任务。

冥想还对人们的情绪、自尊、情商、主观幸福感、免疫功能等多方面起着积极作用。比如，戴维德森等研究者（Davidson et al.，2003）发现，冥想组被试体内的流感病毒抗体量明显高于控制组，冥想对免疫功能具有促进作用。还有研究者用主观幸福感问卷调查了被试瑜伽练习前后的快乐、成就和人际关系几个方面，结果发现，只要进行10天的瑜伽训练，被试的主观幸福感就会得到明显提升。奥曼等人（Oman，Shapiro，Thoresen，Plante，& Flinders，2008）则让大学生参加连续8周、每周90分钟的冥想训练，结果发现冥想能缓解他们的压力，同时还能提升其宽恕的心理品质。另外，李麻丽（Limaree，2007）以泰国一批大学生为研究对象，发现接受冥想训练的学生的情商得分明显比未经冥想训练的学生要高一些。

此外，冥想对提升人们在音乐、运动等专业领域的表现水平也有很大益处。一般来说，焦虑会降低人们的工作质量，不利于最佳水平的发挥。而林等人（Lin，Chang，Zemon，& Midlarsky，2008）在对音乐演奏者的研究中却发现，禅冥想练习能很好地引导焦虑去促进演奏者水平的发挥，使这些冥想练习者在表演时越焦虑，反而演奏得越好。姜镇英（2000）在对美国中学游泳运动员的研究中也发现，呼吸冥想作为训练后的一种心理整理方法，不但能促进运动员心率的恢复，而且这种效果可持续到第二天早晨，对运动员的健康和训练起着促进作用。

王斌、骆莉莉（2002）研究了自行车运动员在恢复过程中进行的冥想训练的作用。结果发现，冥想训练能够有效地降低运动员心境状态中的紧张、抑郁、愤怒、疲倦、困惑等消极因素，能够有效地调节运动员的认知焦虑状态、躯体焦虑状态、心率、血乳酸及疲劳，从而有效地提高其积极因素（精力），改善运动员的状态并提升其自信心水平。王俊红、唐一源等（2006）研究了身心调节法（一种冥想形式）对大学生心境的改善作用，结果表明，身心调节法可以帮助练习者减缓压力，改善抑郁状态，提高身体活力，增强处理应激事件的能力。李峰、韩素萍和张承玉（2009）研究了长期练习太极拳对老年人情绪、睡眠健康的影响。他们以40名老年人为研究对象，先调查分析其睡眠和情绪状态，随后让其进行42周的太极拳练习，训练结束后再次调查。结果发现前后测差异显著，表明长期练习太极拳可以有效地改善老年人的睡眠质量，并对老年人的心理健康产生积极作用。

总的来说，冥想主要有五个方面的积极作用，而且这些积极作用都得到了神经科学的证明：

- ◆ 增强人对疼痛、难受等的耐受力，也就是说冥想让人更能吃苦，提高了身体的忍耐机能。
- ◆ 提升大脑的各种能力，特别是通过影响人的海马回等来改善人大脑的认知能力。
- ◆ 缓解人的不良情绪，如减轻了压力，减轻了焦虑、抑郁等消极情绪，甚至能起到类似于某些药物的作用。
- ◆ 让人更健康、更有活力。冥想能在一定程度上减缓人老化的速度，大幅度降低机体患病的风险。
- ◆ 让人特别开心快乐。冥想能让人更关心那些好的东西，如他人的优点、自己活在当下的感觉等，从而提升人的快乐水平。

我们之所以对冥想做这样详细的介绍，主要是考虑到目前我国的教育者还缺少一种帮助孩子增加心理资源的行之有效的心理锻炼方法。和人的生理特点一样，人的心理也有自己的弱点，比如贪婪和恐惧等，要想战胜这些心理弱点，人就需要一种好的心理锻炼方法，从而使自己的心理资源一直处于丰盈状态。冥想作为一种古老的传统，一方面简单易行，适合学校课堂这样的场所，另一方面又确实具有很好的功效，正好可以被当作一种日常的心理锻炼方法。

### 4. 父母的主动关爱

父母和孩子都有自己不同的工作任务或生活圈子，但孩子最需要的还是父母的主动关爱，并且这种爱要以一定的行为动作或形式表现出来。当前，尽管社会的进步和文明的进步使人们自觉或不自觉地更关心自己的孩子，但由于种种原因，还存在一些诸如父母对孩子关心品质少而关心学习多、关心心理少而关心吃穿多等问题。尤其是在一些经济压力比较大的家庭，父母常常因忙于生计而疏于和孩子进行情感交流，从而导致孩子出现"缺爱恐惧"心理。

据浙江省的《台州晚报》2017年12月21日报道，浙江省温岭市新河镇某村的陶女士有个11岁的儿子，叫小嘉（化名）。陶女士半年前因为感情不和与丈夫离了婚，儿子跟着她生活。12月19号下午，一直到5点多，小嘉还没有回家。原以为他在村里其他孩子家玩，可陶女士找了一圈都没有找到他。天渐渐黑了，心慌的她就到新河派出所报了警。

值班民警与视频中心同事一起翻看小嘉家附近监控的视频，发现当天下午4时30分，小嘉从家里出来，一直往西边走去，随后就没了踪迹。民警兵分两路，一路和陶女士的亲属在家附近继续寻找，另一路则继续翻看监控视频。其他路口的监控视频中也没有出现小嘉的踪迹，也就是说小嘉肯定在村里。

天越来越黑，气温也越来越低。"没看到他出村子，他不会往山上走去了吧？大晚上山里又冷，孩子不会出什么事吧？"陶女士一路走一路喊儿子的名字，嗓子喊哑了，心里越来越着急，眼泪都掉下来了。当大家正准备去山上找时，西边走来一个小男孩，正是"失踪"两个多小时的小嘉。

小嘉告诉妈妈，自己是躲起来了。以前妈妈经常陪他，照顾他，带他出去玩。自从父母分开后，妈妈越来越忙，很少有时间跟自己交流，更没时间陪自己出去玩。于是他自导自演了这一出"失踪"的闹剧，就是想看看妈妈着不着急，想知道妈妈是不是爱自己。为了能更好地掌握情况，"观察"家里及妈妈的动态，小嘉到了一个邻居的家，蹲在楼上的窗户旁边，一边玩游戏一边"观察"。结果他玩游戏入了迷，抬头一看，发现天都黑了，警察也来了。听到妈妈撕心裂肺的呼喊声，他发现事情闹大了，于是赶紧现身。

小嘉的话，让陶女士再次流下了眼泪。她紧紧抱住儿子："妈妈是爱你的！妈妈想多赚钱，想给你更好的生活。妈妈在厂里干活，还要加班，回家后很累，所以对你的关心少了，忽略了你的心理感受。妈妈以后会改，会多抽出点时间陪你。"

这种来自父母的关爱在孩子心理上是什么也代替不了的，是他对付自己的心理资源消耗最有效的武器。孩子在生活中、学习中可能会因为涉及太多的自我控制而出现大量的心理资源消耗的情形，此时父母的关爱就会起到"精准滴灌"的作用，从而使孩子消耗的心理资源得到迅速恢复。

# 第四章　孩子的心理最近发展区：教育者的用武之地

妈妈：小明，我希望你关掉电视。

小明：为什么？

妈妈：你需要多花些时间做你的家庭作业。

小明：我今天没家庭作业。

妈妈：但你可以预习新课呀！你平时总是抱怨作业太多，没有时间预习新课，现在没有家庭作业，你正好可以提前预习一下下周将要学习的新课。

小明：所有功课我都预习过了，更何况明天还有一天假期呢。

妈妈：好了，你看电视看得太多了。

小明：我没有。

妈妈：你看得太多了，整个下午你都坐在沙发上看电视。

小明：你都不在家，你怎么知道呢？你刚刚才进门。

妈妈：我是刚刚才进门，但我离开的时候你就在看电视了啊。

小明：但你离开后的这段时间我并不是一直在看电视。

妈妈：在电视机前坐太长的时间不好，你应该到外面去玩玩，今天天气不错的。

小明：我不想到外面去，昨天上了体育课，我的胳膊到现在还有点疼呢。

妈妈：你最好听我的，小孩子懂什么！如果你不听话，我以后就不准你再看电视了！

小明：你太不公平了，为什么这样啊？

妈妈：你再这样不听话，我现在就不允许你看电视了！

小明：不看就不看，我不在乎！

妈妈：那么好吧，从现在开始一周之内禁止你看电视！

上面的这种场景是家庭生活中最常见的争吵现象，在当今社会，许多家长或教师不考虑孩子的心理现状，没有耐心去倾听孩子的讲述，只是一味地用有点不太讲道理且又简单的强制措施来约束孩子，这使得孩子日益对大人们那种以大欺小的压制性行为感到厌倦、不服气，从而导致了双方的不信任和矛盾冲突。妈妈的要求为什么不能被小明接受？这主要是因为妈妈的外在要求和小明当时的心理状态的距离过远，如果小明从他当时的状态一下子就变成妈妈所要求的状态，这会消耗小明大量的心理资源，因而双方出现了情绪冲突。从心理学的角度来看，每个人的心理都存在一个最近发展区，对孩子的教育应该遵循心理最近发展区的规律。

## 第一节　从深层到外层看心理结构

随着人类社会的发展，人类对生活质量的要求也越来越高，这使得心理学有机会广泛进入生活的各个领域。目前应用心理学已经成为心理学的最大分支，但在应用心理学研究中却存在着两个实际困惑。

第一个困惑来自心理辅导领域，即针对同一种心理问题或心理障碍，不同的心理辅导者常常采用不同的辅导方法，许多方法甚至相互对立。如面对一个创伤后应激障碍（Post-Traumatic Stress Disorder，简称 PTSD[1]）者，有的心理辅导者要求对象大声哭泣，让对象把自己的悲痛释放出来，而有的心理辅导者却要求对象坚强、快乐起来。针对这一现象，有人甚至这样评价心理学：心理学有时让人有点哭笑不得。

第二个困惑是积极情绪和消极情绪到底哪个更有利于人的发展。在第一章中我们曾经介绍过，美国心理学家阿罗伊等人（Alloy & Abramson，1979）的研究表明，相比乐观的个体，抑郁的个体对自我的认知更准确，存在所谓的"结果接近效应"或"消极实在主义"（Lorraine，Shepard，& Samuel，2007）。尽管阿罗伊等人的这一研究结果有点让人感到沮丧，但随后的一系列研究还是证实了他们的研究结论是正确的（Seligman，2007，pp.198–199）。然而到了1998年，另一个美国著名的心理学家弗雷德里克森却提出了积极情绪扩建理论（Fredrickson，1998），她认为积极情绪可以增加个体即时的思想和行为资源，并在此基础上建构起个体持久的发展资源，她同样用一系列结构巧妙的心理学实验证明了自己理论的正确性（相关内容见本书第二章）。

上述困惑既是心理学研究所面临的一种纠结或尴尬，在一定意义上也是一种暗示，即可能还存在着某种规律性的东西没有被发现。为此，我们在对此前众多心理学实验进行考察的基础上，提出了"（心理）最近发展区"（zone of proximal development，简称ZPD）的概念，即人的心理变化存在一个最近发展区，只有当外在影响处于最近发展区之内时，它才能取得最好的影响效果。

为了说明心理变化的最近发展区，我们有必要先对个体的心理组成部分

---

[1] PTSD 是临床心理学中一种常见的心理障碍，称为"延迟性心因性反应"，也有人称为"创伤后综合征"。它是指个体对自己遭遇的突发性、威胁性或灾难性生活事件所产生的一种异常精神反应，其临床表现为多次反复体验当时的心理。早期 PTSD 主要发生于男性身上，主要是经历过战争的士兵在战后多次重复体验当时战争的情景，所以也被称为"炮壳震惊"（shell shock）。现在的研究发现，女性的 PTSD 的发病概率约是男性的 6 倍。

做一个分析。如果我们从结构角度来对个体的整个心理进行分类,那么个体的心理由深层到外层可以划分为四个区域。这四个区域我们分别将其命名为"原始状态区"(zone of primal fettle,简称 ZPF)、"自我防御区"(zone of self defense,简称 ZSD)、"外力援助区"(zone of outer help,简称 ZOH)和"崩溃区"(zone of breakdown in mind,简称 ZBM),具体如图 4–1 所示。

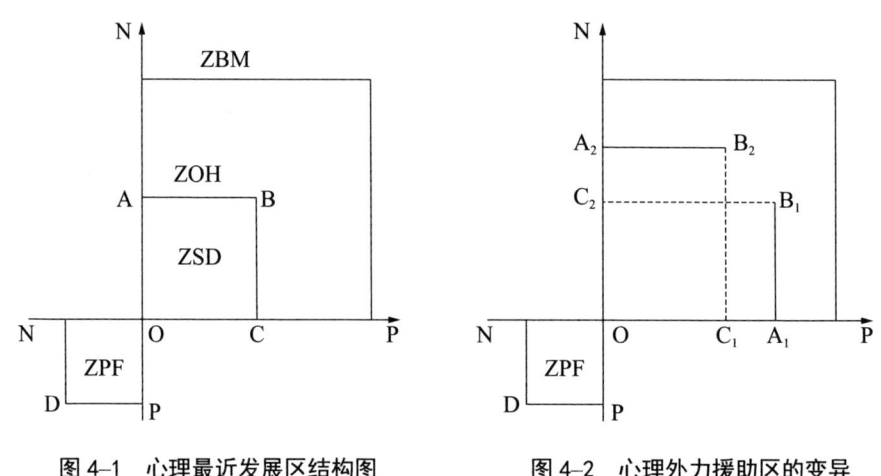

图 4–1　心理最近发展区结构图　　图 4–2　心理外力援助区的变异

注:上图中,N 代表消极(Negative),P 代表积极(Positive)。

## 一、心理原始状态区

每个刚生下来的婴儿都有自己的特点,如有的婴儿与母亲在一起时能安逸地休息或玩弄玩具,对陌生人的反应比较积极,并不总是偎依在母亲身边;有的婴儿对母亲是否在场感到无所谓,接受陌生人的安慰就像接受母亲的安慰一样;而有的婴儿则对母亲的离开很警惕,母亲一旦离开他就会有点大惊小怪,但当母亲回到他身边时,他又显得小心谨慎,害怕母亲再次离开。这些就是婴儿心理的原始状态特征。

个体生来就有一种先天的神经构造类型,这种神经构造类型形成了个体一系列最早的心理特质，我们把这种主要通过遗传而获得的特质类心理的总和统称为"心理原始状态区"（主要包括气质、各种条件反射等）。由于心理原始状态区主要由先天的生物因素构成，因此，它在人的一生中变化很小或根本就不发生任何变化。

从功能上说，个体原始的特质类心理属于生存性心理，也就是说心理原始状态区是人类在进化过程中为了获得生存、依据自然选择原则而保留下来的。从图 4–1 中可以看出，如果按特质类心理的性质和强度的不同来对人进行分类，可以将人分为三类：第一类是平衡状态类个体，这类个体的心理状态正好处于对角线 OD 上（见图 4–1），其特点是心理中的积极与消极倾向强度大致相当；第二类是偏消极状态类个体，这类个体的心理状态处于图 4–1 对角线 OD 的左上方区域内，其特点是心理中的积极倾向强度小于消极倾向，这类个体看待世界一般相对较消极；第三类是偏积极状态类个体，这类个体的心理状态处于图 4–1 对角线 OD 的右下方区域内，其特点是心理的积极倾向强度大于消极倾向，这类个体看待世界一般相对较积极。尽管这三类心理状态在性质上有所差异，但由于这些心理状态已经经过千百年的进化，所以它们都是稳定的。

一般情况下，出生不久的个体在日常生活中的心理状态就是其相对稳定的原始状态。这时如果生活中出现了一些外在刺激影响而导致婴儿的心理出现了不稳定状态，由于回归[1]力的作用，婴儿就会通过各种方式（一般是哭泣、笑或肢体挣扎等）使自己的心理重新回归到其先前的稳定状态（Headey & Wearing, 1989）。这就如，一个人即使是黏液质气质（黏液质的个体常常表现为安静、反应缓慢、情绪不外露等），但当外在刺激严重影响了他之后，他也会表现出勇敢、易冲动等特点。不过，黏液质的个体不会永远，也不会

---

[1] 回归是心理学上的一种普遍现象，也是一种心理规律。如在大样本范围内，每个个体的身高都会回归到其同龄人身高的平均数。回归目前是心理学研究中常用的一种方法。

在任何事情上都表现出勇敢、易冲动等特点，他在多数情况或多数场合下还是会回归他原来的黏液质特点。

## 二、心理自我防御区

在原始的特质类心理基础之上，个体会派生出一个新的心理区域，我们称之为"心理自我防御区"（见图4-1）。心理自我防御区主要是后天形成的，是个体出生后利用先天的特质类心理应对外在挑战而获得的各种经验的累积。当一个婴儿刚出生时，他的心理是原始的，其应对外在刺激完全受先天遗传基因的影响。但婴儿在每次应对外在刺激（特别是一些心理问题）后都会获得一定的经验，这些应对经验就构成了个体早期的自我防御区。如当母亲离开婴儿之后，婴儿就可能会通过大声哭闹来使母亲重新回到他身边，一旦他成功了，那他以后就会把哭闹方式保存下来；如果哭闹方式并没有使母亲回到他身边，他在下次面对同样的情境时，就有可能使用其他的方式。随着个体不断接受各种外在刺激，其自身开始累积更多的、各种各样的心理应对经验，因而个体的自我防御区范围就随着年龄的增加而变得越来越大。

所以，从某种意义上说，心理自我防御区既包括个体的先天遗传（特质类心理特点），也包括个体后天的心理应对经验。需要特别指出的是，个体的自我防御区一旦形成，就会自动代替个体的原始心理状态区的功能。也就是说，形成了心理自我防御区之后，个体在日常生活中所表现出来的心理状态就主要是其自我防御区的特点了。这一过程和婴儿的社会化过程有点类似，婴儿很小时完全是一个生物人，其应对外在世界主要依赖自己的生物属性特点；随着后天的学习，婴儿逐渐成长为一个社会人，一旦具有了社会属性，婴儿就会用他的社会属性（而不再是他原来的生物属性）来应对外在世界。

例如，婴儿可能会因为没有吃到自己想吃的东西而表现出强烈的心理波动并大声哭闹，但当他到了一定的年龄，面临同样的情形时，这种情况便会消失，因为过去的经验告诉他，这种哭闹不会受到他人的欢迎。自我防御区是一个无意识工作区，即当自我防御区在发生作用时，个体意识不到其作用过程，因而它不会消耗或只消耗极少的心理资源。

自我防御区具有自我防御机制，其最大的功能在于保护个体的心理不出现问题，这有点类似于人生理上的免疫系统。每个人在日常生活过程中都会受到一些外在的消极刺激或负性事件的影响（就像人的身体每天会受到各种细菌或病毒的侵扰一样），这些消极影响在一定程度上都会损害我们的心理健康，心理的自我防御机制在这个过程中会时时和这些消极影响抗争，从而使心理保持健康。

例如，当一个外在消极刺激造成的心理问题的强度正好落在自我防御区内时，虽然个体出现了一些心理上的波动（如一个孩子因为受到了老师的批评而情绪低落），但是由于回归力的作用，个体就可以利用自我防御机制来恢复其原来稳定的心理状态，这一过程叫作"心理自愈"。生活中我们经常会碰到一些让我们开心或不开心的小事，但不久之后，我们的心理就会自动恢复到早先的稳定状态。自我防御区范围内的心理波动基本上处于常态之中，这种波动是暂时的，而非持续性的。

## 三、心理外力援助区

自我防御区之外还存在另一个心理区域，我们称之为"心理外力援助区"（见图4–1）。外力援助区是一个有意识作用区，不是个体应对经验的直接累积，而是在自我防御区基础上派生的，是个体所能忍受的最大心理刺激范围。如果一个外在刺激所造成的心理影响强度超出了个体的心理自我防御区而落在了心理外力援助区，个体已有的心理自我防御区就会因受力过大而发生解构（心理自我防御区不存在了，自我防御机制自然也就失去了作用），这会直接影响个体原来相对稳定的心理状态，见图4–2所示的 $A_2B_2C_1O$ 区域（外在消极刺激所导致的消极心理影响）和 $A_1B_1C_2O$ 区域（外在积极刺激所导致的积极心理影响）。其中 $A_2$、$A_1$ 表示纯消极心理刺激和纯积极心理刺激，$B_2$、$B_1$ 则表示的是一种综合心理刺激，但 $B_2$ 刺激的消极成分大于积极成分，而 $B_1$ 刺激的积极成分大于消极成分。由于个体的心理状态总会倾向于重新回归稳定，这时个体就有两种可能：一种是恢复其原来的心理自我防御区，另一种是重建一个新的心理自我防御区。但不管是恢复还是重建，个体这时都不能依靠自身的防御机制来达到目的（因为个体原来的心理自我防御区已经处于解构状态，失去了自我建构的能力），所以个体只能借助于外在力量来恢复自己原来的稳定状态或重建一个新的稳定状态。心理外力援助区范围内的心理波动具有非常态性和一定的持续性。

心理外力援助区的消极一端以个体所能承受的最大打击而不至于出现心理崩溃为限，同样，积极的一端以个体所能承受的最大快乐而不至于出现心理崩溃为界。也就是说，如果外在刺激所造成的心理体验强度落在心理外力援助区之内，那么无论是积极的还是消极的，它们都会导致个体出现一定程度上的心理问题（有时还会比较严重），但都不至于使个体出现精神崩溃的状况。

## 四、心理崩溃区

心理崩溃区是指心理外力援助区之外的一个区域，也是个体心理结构中最外围的一个区域。当个体受到来自这个区域的心理刺激的影响时，由于这个区域内的刺激力量过大，所以它会彻底击溃个体原有的心理状态，使个体的心理处于完全混乱的状态（即我们通常所说的心理崩溃），从而导致个体出现各种严重的心理疾病（如歇斯底里等）。心理崩溃是心理问题最高和最严重的等级，处于心理崩溃状态下的个体的一切心理结构都被解构了，因而也就失去了心理稳定的基础和条件，这种个体的最大特征是失去了认知能力（包括对自我和周围世界的认知）。

## 第二节 例析心理最近发展区理论

我们认为心理变化存在一个最近发展区,也就是说,在个体受到外在刺激而出现心理问题时,心理学所能施加的外在影响具有一个特定的范围。在这里首先要回答两个问题:

第一,为什么会有心理最近发展区?这是因为心理变化(情绪调节、自我控制、抵制诱惑等都属于心理变化的范围)要消耗一定的心理资源,人在特定时间内的心理资源是有限的。如果在一个特定时间内的心理变化太大,个体就不足以提供相应的心理资源来支持这种变化(相关内容参阅本书第二章)。

第二,心理最近发展区的范围有多大?心理最近发展区主要包括两个区域:一个是心理自我防御区,另一个是心理外力援助区。因此,心理最近发展区作用机制也就可以分为两种情况(下面的内容均以外在消极刺激所造成的心理问题为例)。

### 一、心理最近发展区发生作用的两种情况

第一种情况:当一个外在消极刺激所造成的心理影响的强度正好处于心理自我防御区内时,它只能使个体出现暂时性的、短期的、小幅度的心理波动,这是因为这种消极刺激的力量尚不足以打破个体原有的心理自我防御区,个体原有的稳定的心理结构还在。外在消极刺激这时所导致的心理问题处于心理自我防御区内,个体一般不需要他人的帮助,时间就可以使个体恢复到早先的稳定状态,在这一过程中起作用的主要是个体的自我防御机制。我们在日常生活中会碰到大量这样的心理问题,如受到他人的轻微批评、遗失了

1元钱、买的东西有一点小的瑕疵等,这些事在发生时都会给我们带来心理上的一丝不快,但过几天我们就会忘记这些事,心理又恢复原来的稳定状态。

根据弗洛伊德的理论,个体的自我防御过程是自身意识不到的,因而个体的心理自愈过程也就基本上不消耗或只消耗很少的心理资源(过去的理论都认为无意识心理不会消耗心理资源,但现在有一些研究证明,人的无意识心理过程也会消耗少量的心理资源)。当然,个体出现了处于心理自我防御区范围内的心理问题之后,也可以借助于外力来使自己恢复原先的稳定状态,但这种外力帮助最终还是要通过个体的自我防御机制来起作用,这是因为个体的自我防御机制依然存在,它的作用总是优先的。因此,此时外力帮助的强度要合适,它必须落在心理自我防御区的范围内。如果这时候的外力帮助太强大(如外力所造成的心理体验强度超越了个体的心理自我防御区范围),外力就有可能解构个体原来的心理自我防御区,它本身就会演变成心理问题源,这反而会使个体出现新的心理问题(更严重的心理问题),亦即外力的帮助起到了相反的作用。我们把这种外力超越心理自我防御区而起相反作用的现象称为"过度救助"。在社会救助过程中有时就会出现这种情况,譬如,一个人遭受了一点小的损失,结果社会给了他一大笔救助(超过了他的实际损失或需要),这个人就会在心理上产生救助依赖。所以,当一个人面临一些小的挫折或失败时,我们不必大惊小怪,也许给他中性色彩的心理安慰就已经足够了,否则我们就容易犯过度救助的错误。

第二种情况:当一个外在消极刺激所造成的消极心理影响(即出现了心理问题)的强度处于心理外力援助区内时,由于这种消极心理影响的强度足够大,它解构了个体已有的心理自我防御区,因此个体的自我防御机制就失去了作用。失去自我防御机制的个体的心理状态是不稳定的,个体这时候如果想恢复其稳定的心理状态,就必须修复自己已经被解构的心理自我防御区,或干脆重建一个新的心理自我防御区,而这都需要依靠外在力量的有效帮助。

但这里同样有一个问题很重要,即外在的帮助力量要合适。不同于心理自我防御区的是，当心理外力援助区内出现心理波动后，由于个体已不能依靠自身的防御机制而必须借助于外在力量来恢复稳定状态或者建立新的稳定状态，它们都得在个体有意识的状态下才能完成（特别是需要借助于个体的自我控制和自我调节），因此都要大量消耗个体已有的自我心理资源。正如前面所述，一个人的心理资源在一个特定时间内是相对固定的，当一种外在影响消耗的心理资源过多时，个体随后的活动就会受到影响，因而个体对消耗大量心理资源的活动天生就具有排斥力。也就是说，外在帮助性刺激的强度越大（即外在刺激影响所产生的心理状态和其当时的心理状态间的落差越大），个体消耗的心理资源就会越多，相应地，个体的反抗力也就会越大。这实际上是过度救助的另一种情况。当这种落差大到一定的地步时，个体有时甚至会拒绝外力的帮助。

例如，当一个个体受到外在消极刺激而出现了严重程度的心理问题（处于接近心理外力援助区消极一端的边缘，见图4-2）时，如果我们用极大的积极刺激（靠近心理外力援助区积极一端的边缘）来影响他，那么个体就会消耗极大的心理资源，这时个体可能会因此而采取拒绝的态度，即我们的外力帮助可能会无效。反之，如果我们用相对较小的积极刺激甚至是带有一点消极性质的心理刺激来影响他，那么个体此时只需消耗较少的心理资源，因此更可能接受这种外力的帮助。所以，在某种意义上说，有时候去分享一个人的痛苦也是一种很好的安慰或帮助。

从理论上说，当一个个体面临心理问题时，只要外力帮助所造成的心理强度处于其心理最近发展区内，个体都有可能接受这种外在影响。但由于个体接受处于心理外力援助区内的外在心理影响时要消耗自身的心理资源，因此，并不是越积极的影响就越有效。当然，心理最近发展区理论也并不认为心理援助的步子越小效果就越好，因为这里还存在一个效率问题，也就是说，心理援助应该是心理落差（外在刺激所造成的心理影响和其原有心理状态间的差异大小）和自我心理资源消耗之间的一个平衡。

这一原理同样适合儿童教育，许多家长或教师经常抱怨孩子不听话，自己提的一些要求常常得不到孩子的响应。当你碰到这样的情况时，你更多地要考虑你所提的要求是不是与孩子原有的心理状态相差过大了。过高的要求本身并没有错，其他孩子也许都能达到这些要求，但对特定的孩子来说，这些要求可能会消耗他过多的心理资源而遭到他的拒绝。

## 二、自我防御区与外力援助区的关系

个体刚出生时，主要还是一个生物人，心理完全受先天的神经构造影响，因此他基本上没有所谓的心理最近发展区。只有当婴儿能开始对外界做出主动反应以后，才开始产生早期的最近发展区。婴儿早期的最近发展区主要由心理自我防御区构成，而没有心理外力援助区，这是因为心理外力援助区和自我心理资源的有意识操控有关。只有当个体具有了自我意识之后，他的心理最近发展区中才开始增加了一个新成分——心理外力援助区，因为自我意识标志着个体能主动控制和使用自己的心理资源。

最近发展区的两个组成部分并不是一成不变的，而是会发生一定的变化，从而促使最近发展区出现相应的变化。

一方面，个体心理外力援助区的内容可能会转化为心理自我防御区的内容。当受到来自心理外力援助区的消极心理影响而出现心理问题后，个体通过一定的外力帮助（如借助于专业辅导人员）而使自己重新建立了新的心理稳定状态，在这一过程中，个体所获得的应对经验就有可能转化为心理自我防御区的内容。也就是说，当以后再次面临相同或相似的心理问题时，个体就不再需要外力的帮助，而只依靠自己的防御机制就能恢复心理稳定状态。所以，总的来说，年龄大的人总是比年龄小的人有更好的心理抗压力；生活阅历丰富的人总比生活阅历较少的人有更好的心理抗压力。不过有一点需要明确：并不是个体每一次战胜外界心理影响的经验都会转化为心理自我防御区的内容，这一转化过程受个体的先天心理特质、自尊感、自我效能感、过去的生活经历、外在的环境条件等多方面因素的影响。

另一方面，个体心理自我防御区的内容也有可能会转化为心理外力援助区的内容。当个体受到处于自我防御区内的消极心理刺激影响而出现心理问题后，尽管通过自我防御机制或者外力的帮助恢复了心理稳定状态，但是个体会因此变得对此类刺激更敏感，亦即自己以后在面对相同或相似刺激时的自愈能力进一步降低，这一过程就是心理自我防御区的内容转化为心理外力援助区的内容的结果。

心理学家通过研究发现了所谓的钢化效应和敏化效应。钢化效应是指先前的害怕体验、压力和逆境等使个体对今后类似的消极经历的耐受性提高，即所谓的"见怪不怪"。比如说，如今社会上流行的户外拓展训练，就是通过预先的训练而使练习者获得一定的经验，从而做到在真正面临各种问题时能从容应对。钢化效应实际上就是心理外力援助区向心理自我防御区的转化，这一转化过程意味着个体的心理自愈水平得到了提高，因为个体的心理自愈水平实际上主要是由心理自我防御区的大小决定的。不过运用钢化效应也应注意教育方式。

2002年《广州日报》曾有一个报道：

> 一个小女孩胆子特别小，平时很怕见到老鼠、蟑螂等小动物。用心良苦的父亲便想出一种特殊的教育方式——经常到菜市场买来一些活鸽子、活青蛙，亲自给女儿演示宰杀过程，然后让女儿也学习宰杀。久而久之，十几岁的文静小女孩后来的胆量之大令左邻右舍咋舌：一只活蹦乱跳的小鸽子，转眼间就被她撕成血淋淋的几块，至于活剥青蛙皮、宰鸡、杀鱼等功夫更是不在话下。一些围观的孩子见到血淋淋的场面，都会尖叫着逃开，而这个小女孩却习以为常。虽然邻居有诸多非议，认为此种训练方法太过残忍，但女孩的父亲

却不以为然。他认为宰鸡、杀鱼并无什么残忍可言，况且从他实践的结果来看，女儿的胆量确实变大了，在生活中再也不怕见到老鼠、蟑螂等小动物了。

父亲的这种训练方式也许使女儿形成了心理钢化效应，但问题是：这种教育方式本身会不会导致女儿出现新的问题呢？

心理自我防御区向心理外力援助区的转化则属于敏化效应。敏化效应是指个体先前应对消极体验、压力和逆境等的经验使个体在今后面临类似的消极经历时变得更为脆弱。生活中所谓的"一朝被蛇咬，十年怕井绳"，就是最典型的例子。心理学研究表明，某些在生活早期遭受过性侵害的女性，会在成年时对男性和婚姻产生敌对心理（Gold，1986），这便是一种典型的敏化效应。

## 第三节 心理最近发展区理论能解答的困惑

### 一、"让哭，还是不让哭"：心理辅导领域的一个困惑

目前的心理治疗和心理咨询领域一直有些混乱，各个学派间的方法有差异，甚至观点也不尽相同。面对出现心理问题的个体，有人主张用高强度的积极心理去引导，有人主张用低强度的积极心理去引导，还有人主张用中性心理（宁静）去引导，但谁也说服不了谁。2008年5月12日，我国四川省的汶川地区发生了严重的大地震。在随后的心理救助现场，面对一个在地震中失去了父母的孩子——小丽（化名），一个心理辅导小组鼓励她要坚强，不要哭，要勇敢地面对生活，小组的成员还邀请小丽参加随后举行的救灾晚会，但被小丽拒绝了。尔后又来了另一个心理辅导小组，这个小组的成员却鼓励

小丽大声地哭出来，而且他们还坐在旁边陪她一起流泪，分享她的痛苦。这时一直陪护在小丽身旁的一位志愿工作者说了一句话："心理学到底是怎么回事？一会儿不让人哭，一会儿又让人哭！"当时在场的所有心理学工作者听了这句话后都目瞪口呆，不知道怎样回答。

"小丽现象"在很长一段时间里一直深深困扰着我，现在我终于知道这个问题的答案了：如果对小丽施加的外在心理影响强度处于其心理最近发展区内，那么不管让她"哭"还是让她"不哭"，都是对小丽有利的影响，她都有可能接受。但是，我们要注意的是，如果外在影响处于小丽的心理最近发展区内，但它和小丽原有的心理状态之间的落差太大，那么不管这种影响多么积极，小丽都有可能因为它要消耗自己太多的心理资源而不接受。

## 二、"两个对立的结论都正确"：一个匪夷所思的困惑

现在让我们再回过头来讨论抑郁实在论（即所谓的抑郁的人更聪明的结论）（Ackerman & De-Rubeis, 1991）和积极情绪扩建理论（Fredrickson, 2005）之间的矛盾。尽管当代的许多研究者（Hill, 2004；Johnson, Fredrickson, 2005；Miley & Spinella, 2006；Kuroki, 2007；Folkman, 2008）从各个方面对抑郁实在论进行了质疑，而对积极情绪扩建理论表示赞同，但这并不能说明抑郁实在论就是错误的。事实上，这两个结论都是通过精确的实验得来的，它们都应该被认为是正确的。那么，为什么两个相对立的结论都正确呢？这是因为阿罗伊等人的研究中所涉及的是生存性情绪（属于原始心理），而弗雷德里克森的研究中所涉及的是发展性情绪（属于社会心理）。

### 1. 生存性情绪

生存性情绪是指那些没有受到任何外在刺激而由先天神经机制影响所导致的特质类情绪，其主要目的在于保存生命的存在，这种情绪经常是个体自

身意识不到的。个体原始心理状态中所包含的情绪就是典型的生存性情绪。阿罗伊等人在实验中根据贝克抑郁量表的得分高低筛选出两组大学生，一组是较抑郁的，另一组是非抑郁的，也就是说，阿罗伊等人是根据被试先天的特质类情绪特征（来自 ZPF）的不同把被试分为抑郁组和非抑郁组，抑郁组被试处于图 4.1 中对角线 OD 的左上方，非抑郁组被试处于图 4.1 对角线 OD 上方或其右下方。心理原始状态区内的情绪是个体受遗传机制影响而形成的原始情绪，它属于人类进化过程中保存下来的生存性情绪。

进化心理学的研究告诉我们，在人类漫长的进化过程中，消极情绪对人的生存具有更大的价值，它的提醒和警示作用可以帮助人类在早期的恶劣环境中获得更多的生存机会。人类早期的生活环境比较严酷，我们的祖先必须时刻准备着与比自己凶猛得多的野兽进行争斗，消极情绪会让人产生避开或者攻击（而不是接近）的行为或行为倾向。

这个世界上没有人会一直快乐！一定数量的消极情绪体验对一个人的身心都有好处，它可以使人避开受更多、更大的伤害，如适度担忧会促使人谨慎小心地处置一些事情（合理饮食和休息等）来改善自己的身体健康，也可以让人做好应对一些坏事情发生的心理准备。我们不难想象，在充满危险的挑战环境中，早期人类的攻击、驱逐、逃跑、躲避等行为更具有生存价值，因而消极情绪自然就构成了人类的生存性资源。这就是说，在个体的原始心理状态下，消极情绪能为人对周围世界的认知提供更多的生存性资源。这样，阿罗伊等人实验中的抑郁被试就比非抑郁被试拥有了更多的生存性资源，因此在实验中抑郁被试就会比非抑郁被试判断得更准确。

### 2. 发展性情绪

发展性情绪是指个体受到外在刺激（尤其是社会性刺激）而引发的情绪，是一种典型的状态类情绪，其主要目的在于促使个体获得社会性发展，这种情绪是个体意识的产物。如社会地位的上升、体育比赛中获得的胜利等，都会使个体出现积极的情绪状态，而经历挫折、面临不幸时则又会出现消极的情绪状态。

弗雷德里克森在实验中没有用量表来对被试进行分类，而是对正常的个体施加一种外在影响（如给被试观看一段快乐的或悲伤的影片等），因此被试被激起的是状态类情绪，即一种发展性情绪。这种情绪是个体能意识并体验到的，其中蕴含了丰富的社会价值。与原始状态中的积极情绪不同，这种积极情绪由于包含了社会价值，所以可以使个体更容易被社会接受而获得良好的社会性发展。但如果是处于原始心理状态中的生存类积极情绪，那么这种积极情绪反而有可能使个体面临更多的生存风险。阿罗伊等人实验中的那些非抑郁被试都存在一种盲目乐观的心态，就是一个很好的证明，当这些人面临严酷的环境时，他们的生存机会就会相对较少。

生存性消极情绪可以增加个体在危险情境下的生存机会，而发展性消极情绪则可能使个体丧失其在良好社会条件下的发展资源。如有研究（Holmgren, Eisenberg, & Fabes, 1998）表明，社会地位提高的个体（会产生发展性积极情绪）更可能以一种亲社会行为的方式行事，出现较多的积极行为，而社会地位的突然下降（会产生发展性消极情绪）则容易导致个体出现消极保守行为。

因此，在生命不受到威胁的今天，诱导而生成的积极情绪能使个体产生各种与社会性发展相关的行为，并为个体的进一步发展建构资源。因此，弗雷德里克森实验中的积极情绪组被试就比消极情绪组被试拥有了更多的发展性资源，因而积极情绪组被试在实验中就出现了认知等方面的扩建现象。

尽管目前已经有许多实验和研究结果都支持心理最近发展区理论，但该理论在一定意义上仍然只是一种设想，它还需要进一步获得更多的相关实验结果的支持。为了进一步完善或修正这一设想，未来还有几个问题需要得到进一步的澄清：

第一，心理资源的变化对个体行为的影响程度还需得到进一步的证实。

尽管有研究显示，个体如果受到外在的积极心理影响会增加其心理资源，而受到外在的消极心理影响则会消耗其心理资源。但是，如果个体处于平静状态，是不是极大的积极情绪体验和极大的消极情绪体验都一样能消耗其大量的心理资源呢？此外，我们还必须弄清楚：个体消耗的心理资源需要通过多长时间才能得到补充？同时，这种补充过程的心理机制又是怎样的？这方面可能更需要生理学或免疫学方面的证据支持。

第二，自我在心理最近发展区理论中所起的作用还需要得到进一步的明确，尤其需要明确两个问题：①如果婴儿没有产生自我意识，他就不会出现情绪问题，那么没有自我意识的婴儿到底有没有情绪问题？②当个体处于心理崩溃状态时，心理学到底能为他做些什么？

第三，个体先天的心理最近发展区到底包括哪些基本情绪？积极性质的生存性情绪又到底具有哪些作用？这种元情绪研究不仅需要心理学研究的支持，同时还需要社会学、人类学等多方面研究的支持。

# 第五章　基于积极心理学的儿童教育新思路

教育作为一项涉及千家万户利益的社会事业，其作用是不可代替的，然而，在今天的社会科学研究领域，教育研究的位置却较为模糊。它或者被视为跟在教育现象后面的亦步亦趋的追赶者，或者被认为是高高在上的、脱离教育实际的空洞说教者，但不管被当作什么，整个社会对教育研究的尊敬远不如对它的不屑与不满那么多。即使是教育研究者，也常常质疑教育研究的地位与作用，有人认为它是"伪科学""拍脑袋的废话""无聊的思辨"等。之所以出现这样的情况，主要与教育研究的定位有关。目前的许多教育研究主要是以哲学为基础，把自己定位于对教育现象进行哲学层面的解剖。

当然，哲学是一切科学研究的基础，但教育作为一门操作性很强的学科，除了要以哲学作为自己的理论指导之外，还要有自己的操作性基础。就我个人的观点来看，教育应把心理学研究作为自己的一个重要的操作性基础，也就是说，教育的具体操作方式和操作技术要建立在心理学研究的基础之上。心理学主要研究人的心理和行为特点，教育要以心理学的这些相关研究成果为基础，把有关的教育内容、教学实践等有机地整合进去，从而建构具有自己特色的理论系统和操作技术。

积极心理学是当代心理学发展的一个新的主要方向，它的许多研究成果相对都比较新。从积极心理学的角度来看，教育应强调以增加儿童的积极体验为途径，以培养儿童的积极人格为目标，同时要创造一个积极的社会环境作为儿童发展的外在保障。因此，我们在此以积极心理学的研究为基础提出一些儿童教育的新思路。

## 第一节　做孩子积极的榜样

有位妈妈向我抱怨，说她的孩子有很多缺点，其中她最不能忍受的缺点是孩子放学后不喜欢看书和做作业，只知道玩和看电视。我大致了解了一下这个孩子的家庭情况，有些细节让我很有感触：孩子的爸爸在义乌开工厂多年，每天忙于应酬，妈妈在家没什么事，几乎天天打麻将；当全家人好不容易聚集在一起吃顿饭时，饭桌上讲的不是麻将桌上的事就是生意场上的事；家里有很漂亮的书房，书房里有很漂亮的书橱，但书橱上放的基本上都是爸爸出差时买回来的一些消遣类成人杂志。

介绍到这里，我们也许就知道这个孩子不喜欢看书的主要原因了，因为他的父母用自己的生活方式告诉孩子：看书并不是生活的一个组成部分。试想，母亲一边搓麻将，一边督促自己的孩子要认真看书，你觉得这种督促会有用吗？当然，父母和孩子由于身份的不同，在生活方式上会有差异，但父母一定要了解：其实你的生活方式在很大程度上会影响孩子的生活方式，要让孩子成为一个积极的、志趣高尚的、有进取心的孩子，你首先要做一个积极的榜样——至少当着孩子的面要这样。

## 一、孩子不只是在生理上像父母

从精子与卵子结合的那一刻起，一个新的生命就开始孕育，当呱呱坠地的婴儿发出第一句哭声时，他就向世人宣告了他的存在。这个刚来到世上的小生命将走怎样的一条发展之路呢？

人们对孩子的心理发展主要由遗传还是环境决定一直存在着争论。遗传决定论代表高尔顿（F. Galton）用双生子比较和家族图谱分析法证明，个体的心理发展主要受先天遗传素质的影响，认为个体的心理发展与品性早在生殖细胞的基因中就已经决定了，后天的发育、发展只是按程序自然展开，环境和教育只具有诱导基因自然展开的作用。

与此相对应的环境决定论者认为，后天的环境、经验和教育决定着个体的发展，孩子的发展完全取决于后天环境的影响。美国著名心理学家、行为主义心理学创始人华生（J. Watson）就曾说过一段著名的关于"一打婴儿"的名言："给我一打健康的婴儿和我可以给予特殊培养的环境，我保证，从他们中间任意选择一个婴儿，我都可以将其训练成我想要培养的任何一种专家——医生、律师、艺术家、大商人，甚至是乞丐、小偷，而不管他的天赋、爱好、能力、倾向性以及他祖先的身份和职业如何。"

从心理学已有的研究来看，这两种观点都过于偏激。目前的证据表明，儿童心理的发展更可能是一种交互决定。交互决定论认为，个体一方面受到遗传因素的影响，另一方面受到后天环境的影响，二者相辅相成，相互作用。但遗传素质与环境的这种交互作用在不同的阶段有其不同的特点。一般来说，在儿童生活的早期，遗传素质的作用相对更大些，但随着孩子年龄的增加（比如入学之后），环境的作用会越来越大。当然，环境对个体的某种心理特质或行为要产生影响，其往往需要依赖于这种特质或行为的遗传基础，即遗传素质为个体的心理发展提供了生理基础和必要的物质前提，遗传素质奠定了心理发展差异的先天基础。尽管遗传素质是个体心理发展的一个先决条件，但环境却能制约和限制遗传素质发展的空间和时间。因此，在不同的环境条件下，同一个体的发展会有所不同；而在相同的环境条件下，不同个体的发展也会出现某些相似之处。

斯卡尔（S. Scarr）等人曾提出了相互作用论，他们认为，遗传、环境和认知表现三者之间的关系如图5-1所示（桑标，2003）。

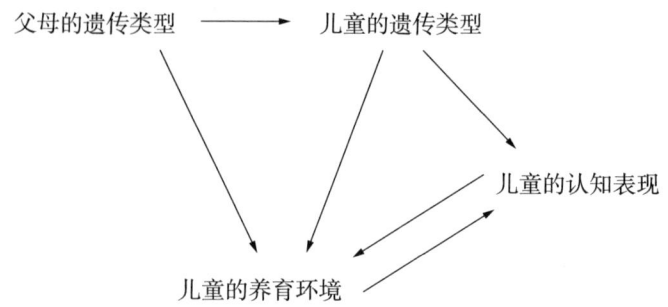

**图 5-1 遗传和环境在儿童发展中相互作用的模式**

斯卡尔等人的这个相互作用模式认为，父母一方面通过遗传影响孩子的遗传基因，另一方面也给孩子创造了一定的养育环境（包括父母的行为举止、个人修养、亲子关系、教养方式、家庭氛围等），但儿童的养育环境还受到儿童的遗传基因、儿童的认知表现等因素的影响，即儿童的养育环境是由父母、儿童自身和儿童的认知表现三者共同作用的结果。养育环境和遗传类型共同影响了儿童的认知表现，但儿童的养育环境和认知表现之间是一种相互影响的关系，也就是说，环境既是儿童学习和模仿的榜样，又是儿童认知表现的评判标准，这种交互作用就使儿童的认知表现与养育环境逐渐融为一体。

生活中有句名言：榜样的力量是无穷的。古希腊的时候，人们一直试图达到用 4 分钟跑完 1 英里（1 英里 ≈1609 米）的目标。为了达到这个目标，人们想尽各种办法，如让狮子追赶奔跑者、喝老虎的奶等，但都没有成功。于是许多教练、医生和运动员都断言——人类不可能在 4 分钟内跑完 1 英里，并认为这主要是由人体自身的骨骼结构和肺活量所决定的。但到了 1954 年 5 月 6 日，牛津大学医学院 25 岁的学生罗杰·班尼斯特（R. Bannister），用 3 分 59.4 秒的时间跑完了 1 英里，自然那些教练、医生和运动员的断言就不攻自破了。令人惊奇的是，在之后不到一年的时间当中，就有 300 多名运动员在 4 分钟内完成了过去一直被认为是不可能完成的任务。人们对这一现象仔细考察后发现，这一切并不是由于训练技术有了特别明显的提高，也不是由于人类的骨骼结构有了某种变化，而主要是由于班尼斯特的榜样作用，正是因为有了榜样，后来的人们才开始意识到自己也可以做到，于是使自己的潜能得到了充分的发挥。

"孩子的眼睛很像妈妈""孩子的嘴巴像爸爸""孩子的脾气像爷爷"，这些描述在人们的生活当中随处可见。的确，孩子肯定会遗传父母的相貌，也可能遗传父母的脾气秉性（神经构造），但更有意思的事情是，孩子不仅在生理上与父母相似，而且在做事风格、做人原则等方面也会与父母有很多相似之处。一项"影响学龄儿童行为问题的因素"的研究（季莘，李春建，2006）表明，父母的问题言行是导致儿童问题言行的一个主要因素。而这种结果并不主要是由遗传基因导致的，因为人们在有关双生子的类似研究中发现，有着同样遗传基因的同卵双生子，如果生活在不同的环境中，他们的行为会有很大的差异。如有研究者（Rose & Kaprio，2008）对芬兰的 10 对同卵双生子的行为及其家庭进行了长期的追踪研究，考察遗传与环境在吸烟和饮酒行为影响中的作用，结果发现，学校、社区和家庭环境的不同会导致个体出现明显的行为差异。这个研究提示我们，父母的言谈举止、处事方式甚至对待事物的态度等，都会对孩子产生一定的影响，并进而使孩子也表现出与父母相似的做法或态度。事实上，父母可能是影响孩子发展的第一榜样。

和北方的孩子相比，江浙一带的很多孩子都不喜欢吃羊肉，这肯定不是因为这些孩子从父母那里获得了不吃羊肉的基因，而是由于这些孩子受到了父母生活方式（父母本身不喜欢吃羊肉）的影响。所以孩子不只是在生理上像父母，在生活方式、情感态度上也会像父母。遗传是先天的，一旦获得就不可改变；而环境则是由后天的教育、经验等构成，这些是可以改变的。孩子出生后，他的基因已经被决定了，但他的发展并没有被完全限定，是可以靠后天的努力来改变的，而榜样则是这个过程中最有影响的一种改变孩子的方式。

观察学习（也叫榜样学习）理论是由美国斯坦福大学的班杜拉（Ablert

Bandura）教授提出来的，这一理论很好地诠释了榜样的作用。观察学习是指个体通过观察他人（榜样）所表现出的行为及其结果而进行的学习。班杜拉将这种学习的过程分为四个部分：注意过程、保持过程、动作重现过程（复制过程）和动机过程。

班杜拉认为，个体首先会对榜样的某些行为特征进行注意，而影响注意过程的因素有很多，如观察者自身的一些特征（如感知觉能力、记忆能力、兴趣、情绪等）和被观察者的一些特征（如社会地位、与自身的相似性、社会影响力、与自己的接触时间和距离等）等。紧接着，个体在记忆中把观察到的行为以符号的形式用表象和语言两种系统分别进行表征，即个体将他们看到的感知觉表象进行语言编码或形象编码，并把它们贮存在自己的大脑中。然后，到了一定的时间或场合，观察者就会把记忆中的这些符号提取出来，并转化为行为或动作。在前面的这一过程中，个体会在注意、保持和动作重现的时候进行自我观察，并不断矫正反馈，进而从中得到激励或强化。

班杜拉通过实验证明，不只是人的攻击行为（班杜拉曾做过一个孩子模仿成人攻击玩具的著名实验），人的积极行为（帮助、分享、合作和利他主义行为等）也可以通过观察学习而获得。他曾让7—11岁的儿童观察成人榜样玩滚木球游戏，成人将游戏中所得到的部分奖品捐赠给"贫困儿童基金会"，然后他立即让这些儿童单独玩这种游戏，结果与那些没有观看过成人榜样玩滚木球游戏的儿童相比，这些儿童所做的捐赠要多得多。班杜拉认为亲社会行为靠训诫是没有什么效果的，偶尔的强制命令可能会奏效，但儿童并不能长久坚持下去。只有榜样影响的作用才是巨大的，且会持续更长时间。周强等人（1995）做的有关榜样利他行为的实验研究也表明，幼儿利他行为的认识和具体表现都会因榜样的影响而发生发展。

过去人们常说榜样的作用是巨大的，但为什么榜样会起作用呢？这个问题并不好回答。现在神经科学研究中关于镜像神经元的发现终于为人们解开了榜样起作用之谜。

1996年的一天，这一天对于意大利帕尔玛大学的神经生理学家贾科莫·里佐拉蒂（Giacomo Rizzolatti）、莱昂纳多·福加希（Leonardo Fogassi）和维托里奥·加莱希（Vittorio Gallese）来说并没有什么特别之处，他们依然像往常一样前往实验室里做有关恒河猴的运动神经控制系统方面的实验研究。

他们的实验有一点复杂，首先要把微电极插入恒河猴大脑运动皮质（Motor Cortex）的 F5 区内的一个神经细胞中，然后诱使猴子做出一个行为动作（他们在实验中设计的是让猴子拿花生的动作），并记录该神经元产生的电脉冲。这一天研究者并没有让猴子拿花生，不过当猴子看到研究者用手拿花生时，其神经元竟然出现了电脉冲现象，这让几位研究者大吃一惊：猴子并没有做出拿花生的动作而只是看见了人拿花生的动作，竟然也产生了和它亲自拿花生一样的神经电脉冲。后来，这些研究者把这些特殊的神经细胞命名为镜像神经元。

什么是镜像神经元？镜像神经元看起来像普通的运动神经元，但是这些神经元具有不同寻常的功能，它们意味着"当个体表现出某种行为与他（或她）观察另一个人表现出同种行为时具有类似的神经反应"。这些特异性的、聪明的神经元不是运动神经元，其目的只是用于交流，个体将观察到的信息传递给大脑的其他部分，并做出和亲身体验相类似的反应。

镜像神经元系统正是儿童仅观察他人的情绪或行为之后便会表现出相似情绪和做出相似行为的原因所在。镜像神经元能够促使人模仿他人的感受和行为，这就是说，儿童观察发生的事和他亲身参与同样的事的结果基本差不多：二者在神经水平上会激活相同的神经元。研究者在大脑的四个脑区中都发现了镜像神经元所形成的皮质镜像神经元系统，这些镜像神经元将大脑皮层区与边缘系统相联结，这一结果意味着人类的绝大多数行为或情感都具有榜样的作用。

所以，作为父母，我们除了要给孩子创造一个好的物质环境之外，还应为孩子创造一个积极的心理环境，而这个积极的心理环境主要靠父母的积极榜样作用，如父母应孝顺自己的父母和长辈，多关心他人，要勇敢承担起自己应负的责任等。我建议父母们做两件事：一是，父母每年都拿出自己收入的一小部分（至少千分之五），在某个特定的时间和孩子一起去看望一些不特定的弱势群体（如流浪者、孤儿等），并把这些钱送给他们。这个数目的钱其实对你的生活不会造成什么大的影响，但这件事可能是种在孩子心灵上的一颗积极的种子。二是，父母应定期和孩子一起参加一些公益活动，许多父母都很愿意陪孩子参加体育锻炼、益智活动等，但几乎不和孩子一起去参加公益活动。公益活动对孩子的发展很有帮助，它可以净化孩子的心灵，同时，由于公益活动不是针对特定的人和群体，所以孩子在做这些事的过程中会超越特定的对象，而形成自己的生活信仰。

## 二、增加孩子的接触性愉快体验

孩子为什么会把父母作为自己的重要榜样呢？除了耳濡目染的观察学习之外，心理学家还发现心理依恋在其中起着重要的作用，依恋是父母成为孩子榜样最重要的原因。记得曾经有一首非常流行的歌——《鲁冰花》，里面的歌词就描述了孩子依恋妈妈的情景：

> 天上的星星不说话　地上的娃娃想妈妈
> 天上的眼睛眨呀眨　妈妈的心呀鲁冰花
> 家乡的茶园开满花　妈妈的心肝在天涯
> 夜夜想起妈妈的话　闪闪的泪光鲁冰花

从心理学的角度来看，当孩子对父母产生依恋之后，孩子会把父母的一些行为方式和特点内化到自己身上，因此，父母与孩子的依恋关系对孩子的发展起着重要的作用。

依恋理论目前已是一种被广泛接受且被实证支持的儿童发展理论，它不仅解释了亲子关系的本质，而且被应用于解释人整个生命历程中的相互关系。依恋行为包括寻求与主要照料者（特别是母亲）的接触，向照料者寻求舒适、支持和安慰，把照料者作为依靠。过去的研究证明，那些拥有安全依恋模式的孩子比依恋关系焦虑的孩子有更高的能力、自信和社会技能，不仅如此，在童年晚期和青少年早期，依恋也同样具有重要作用，人们发现，在青少年早期的安全依恋与友谊质量以及朋友之间的亲密感有很大的关联。

依恋是怎样产生的？心理学家哈洛（H. F. Harlow）认为依恋是因接触过程中所导致的愉快体验而产生的。哈洛（Harlow，1958）跟他的学生曾用恒河猴做了一个"是否有奶便是娘"的心理学实验。他们在实验中把刚生下来的小猴和它们的母亲分开，并为这些小猴设计了两个假猴妈妈。两个假猴妈妈都是圆柱体形状，一个用铁丝做成，另一个用绒布做成。用铁丝做成的猴妈妈可以为这些小猴提供乳汁，但接触起来很不舒服；用绒布做成的猴妈妈虽然没有乳汁，但接触起来会让小猴感到柔软和温暖。在随后的日子里，哈洛发现，小猴只有在饥饿的时候才会去铁丝做的猴妈妈那里吃奶，吃饱后则会跑回到绒布猴妈妈身边玩耍。

哈洛这时候想知道小猴到底对哪个假猴妈妈更依恋。于是，有一天哈洛突然给小猴们看一个模样古怪的庞然大物，哈洛发现所有小猴都会惊恐万状地撒腿奔向绒布猴妈妈并紧紧依偎着它，几乎没有小猴跑到铁猴妈妈（尽管它一直给小猴们提供乳汁）那里去寻找安慰。哈洛于是得出结论，接触愉快——而不是提供食物——才是依恋产生的真正原因。后来，研究者又给绒布猴妈妈增添了越来越多的新的母性特征，比如，在身体里装上电灯泡，这样绒布猴妈妈的"体温"就升高了，接触起来就不会那么冷冰冰了。这时候，哈洛发现多数小猴会去找温暖的那个绒布猴妈妈，而不愿再去找冷冰冰的绒布猴妈妈。如果再让绒布猴妈妈能自我摇动，那么它的吸引力就更大了。总之，绒布猴妈妈的母性特征越丰富（让小猴产生愉快的感觉），猴宝宝就会对它越依恋。不过，研究者也发现，绒布猴妈妈的母性特征再丰富，也不能与真的母猴相比。在绒布猴妈妈身边长大的小猴与在真的猴妈妈身边长大的小猴相比，其心理活动相对都不太正常，可见，真的猴妈妈给小猴带来的接触性愉快也许更多。哈洛的研究告诉我们，父母如果只是给孩子食物，而没有给孩子带来足够的接触性愉快，那么孩子就可能不会产生依恋。当然，如果没有依恋，那么家长在孩子身上的榜样作用也将大打折扣。

哈洛的结论是从动物身上得到的，那么人到底是怎样的呢？由于研究者不可能采用剥夺接触性愉快的方式来研究人的依恋（这违背了伦理道德），所以心理学家主要是从生活中观察这一现象。美国心理学家鲍尔比（J. Bowlby）通过大量的生活观察发现，儿童一定要有母爱（类似于接触性愉快）才能正常发展，儿童的发展绝对离不开对母亲的依恋。鲍尔比的这种观点强烈反驳了当时的流行观念：孩子最需要的不是爱，而是生物性需求，如食物、营养等。鲍尔比认为，儿童的行为是受"安全"和"探索"这两个目标导引的。安全的环境可以让孩子健康地生活，并为他积极探索提供心理条件，探索则可以为孩子发展应对未来世界所需要的智力和技能提供可能。安全的环境（即一种熟悉的环境）会促使孩子出去进行探索，但如果孩子感觉到环境有一点不安全，他的首要任务就会转变为保证环境的安全性，这时探索就会被放在一边。每个人小时候肯定都有这样的经历：妈妈带你去别人家里玩，如果是第一次去（即这个环境是陌生的环境），那么你就需要适应很长一段时间才会安心地玩。在大多数情况下，这个时候你总是很小心地守在妈妈的身边，或者是抓着妈妈的衣角，或者是躲在妈妈的背后。随着慢慢地熟悉环境，你会开始玩一些游戏，并且会随着时间的推移去进行大胆的探索，如主动和别人说话等。

后来，哈洛的助手加拿大人艾斯沃斯（Ainsworth）女士在乌干达工作期间，同样观察到孩子天生就会对父母产生依恋，母亲对于孩子来说扮演着安全堡垒的角色，但不同的孩子会有不同的依恋方式，而这种依恋方式也会影响孩子的心理发展。

艾斯沃斯回到霍普金斯大学后,开始思索如何验证鲍尔比的有关母子的依恋理论。她设计了一个小型戏剧式研究范式来探讨孩子的依恋,后来这种方法被称为"陌生情境法"(Ainsworth,1979)。她设计的陌生情境共有7幕,主角都是孩子自己。陌生情境法在本质上仍然依据哈洛的恒河猴实验的原理。

第一幕:母亲和孩子一起待在一个舒适的游戏室里,实验当中,大部分孩子会很快在房间当中爬行并进行探索或游戏。

第二幕:一位陌生女士进来,跟母亲交谈几分钟后,和孩子一起玩玩具。

第三幕:母亲悄悄地不打招呼便离开房间,房间里只留下陌生女士和孩子。

第四幕:母亲回来,陌生女士离开该房间,母亲和孩子待在一起。

第五幕:母亲再次离开,让孩子单独留在房间。

第六幕:陌生女士单独回到房间。

第七幕:母亲回来,陌生女士离开房间。

艾斯沃斯通过这种研究模式,观察孩子在不同情境(如和妈妈待在一起、和陌生人待一起、单独待着、与妈妈和陌生人待在一起等)中的行为反应,并根据孩子的这些反应来分类和比较孩子对母亲的依恋。依据研究结果,艾斯沃斯把孩子的依恋划分为三种类型:安全型依恋、回避型依恋和反抗型依恋。她发现尽管所有孩子都具有一种依恋抚养者的天性,但不同的依恋方式在孩子发展中的作用是不同的。这主要是因为不同的依恋类型在很大程度上依赖抚养者的抚养方式,正是抚养者的抚养方式会或多或少内化到孩子的身上(榜样作用),从而影响到孩子的未来发展,而决定抚养方式好坏的一个最重要的指标是孩子是否能从这种抚养方式中获得接触性愉快。

**（1）安全型依恋**

这种类型的孩子把母亲看作安全的保障，当母亲在场时，他们的安全需要得到满足，其游戏行为会随着环境的变动而出现流畅性更替，孩子会做出积极的或创造性的探索。当母亲离开后，这种类型的孩子就会减少或停止自己的游戏活动，接着就会出现焦躁不安情绪，即使有陌生女士的安慰，这类孩子也不会轻易放松下来，不过当陌生女士进行长时间的安慰后，他们的焦躁不安情绪会明显减少。当母亲再次回到孩子身边时，孩子或者以微笑，或者以挪动自己的身体来靠近母亲等方式表示与母亲的亲近。孩子一旦重新获得了自己的安全堡垒，就会平静下来，并再次进行积极探索。这种儿童在所有儿童中大概占到了 2/3。

这种现象在生活中也时常见到。例如，早晨妈妈把孩子送到托儿所，当妈妈回去的时候，孩子最初会又哭又喊，但过了一段时间后，特别是在托儿所工作人员的安抚下，他自己就会平静下来，并开始适应托儿所的生活。当下午妈妈来接孩子回家时，孩子就会笑着跑到妈妈身边来。这类孩子往往从父母那里获得了足够的接触性愉快，已经形成了对父母较为稳定的依恋，他们相对更容易成为自信和勇敢的孩子。

**（2）回避型依恋**

当母亲在场时，回避型的孩子也能比较安心地从事自己的活动，但对于母亲的返回，他们通常会表现出一种较为冷漠的态度。即使看到母亲回来，他们也不会表示出特别的欢迎。这类孩子对于场景的变化并不敏感，其行为的更替性不明显。这类孩子其实对母亲的离开感到很不安，但又无可奈何，他们似乎是靠自己的力量（而不是从母亲那里获得的接触性愉快）压抑了心中的不安。这样的儿童在所有儿童中占 20% 左右。

例如，早晨妈妈把孩子送到托儿所，当妈妈回去的时候，孩子最初会又哭又喊，但过了一段时间后，孩子似乎已经融入了新环境。只是这类孩子在参加幼儿园活动时常会皱紧眉头。下午放学后，当孩子再次见到妈妈时，并不会表现出特别高兴的样子，他或者瞥一眼妈妈，或者是对着妈妈微笑一下。虽然这种孩子显得比较独立，但孩子的行为较冷漠，这说明孩子心目中其实并没有稳定的安全感，他们知道不要太期望妈妈来帮助自己和安慰自己。对于具有这种依恋感的孩子，父母要抽出更多的精力和时间去关心他们，增加孩子的接触性愉快，从而让孩子获得健康的独立而不是冷漠的独立。一般认为，母亲的冷漠（孩子缺少接触性愉快）、不能及时回应孩子的要求等容易使孩子产生回避型依恋。

**（3）反抗型依恋**

其余约12%的孩子大概属于反抗型孩子，这类孩子在整个实验过程中一直都显得焦躁不安，其游戏行为是断续的，有的甚至根本不会去做任何游戏，只是在那里哭闹。这样的孩子对母亲的离开会显得格外不安（大哭大闹），同时对母亲归来后的安抚也会产生反抗，因为他们知道母亲有可能会无缘无故地再次消失。

例如，早晨妈妈把孩子送到托儿所，当妈妈回去的时候，孩子会紧紧抓着妈妈的衣服不撒手，并大声哭闹以示抗议。这样的孩子在托儿所里很长时间也不会平静下来，但当妈妈下午来接他回去时，他却很少去亲近妈妈。反抗型依恋的孩子一般都是"宅孩"，父母从来不让孩子离开自己，孩子的一切均由父母包办。这类孩子进入托儿所后，时常会表现出明显的焦虑症状，因此，教育中要有意识地增加他们与父母分离的时间，多给他们一些"安慰"性玩具（比如玩具狗或玩具娃娃等）。跟反抗型孩子交往，家长一般要心平气和、有耐心，要相信最终会跟孩子建立起安全型依恋。

从艾斯沃斯的分类来看，安全型依恋是培养的目标。有研究表明，如果在青春期前形成了安全型依恋，那么青春期的孩子就有可能避免青春期危机，与另外两种依恋类型相比，这些孩子的社交能力会更出众，他们会有更少的攻击行为（Shaver & Mikulincer，2002）；当安全型依恋的孩子长大成人后，他们会更乐观地面对威胁性处境，即使处于一种压力环境下，他们也会坚定人类善良的信念，会选择一种更为愉快的方式去寻求帮助，或是运用更有建设性的应对策略等。还有心理学家发现，儿童早期的依恋关系在其情绪调节和情感表达方面也扮演着重要角色，早期的安全型依恋经历，有助于儿童提高自己的情绪调节能力，具有更高水平的共情。"共情"是一个心理学概念，意指个体能进入他人的世界，从内心深处去体验他人的生活方式及生活目标，能切身体验到对方的真实情感。

相反，一个孩子如果无法拥有一个稳定持久的依恋关系，那么他就会缺少接触性愉快，这种早期生活经历可能会使孩子变得孤僻冷漠或被动绝望，并一生都因此而痛苦。表 5-1 中是在猴子实验中取得的一些数据（桑标，2003），这些数据表明：母亲的拥抱、接触以及同伴交往等所形成的接触性愉快会有利于猴子的健康成长。尽管这些数据是从猴子研究中取得的，但它们对孩子的健康成长也有一定的借鉴意义。

表 5-1　小猴行为特征与其生活方式的关系

| 测量类别 | 隔离一年 | 早期隔离6个月 | 铁笼里部分隔离 | 有母亲、同伴 |
| --- | --- | --- | --- | --- |
| 接触的积极性 | 3.1 | 3.4 | 8.5 | 16.6 |
| 运动的主动性 | 86.0 | 121.0 | 117.0 | 229.0 |
| 攻击 | 6.8 | 4.2 | 5.6 | 10.2 |
| 害怕—畏缩 | 97.0 | 25.0 | 34.0 | 12.0 |

注：表中数据单位为秒，观察时间为 10 分钟。

在早期的家庭研究中，许多研究者心目中有两个重要的信念：第一，大多数人认为在孩子的成长过程中，母亲是最重要的角色，母亲对孩子的影响在孩子一生的发展中起着举足轻重的作用。这是因为现代社会生活节奏比较快，大多数父亲迫于生活压力而不得不起早贪黑地工作，教育子女的工作自然就主要落在母亲身上，因此母亲的榜样作用会越来越大。第二，随着社会的发展，人们花在孩子身上的时间会越来越少，因为人们需要把更多的时间花在工作上，许多家长会迫于生计而不得不走出家门，这样父母的榜样作用就会越来越小。

但随着心理学、社会学研究的不断深入，这种信念正逐渐得到改变。人们发现尽管从与孩子的接触时间总量来说，父亲确实少于母亲，但从对孩子的影响来看，父亲（有时甚至是祖父母）对孩子的成长同样起着重要的影响，而且许多时候父亲对孩子的影响并不比母亲小，特别是父亲的一些特点与婴儿的思想或行为紧密相关，诸如父亲的人格（外向性和随和性）、父亲与婴儿的互动等。事实上，父亲是否能主动抽时间照顾孩子，以及他们是否能从积极的角度来评价自己的婴儿等，可以有效地预测孩子依恋的安全性。很多研究都表明，对父亲而不是母亲的安全型依恋与儿童的亲社会行为有很大关系，而且可以减少其与同伴的冲突。

同样，在另一个问题上人们也发现，现代社会的发展并没有导致父母们花在孩子身上的时间减少，恰恰相反，社会的发展反而促使这一时间比过去有所增加。虽然迫于生活压力，连母亲也不得不走出家门去参加工作，但由于现代社会的家务劳动进一步社会化，父母不再像过去那样需要花很多时间在家务劳动上，而且父母的工作时间也比过去有所缩短（许多单位实行一周5天和一天8小时工作制），再加上只有一两个孩子，父母花在孩子身上的时间自然就会增加而不是减少。这就意味着，在当代社会，父母的榜样作用会变得更大。

孩子的模仿能力是很强的，他们会以榜样自居，会模仿或学习榜样的一言一行，并进而在实际生活中表现出来。榜样可以使道德准则和行为规范具体化、形象化和人性化，它所具有的感染力、吸引力和鼓舞力一直受到教师和家长的重视。

## 第二节 让孩子的心理在生活中获得免疫力

当社会上出现流感时，为了使自己的孩子不患上流感，你会怎么做？多数家长可能会让自己的孩子勤洗手、不到公共场合去等。这些做法的核心是把流感病毒与孩子分隔开，但事实上，要真正做到使孩子完全隔离于流感病毒可能是非常困难的。另外一种做法是提高孩子的免疫力，如接种流感疫苗，让孩子多锻炼身体等，使孩子具有较强的抗流感病毒的能力，这种做法也许更有效。孩子的心理也同样如此，你当然不可能把孩子完全隔离于各种心理问题之外，但即使真的做到了，你也可能因此降低了孩子的心理免疫力。

心理免疫力其实就是孩子自我处理各种问题的能力，孩子只有在生活中接触各种问题、自己处理各种问题后，才能获得心理免疫力。可以说，自由和自主是孩子提高心理免疫力最基本的条件。有些教育者总认为只要提高了孩子的认知能力（即所谓的学习成绩好、学习能力强），孩子就可以在任何复杂的情境下应对自如，他们把认知能力当作一种解决所有问题的"通用工具"。这种观点其实是不对的，孩子的心理免疫力是一种包含多种专业工具的"工具箱"，因此，孩子应该在各种情境中去学习获得特定的"专业工具"，从而拥有类似"瑞士军刀"式的心理免疫力。正如一个优秀的木匠之所以能够灵巧自如地解决各种问题而做出漂亮的器物，并非因为他拥有一个高度通用的"一般性工具"，而是因为他拥有大量专门化的特定工具。一颗健康的心灵也是如此！

## 一、让孩子远离"时间贫困"和"空间贫困"

现在大量的教育类或生活类图书都宣称，父母应该通过顾问或教练的角色来对自己孩子的发展产生影响。父母的指导性角色一方面有利于孩子取得较高的学业成就并形成创造性人格，另一方面还能减少孩子的反社会行为。但问题是，孩子是个不断变化的个体，在不同年龄阶段的特点有较明显的差异，父母如何才能针对孩子的发展特点来扮演好顾问或教练的角色呢？有人持这样一种观点：孩子较小时，父母应该做孩子的经理人，等到孩子长大后再退居幕后做顾问。这种看起来有一定道理的观点其实是错误的，孩子在小时候被一直紧紧管着，没有自己做主的经历和经验，长大后他怎么可能自然而然成为自己的主人呢？因此不论孩子年龄多大，父母都应该时刻记住：他们天生就是自己的主人，这种主人地位在孩子的任何年龄段都不能由成人代替。

如果我们观察得足够仔细就会发现，西方人和中国人在抱婴儿的方式上存在着差异。西方的父母带孩子到超市买东西，常常是一只手拦腰搂着自己的孩子，小孩子的脸朝外，小胳膊小腿可以自由伸展。即使有冷风袭来，父母也不遮掩。可是，在同样的情况下，中国的父母总是用两只手很小心地、紧紧地把孩子抱在怀里，让孩子的脸朝着大人的胸膛，左遮右挡地把他裹得严严实实的。多数西方人认为，刚生下来的孩子需要一定的自由生长环境，以增加他的生理和心理抵抗力，大人不可过于控制孩子。比如父母用一只手抱孩子，孩子的手和腿可以自由活动，眼睛也可以观察更多的外界事物，这样有利于孩子适应环境和健康成长。

自由和自主不仅能增加孩子的免疫力，而且有利于孩子的认知发展。我们曾经做过一个很有意思的研究，我们给幼儿园的小朋友一些旧报纸，一组孩子被告知可以自由地把这些报纸撕碎，想怎么撕就怎么撕，而另一组孩子则被要求把这些报纸撕成规定的形状和大小。当两组孩子各撕了15分钟后，我们给每个孩子发了一个奖品（装在一个漂亮盒子里的笔），但奖品故意被高高挂在房间的天花板上，孩子们都够不着。我们让所有参与撕纸的孩子告诉我们，他们怎样才能拿到给他们的奖品，想出的办法越多越好。结果发现，那些自由撕纸的孩子想出了更多的方法，而且方法更具创造性。国外也有人做过类似的研究，研究者给儿童一些夹子、纸、笔等用品，一组孩子被要求用笔在纸上写字，然后把写好字的纸用夹子夹好，另一组孩子则被允许任意玩弄这些物品，最后比较两组孩子的思维创造性。结果发现，任意玩弄这些物品的孩子具有更好的创造性思维。这说明，自主性在孩子的发展中有重要作用，自主性更有利于提高孩子的认知力和创造力。

从本质上说，孩子受惠于父母之日，就是孩子受制于父母之时。父母宠爱孩子，孩子在得到这些爱与关心的时候，同时也有可能失去真正的自由。如果父母随时随地守护在孩子的身旁，给他们提供无微不至的关怀，这实际上使孩子出现了"时间贫困"和"空间贫困"的状况，这种贫困等于去除了孩子在生活中获得免疫功能的机会。很多父母都害怕孩子会上当、失败、做不好事情等，但这些小的挫折其实是种在孩子心理上的疫苗，正是这些经历让他们在以后的生活中免除更大的痛苦或灾难。这个社会是各种文化碰撞的多元社会，不是一个非对即错的黑白世界，生活方式越丰富、社会结构越复杂、性格类型越多样，儿童自主和自由的作用就越突显。

我们要给孩子留一些"空白"，孩子是独立的个体，他们有自己的认识、自己的价值观、自己的理想、自己的信念。不论是在生活中还是学习中，他们都会有自己独特的处理方式，父母可以提出自己的建议，但这仅仅是建议，千万不可强迫孩子按你的意愿来做事情。孩子的心理应该由孩子自己做主，尤其是在现代文明高度发达的当今社会，在一个崇尚个性、崇尚民主的时代，自由和自主已被放大、放大、再放大。

在寒风瑟瑟的冬日里，两只困倦的刺猬因为寒冷，想要相拥取暖休息。无奈的是，它们身上都有刺，刺得双方无论怎么调整它们的睡姿，都睡得不舒服。于是它们就分开了一段距离，但这样一来，又冻得受不了，于是双方就又往一起凑。几经折腾，两只刺猬终于在摸索中找到了一个合适的距离，既能相互取暖，又不至于刺到双方，于是舒服地睡着了。刺猬的故事告诉我们一个道理，只有在适当距离的情况下，双方才能实现双赢，家长与孩子之间的关系也不例外。

心理学家布洛[1]（E. Bullough）曾提出过"心理距离说"，他在1912年发表了一篇名为"作为艺术因素与审美原则的心理距离说"的论文。布洛认为，美在许多时候是由距离造成的，距离并不是一个简单的数概念，也并不意味着没有人情的纯理论关系，相反，距离描述的正是一种带有浓烈感情的人情关系（Bullough, 1912）。在审美活动中，只有当审美主体与对象之间保持一种恰如其分的距离，达到所谓"增之一分则长，减之一分则短"的境界，这时对象对于审美主体才是美的（Bullough, 1912）。布洛认为，无论是在艺术欣赏领域还是在艺术生产过程之中，最受欢迎的境界乃是把距离最大限度地缩小而又不至于使其消失的境界。布洛所提到的这种距离既不是时间上的距离，也不是空间上的距离，而是精神上的距离，即心理距离。

布洛的"心理距离说"虽然是从审美的角度出发的，但它同样适用于父母与孩子间的交往。如果父母与孩子的距离太近，一方面会造成父母过多地干涉孩子的生活，使孩子失去自由和独立，从而养成依赖性；另一方面，过近的距离也会影响父母的权威性，使孩子失去对父母的敬畏之心。但如果父母与孩子间的心理距离太远，那么父母就有可能会了解不到孩子的真实情况，双方会变得生疏而失去足够的心理包容力。从物理学的角度来讲，父母与孩子的心理距离就好比物理学中分子距离与分子势能的关系。分子距离如果正处在平衡处，这时候的势能就会最小；当分子距离大于平衡距离，引力就会增大；相反，如果分子距离小于平衡距离，斥力则会增强。分子之间只有保持在一个合适的距离，引力刚好可以与斥力相抵消时，它们才会处于一种稳定的状态。

---

[1] 布洛（Edward Bullough，1880—1934），瑞士心理学家、语言学家。1902年任英国剑桥大学教授，主讲意大利文学，精通包括中文在内的6种语言。

爱孩子并不意味着要为孩子包办一切。很多父母把自己定位于做"完美型"父母，他们过分将自己的角色理想化，决心为孩子付出一切，但实际上，他们的这种做法剥夺了孩子自主成长的权利，不利于孩子"心理断乳"或心理免疫。2002 年，清华大学的一个学生为了测试熊的嗅觉而将硫酸泼向北京动物园的 5 只熊，这一事件在社会上引起了极大反响，该学生的老师、同学在事后对他的评价是：勤奋、温和、自觉性强但自理能力差。他从小生活在单亲家庭，姥姥、妈妈非常疼爱他，从小到大，他的一切（甚至包括每天上学回家的路线）都由妈妈来安排，小时候他就被同学起了个外号——"妈妈说"。

## 二、既做孩子的自己人，又跳出"自己人效应"

孩子与父母的心理距离不是天生的，而是在出生后与父母的交往中逐渐形成的，孩子性格特点的不同、父母教养方式的不同、家庭生活条件的不同等都是影响双方心理距离的重要因素，所以父母要善于找到与孩子心理距离的平衡点，不能生搬硬套、邯郸学步，既要让孩子有足够的自由和自主的空间，又不至于对他失去控制。总的来看，父母与孩子之间形成正确的心理距离主要由父母一方决定，这是因为父母一方更成熟，有着更多的控制权和资源。所以，父母应该有意识地提高自己的教育技巧，既要成为孩子的自己人，同时又要跳出"自己人效应"（很多人认为这是孩子获得自由和自主的最佳心理距离）。

生活中我们都有这样的经验：在人际交往中，如果双方关系良好，那么一方就更容易接受另一方的某些观点、立场，甚至对对方提出的一些明显错误的要求也不会拒绝；相反，如果对方是与我们有冲突或矛盾的人，无论其想法本身好不好，我们都会产生一种抗拒感。

在生活中，小朋友喜欢看少儿电视节目，大学生喜欢看校园题材的电影或听校园主题的流行音乐,类似的例子不胜枚举,心理学上称之为"自己人效应"。苏联社会心理学家纳奇拉什维里(Ш. А. Надирашвили)在其 1984 年出版的《宣传心理学》一书中提出了"自己人效应"的概念,他认为观点上的一致,传播者和听众之间所存在的相似性,以及听众认为具有某些意义的相似性,都能提高宣传员的影响力。这种相似性会让传播者与传播对象之间产生一种"同体观"的思维定式,将传播者与传播对象纳为一体,相互之间成为自己人,这时听众就会很容易接受宣传员所宣传的观点。

20 世纪 70 年代曾有一项研究,研究者让被试穿着不同类型的衣服到校园里向大学生要一毛钱打电话,一组被试的穿着风格跟当时的大学生相仿,而另外一组被试的穿着风格与当时的大学生完全不同。当被试的穿着与被问到的大学生是同一种风格时,有超过 2/3 的同学会同意借钱给被试;而如果被试的穿衣风格与被问到的大学生的穿衣风格迥然不同时,只有不到一半的同学愿意借钱给被试。这说明,个体在面对和自己相似的人时,其利他行为会增加。另外的一项有关保险推销的研究也表明,顾客更愿意从与他们年龄相仿、兴趣相同、有着共同信仰或价值观的推销员那里购买保险。

"自己人效应"目前已经在许多领域成为一种普遍的策略与技能,即使在日常的谈话中,人们也经常喜欢从籍贯、专业甚至一些业余爱好等方面与对方套近乎,目的就是让对方产生"同体观",拉近彼此的心理距离。教育者要想成为孩子的自己人,就需要注意以下几个问题。

首先,平时多和孩子沟通,多强调或有意显露双方的共同和相似之处,从而得到对方的认同。教育者要多看看孩子喜欢看的书,多听听孩子喜欢听的歌,从而使你提出的建议在方式上或内容上更易于对方接受。家长有时也可以把自己当年的故事讲给孩子听,如当年的调皮好动、当年的疯狂举动、当年的勤奋好学、当年的失声痛哭等,这些故事会影响孩子,使他从你的身上看到他现在的自己。

其次,要努力使双方处于平等的地位。不要让孩子怕你,孩子在教育者的心目中可能永远是长不大的小孩，但再小的孩子也是一个有自主意识的人，教育者要尊重孩子的自主意识，不要指望靠权势、地位和威严来帮自己树立威信。教育者要尽可能和孩子减少冲突，即使出现了一些冲突，教育者也要主动迈出一步去和孩子讲道理。

最后，要有良好的个性品质。良好的个性品质是增强个人影响力的重要因素，生物体似乎都"布好了线"，能轻易学会某些事情而很难学会另一些事情。例如，尽管汽车每年杀死的人应该是蛇咬死的人的几十倍，但多数人似乎都特别害怕蛇，却不会害怕汽车；如果一个女孩在生日的时候收到了男朋友的礼物———一辆汽车，她一定会很高兴，但实际上这个礼物使她失去生命的风险大大增加了。心理学的研究证明，人的许多良好品质学起来很难，似乎是生物体布线时的有意为之，因此，教育者要在日常生活中多加强思想锻炼，有意识地培养自己的一些良好品质，如开朗、坦率、大度、正直、实在等。

教育者不仅要学会做孩子的自己人，同时也要跳出自己人效应。自己人效应是一种社会性定式，是一种对某些客体的业已确定的行为态度，这意味着自己人效应既可能产生正面效果，也可能产生负面效果，因为自己人效应有时会缩小问题的严重性。例如，当孩子出现了一些原则性问题后，如果教育者一味地沉溺于自己人效应，将不利于孩子问题的改正。教育者要想真正做到跳出自己人效应，至少应该注意两个方面的问题。

第一，要合理地表扬孩子。教育者如果不管孩子做了什么都对其进行表扬，那么这种表扬会带来两种害处：其一，孩子会认为表扬可以无原则地自动得到，而不取决于他做了什么事，这会使他变得被动和盲目；其二，当孩子习惯了表扬之后，他会对成功的概念失去意识，即不理解什么才是成功，这自然也使他无法从失败和成功的经验中得到提高。因此，跳出自己人效应就是要求教育者在教育孩子的过程中，根据孩子的行为有选择性地给予其表扬，而不能无论对错都对孩子进行表扬。爱可以是无条件的，但表扬应该是有条件的，表扬应该在孩子取得成功时进行，并且应该根据孩子取得成功的大小有所差别。

不仅如此，教育者的反馈方式对儿童人格特点的影响也很大。教师经常性的表扬可能对儿童形成乐观型解释风格有一定的影响，但表扬也会产生很大的差异：当儿童在面临困难或挫折时，那些经常被教师在智力维度方面表扬的儿童要比那些经常被教师在努力维度方面表扬的儿童更有可能形成习得性无助。很多家长都喜欢夸自己的孩子聪明，但有时候这种夸奖会导致你不想要的结果。

第二，给孩子必要的惩罚。斯金纳（B. F. Skinner，1904—1990）曾根据自己的行为主义实验提出了"惩罚实际上无效"的推测，但现在大量的心理学研究均表明，惩罚是儿童行为塑造中最管用的手段之一（Seligman，2008），它能够很好地消除不想要的行为。尽管如此，但是惩罚是一种阴性刺激，它能唤起孩子的害怕、疼痛等感觉，不利于孩子积极情绪的培养和发展，并会对孩子学会掌握和控制自己的生活造成一定的阻碍。因此在教育孩子的过程中，惩罚的实施要讲究一定的技术和技巧。在许多现实情况中，孩子往往不太清楚自己因为什么而受到惩罚，惩罚所带来的害怕和痛苦往往和眼前的这个大人、眼前的这个情境联系起来。于是，孩子回避的就不仅是惩罚的原因，还包括给他惩罚的人。所以，在能找到有效办法的情况下，一般不要轻易采用惩罚的手段。在必须惩罚孩子时，也一定要让孩子明白他是由于做错了什么而受到惩罚，使孩子把惩罚和自己的不当行为联系起来。一般惩罚过程会伴随着批评，但要注意的是，你在批评孩子时一定要只针对他特定的行为本身，千万不能把批评泛化，更不能把批评指向孩子人格中的一些东西。

从惩罚的具体形式来看，体罚是绝对禁止的，体罚只是成人死的本能（弗洛伊德的观点）的一种体现，它唤起的是一种对等的本能（即你体罚时把孩子的死的本能也唤醒了），孩子会从你的体罚中学会体罚，并在以后的生活中碰到适当的时机而加以应用。惩罚可以是一个月不给零用钱，或者是在一个月内不让孩子吃他喜欢吃的零食、不许孩子看他喜欢看的动画片等。关于用家务劳动来作为惩罚的手段，目前在心理学界还存在着争论：塞利格曼认为家务劳动可以作为惩罚儿童的一种手段，如让孩子洗一个星期的碗、拖一个星期的地等；而另外一些心理学家则认为，家务劳动（也包括其他劳动）是生活的一个重要组成部分，如果把家务劳动作为惩罚手段，会使孩子觉得劳动就是一种惩罚，这会形成孩子鄙视劳动的观念。就我个人的观念来看，去除能给孩子带来积极体验的一些东西也许对孩子的作用更大，这种方式会让孩子形成为自己的行为负责的观念。但不管怎么说，惩罚对孩子来说应该是必需的，比起动人的哲学或道德讨论，惩罚在实际功用上更有利于塑造孩子良好的行为习惯。

## 第三节 培养孩子积极的生活态度

积极的生活态度对个体的影响非常大，心理学家哈克等人（Harker & Keltner，2001）曾做过一个很有意思的心理学研究，他们偶然在美国的一所比较好的文科学院的年鉴内得到了一些很久以前就已经毕业了的学生的毕业照片，他们发现照片上的学生有不同的表情。于是哈克等人按拍毕业照片时表情的不同把这些人做了分类，挑选出其中100多名笑得特别开心的女生作为一组被试（这些女生都带有所谓的"杜氏微笑"，心理学上称之为"Duchenne smile"，这种微笑由嘴部和眼角肌肉共同的运动构成，人在很开心的时候常常会露出这种笑容），同时把其他不笑的女生作为对照组被试。在哈克做研究时，这些女生被试有的已经毕业20多年，有的已经毕业30多年了。于是，哈克和他的研究小组千方百计地重新找到这些人，并对她们的各种情况进行了详细的了解。结果很有趣，和那些在毕业照片上不笑的女生相比，那些在毕业照片上露出"杜氏微笑"的女生的人格发展得更好、婚姻状况更稳定、收入更高，更重要的是这些带有"杜氏微笑"的人的去世比例也相对较低，即可能会活得更长。哈克等人认为，之所以会出现这样的结果，主要是因为这些拥有杜氏笑容的女生具有更积极的生活态度，她们对生活更乐观，这促使她们日后的发展更好。

塞利格曼也曾对美国职业篮球联赛（NBA）争夺总冠军的球队进行了研究（相关内容请参阅塞利格曼的《习得性乐观》一书），他把参加总决赛的两支队伍中的所有队员的电视谈话都录下来，还在报纸上把这些队员曾经讲过的话找来，然后对这些队员所讲的内容按积极和消极维度进行分类。根据分类结果，塞利格曼预测具有积极态度的球队会获胜，结果，他和他的研究小组成功预测了1988年和1989年的NBA总冠军。他还用同样的方法预测了美国尼克松总统的上台和卡特总统的当选，预测了美国当年职业棒球大联盟的总冠军等，这在当时引起了很大的轰动，塞利格曼也因此成为电视秀明星。塞利格曼认为，在技术和条件非常接近的情况下，个体的积极态度对个体的成功起着重要的作用，在一般情况下，人们都可以通过个体所具有的积极态度来预测他的未来。

教育者怎样才能有效培养孩子积极的生活态度呢？积极心理学的一些相关研究也许对我们有很大的启发和借鉴意义。

塞利格曼及其同事曾做过一个随机对照试验（Randomized Controlled Trial，简称RCT）的训练计划，RCT是一个通过增加个体自我的积极力量来促使个体获得积极态度的短期训练计划。研究者先让411名被试参加流调中心抑郁量表（Center for Epidemiological Studies-Depression Scale，简称CES-D）和斯蒂恩幸福指数（Steen Happiness Index，简称SHI）量表测试，获得一个基础分数。在接下来的一周，这些受训者被分成5个实验组及1个对照组，对照组只是被要求记流水账式地记录自己一天的整个生活情景。而5个实验组的个体则分别被要求每天必须做"五项快乐练习"中的一项练习，这五项快乐练习是：①感激练习；②每天记下三个生活中的快乐事件；③记录自己近期生活中一个最辉煌的时刻；④用新的方式使用自己最具代表性的积极力量（如，个体具有"热心"这一积极力量，以前总是把这种积极力量用在与人的交往上，但这种积极力量是不是可以用在做作业上呢？）；⑤了解自己最具有代表性的积极力量。实验结束以后，塞利格曼及其同事分别在1周后、1个月后、3个月后、6个月后再用CES-D量表和SHI量表对这些受训者进行重新测试。他们发现，那些经过快乐练习的受训者都比实验前增加了快乐体验，同时减少了消极情绪（如抑郁等），其对待生活的态度明显更积极，其中参加②和④练习的被试的这种变化持续时间最长，6个月后依然能测到这种变化，而对照组则在这一过程中没有任何变化。RCT计划告诉我们，生活态度和个体的日常生活体验有很大的关联，如果你能经常给孩子提供积极的生活经验，孩子就会形成积极的生活态度。

美国最近兴起了一种"生活质量治疗"（Quality of Life Therapy，简称QOLT），QOLT的核心在于使康复对象获得一些增强自己生活满意度的理论、方法、技巧和知识等，从而帮助对象辨清、追求或实现（包括部分实现）自己生活价值领域的目标、需要或希望等，即通过增加相关的认知和技能来使个体获得更多的积极体验，进而改变个体已有的生活态度。QOLT虽然是一种心理治疗方法，但它实际上对培养个体积极的生活态度也有很强的指导意义。

有时候，一些父母在家庭中会选择用一种揭示孩子消极问题的方式来指责孩子，谈话中透露着一种尖酸与刻薄，他们会以孩子过去存在的问题为起点，禁止孩子做这做那，这是极端错误的。家长要鼓励、赞美孩子，教会孩子肯定自我，积极接纳自我。曾有一项关于6—10岁儿童的调查研究，问卷中有一个问题——"你最不希望父亲做的是什么？"，调查结果显示，父亲的失信、欺骗、大声讲话和总说自己的不好之处等最为孩子所讨厌。例如，有的孩子回答"爸爸总是说我傻"。孩子的积极生活态度是在积极的环境中形成的，积极教育环境的一个基本前提是和谐，过度描述对象的消极问题不利于形成一种和谐的环境氛围。

一般认为,和谐的教育环境会形成父母与孩子间的情绪安全,而这种情绪安全会有三个作用:首先,情绪安全会提高孩子调节或控制自己情绪的能力;其次,情绪安全会影响孩子与父母交流的动机和行为方式;再次,情绪安全会提高孩子对家庭关系的认知和内在表征。因此,和谐的教育环境对孩子的心理成熟、情感控制和自我认知等都有重要的影响。相反,不和谐的教育环境会使孩子产生惭愧、自责、恐惧等不良情绪,从而影响孩子的健康成长。

## 一、帮孩子学会摆脱日常生活中的焦虑

生活是丰富多彩的,一个人再怎么有意识地努力控制自己,也不可能每天都生活在积极的体验之中,因此,教育者在给孩子提供积极体验的同时,也要教给孩子一些对抗消极体验的技术。焦虑是孩子日常生活中的一种最重要的消极体验,教育者应让孩子从小就掌握对抗焦虑的技术。

假设你今天吃午饭时有一小块肉塞进了你的牙缝,你会怎么做?多数人总会用自己的舌头去不断地舔这块肉,从而弄得自己做什么事都不安心,直到自己用牙签或牙线把这块肉清除为止。人们日常生活中的焦虑也就如一个人心灵的舌头,就像舌头会不自觉地寻找牙缝里残留的肉一样,日常生活中的焦虑也会一直寻找人可能出错的地方,它不停地检查你的学习、工作、爱情、生活、交往或者娱乐等,直到发现不完善的地方。如果焦虑认为这种不完善的地方会对你形成威胁,它就会一直去"舔它",使你感到很不舒服,从而引起你的有意注意。如果你还是不采取行动,它就会加大影响力度,直至干扰你的睡眠,影响你的胃口,让你吃不好、睡不着。

焦虑在某种程度上是有益的,具有一定的提醒和警诫的作用,能使人尽早发现可能到来的灾难或危机,以便做好应对准备或者避开它们。如当一个

人感到有点焦虑时，他就会努力反思自己的行为或态度，这会使他随后的行为变得更小心。许多心理学研究都表明，焦虑之下的个体更保守，具有更少的冒险性行为。但是，在日常生活的大部分时间，焦虑给人带来的是不舒服，影响了个体的心理体验，影响了个体的正常生活。塞利格曼认为，当焦虑带来的痛苦持续发生，而你又没有办法按照焦虑的要求来改变现状时，你就应该选择去结束这个痛苦。就如你的舌头告诉你牙缝里有一小块肉，并且不断地舔它使你感到不舒服，但你手边既没有牙签，又没有牙线或其他工具，你根本没有办法去除它，那你还不如让你的舌头停止去舔它。衡量这种状态出现的标准主要有三个方面（Seligman，2007）。

第一，焦虑的不合理性。我们要衡量一下自己内心的不良感受与外界的真实情况是否相符，我们是否已经忧虑过度或杞人忧天。人有时候会受自己感受的欺骗，就像我们总觉得牙缝里的东西很大，但其实它只是很小的一块肉。心理学中有很多错觉，这实际上都属于心理欺骗，比如你觉得图 5-2 中的几条直线平行吗？你的眼睛告诉你，它们肯定不平行，但事实上它们是平行的，所以别总觉得你感觉到的就是真的，你的感觉经常会欺骗你。

图 5-2　你的感觉并不一定真实

一些生活在暴力、贫穷、失业家庭里的人，或者正身受绝症阴影折磨的人，产生一定的忧虑可能是真实的，他们没有夸大自己的焦虑，而对大部分人来说，产生这种忧虑实际上只是我们祖先所遗留下来的一种心理品性。人在漫长的进化过程中已经自然保存了一些心理品质，进化心理学告诉我们：当人们面对古代环境中也存在的危险时，更容易产生恐惧和焦虑；而当人们面对仅存于现代环境中的危险时，却很少害怕。如几乎所有的孩子都会害怕蜘蛛或蛇，而不害怕电源插座或汽车，但实际上，电源插座或汽车对孩子的潜在危险要远远大于蜘蛛或蛇。如果我们时刻因害怕蜘蛛或蛇而产生焦虑，那么这种焦虑就并不是现实生活的真实反映。事实上，我们多数人生活中的许多焦虑更主要是由于"蜘蛛式害怕"而产生的，是不合理的心因性焦虑。我们一旦具有了这种焦虑，就要想办法结束它。

第二，焦虑的麻痹状态。焦虑在本质上是一种警戒机制，通过引起人的注意来保护个体不受伤害。当个体因焦虑的作用而发现某些威胁的存在时，焦虑会提醒个体采取一定的应对措施，这会使个体变得更敏感、更理智。但焦虑的这种警戒作用也存在一定的限度，当焦虑过于强烈时，反而会阻碍人的行动，阻碍人顺利地解决问题，只有太强烈的焦虑才需要我们去努力地结束它。这是因为过分强烈的焦虑会耗尽人的注意资源，从而使人在做其他行为时没有足够的心理资源。生活中我们经常会发现，当一个人处于极度焦虑时，他不仅不能正常地工作，有时甚至会出现行动都很困难乃至瘫痪的情况。所以，过度强烈的焦虑会使人的意识和行为处于麻痹状态，个体一旦发现自己因焦虑而出现了麻痹状态，越早结束这种焦虑就越有利。

第三，焦虑的笼罩范围。是否需要改变这种焦虑还要看我们的生活被焦虑笼罩的范围有多大，如果个体在生活中做任何事、从事任何活动时都感到焦虑，那么这种焦虑就是一种泛化的焦虑，它对个体是没有好处的，个体就要想办法来结束它。如果焦虑只是针对某一件事而没有泛化到其他方面，那么这种焦虑一般是正常的。如多数人都会对在公共场合演讲感到焦虑，但这种焦虑不会影响我们的其他活动，并没有什么大的危害。

为了测量焦虑是否有害，塞利格曼采用了情绪研究专家斯皮尔伯格（C. Spielberger）的焦虑和愤怒量表中的部分问题，组成了一个焦虑自我分析量表，并给出了自己的标准（Seligman，2007）。你也不妨坐下来用这张量表测一测自己的焦虑状况。

请读下面的句子，并圈选出最能代表你一般感觉的那个数字，这里的所有答案都没有正确或错误之分，所以不要在任何一个问题上花太多的时间思考，你只要选出最能代表你平常感觉的那个答案即可。

1. 我是一个很稳定的人。

| 几乎从来不是 | 有的时候 | 常常 | 几乎总是 |
| --- | --- | --- | --- |
| 4 | 3 | 2 | 1 |

2. 我对自己很满意。

| 几乎从来不是 | 有的时候 | 常常 | 几乎总是 |
| --- | --- | --- | --- |
| 4 | 3 | 2 | 1 |

3. 我觉得很紧张并坐立不安。

| 几乎从来不是 | 有的时候 | 常常 | 几乎总是 |
| --- | --- | --- | --- |
| 1 | 2 | 3 | 4 |

4. 我希望我能像别人一样看起来快乐。

| 几乎从来不是 | 有的时候 | 常常 | 几乎总是 |
| --- | --- | --- | --- |
| 1 | 2 | 3 | 4 |

5. 我觉得自己是个失败者。

| 几乎从来不是 | 有的时候 | 常常 | 几乎总是 |
| --- | --- | --- | --- |
| 1 | 2 | 3 | 4 |

6. 每当我仔细思考最近关心之事和利益时,我就会陷入紧张和坐立不安的情况。

| 几乎从来不是 | 有的时候 | 常常 | 几乎总是 |
| --- | --- | --- | --- |
| 1 | 2 | 3 | 4 |

7. 我觉得很有安全感。

| 几乎从来不是 | 有的时候 | 常常 | 几乎总是 |
| --- | --- | --- | --- |
| 4 | 3 | 2 | 1 |

8. 我有自信心。

| 几乎从来不是 | 有的时候 | 常常 | 几乎总是 |
| --- | --- | --- | --- |
| 4 | 3 | 2 | 1 |

9. 我觉得自己不能干。

| 几乎从来不是 | 有的时候 | 常常 | 几乎总是 |
| --- | --- | --- | --- |
| 1 | 2 | 3 | 4 |

10. 我为不会发生的事情担忧太多。

| 几乎从来不是 | 有的时候 | 常常 | 几乎总是 |
| --- | --- | --- | --- |
| 1 | 2 | 3 | 4 |

你在每个题上所圈出的数字就是你每个题的得分,请把10个题的总分写在横线上:_____。

注意:有的题目分数是从低到高,而有的则是从高到低。分数越高表示你的生活越容易被焦虑控制。与男性相比,女性一般来说都相对比较焦虑一些。[1]

如果你的分数为10～11分,你的焦虑程度在最低的10%范围内;

---

[1] 如果我们把和你同年龄的人的焦虑看作一个正态分布,那么现在就可以根据你的焦虑得分来确定你在同龄人中所处的位置。

如果你的分数为 13～14 分，你的焦虑程度在最低的 25% 范围内；

如果你的分数为 16～17 分，你的焦虑程度处于平均数水平；

如果你的分数为 19～20 分，你的焦虑程度在 75% 的范围内；

如果你的分数为 22～24 分，而你是男性，你的焦虑程度是 90%；

如果你的分数为 24～26 分，而你是女性，你的焦虑程度是 90%；

如果你的分数在 25 分以上，而你是男性，你的焦虑程度是 95%；

如果你的分数在 26 分以上，而你是女性，你的焦虑程度是 95%。

塞利格曼认为，如果你的分数显著落在 90% 以上的范围，那你就特别需要注意了，这时候不管你是因什么产生焦虑，你都应该马上降低自己的焦虑程度，你会发现降低焦虑程度可以有效地改善你的生活品质，而且效果是立竿见影的。如果你的焦虑分数在 18 分左右，或者落在 75% 的范围，同时你发现这个焦虑是不合理的，或者焦虑已使你不能正常工作，那么你也应该降低自己的焦虑程度（Seligman，2006，p.56）。

多数日常生活中的焦虑是正常人常有的，因此它并不是心理学家研究的重点，心理学家们的主要精力都集中在一些非正常人（即那些因焦虑而患了抑郁症的人）身上，帮助他们去过正常人的生活。心理学家们的这种做法其实是心理学的一大误区，从本质上说，正常的人也需要一定的技术来改善自己过度的焦虑状态，这不仅会提高人工作的效率，同时更可以提高人的生活质量。从目前的状况来看，有关改善正常人情绪生活的研究还比较少，其中的一些研究也缺乏严谨的科学性。这种情况导致原本应该由心理学家承担的责任（改善普通人的情绪状况），现在反倒由一些心理学业余爱好者、传道者、报刊专栏作家、电台或电视节目主持人以及一些别有用心的敛财骗子在承担，这不能不说是心理学的悲哀。

积极心理学根据已有的实证研究，提出了两种改善普通人日常生活焦虑情绪的有效方法（Seligman，2007，pp.56–59），这或许有一定的作用。

第一种方法是逐渐的放松训练。当感到焦虑时，你可以先绷紧自己全身的肌肉，稍坚持一会儿，然后一小部分、一小部分地逐渐依次放松，直至全身肌肉都放松为止。当然你也可以有意识地按照一定的顺序绷紧自己的部分肌肉，然后再放松，如先绷紧手臂肌肉，然后放松，再依次绷紧大腿肌肉，再放松等。

但不管怎样做，你必须能亲自体会到肌肉放松所带来的轻松感，当你经常亲自体会到全身都被放松了的感觉时，你就是想产生紧张情绪也很难做到，焦虑情绪也就会因此而被驱赶出身体。建议每天做这种训练 1～2 次，每次 10 分钟左右。

刻意转动自己的眼球也是一种比较有效地放松自己的方法。你可以保持一个舒适的坐姿，身体坐直，保持身心放松之后，把自己的意识集中在自己的眼球上，让眼球进行左右运动。这里有两个要注意的问题：第一，眼球左右运动时不要去注意这时候看到了些什么，而要把注意力完全集中在眼球的运动上；第二，眼球要左右运动，而不是左上右下做转圈运动，眼球转圈可能会让人产生不舒服感或晕眩感。一般做 3 分钟后闭目休息一会儿，然后再进行 1 次，共做 3 次。

第二种方法是练习冥想。有关冥想的内容前面已经做过详细的分析，你可以回忆一下。这里主要介绍一种简单的冥想方法。坐在一个安静的地方，闭上眼睛，在心里一直默念一个有音频性质的音节（不要有强度或节奏上的变化），或者在心里默默地数绵羊的个数，一天最好两次，每次 20 分钟。这种冥想方法能把焦虑的动力去掉，使人的心情恢复平静，从而不再感到焦虑。同时，它还能保留焦虑的思维部分，使人以后在遇到不好的事件时不至于出现过度反应，而能采取适当的行动。如果把这种方法与第一种放松训练的方法互相配合使用，效果会更好。同样的道理，瑜伽也是一个不错的选择，但问题是瑜伽的技术要求较高，动作也更复杂，而且瑜伽动作本身会成为一种新异刺激，从而影响人心理的平静。

生活中有很多人在焦虑时常常饮酒或服用镇静剂（还有一部分人吸烟），相比于饮酒和服用镇静剂这些方法，上述两种方法的效果可能不会一次就见效，要持续一段时间才会有效。饮酒和服用镇静剂虽然能在短时间内缓解人的焦虑，但它们对身体的副作用也是显而易见的，而且这些东西容易使人上瘾，以致到后来影响人的认知功能和神经系统。放松训练和冥想训练对身体没有任何副作用，也不用花费你每天辛苦赚来的钱，且每天只要花 20～40 分钟，只要你持之以恒，这两种方法在改善情绪生活上达到的显著效果是饮酒和服用镇静剂所无法比拟的。

## 二、运用积极心理学最推崇的 ABCDE 模式

除了以上两种行之有效的方法之外，积极心理学目前最推崇一种所谓的 ABCDE 训练模式。因为这种训练模式不仅能帮助个体消除不必要的焦虑，同时还能使个体变得更加积极。我们知道，积极心理品质和消极心理品质具有不同的心理机制，也就是说，个体在消除消极心理品质的同时不会自然地累积起自己的积极心理品质，积极心理品质的培养和累积也有其特定的心理机制，但 ABCDE 模式则把二者有效地统一起来。

ABCDE 模式起源于美国著名心理学家贝克（A. Beck）和艾利斯（A. Ellis）的认知疗法。贝克是一个研究抑郁的著名专家，他开发的抑郁量表是心理学界最权威的量表，前述阿罗伊实验中所使用的量表就是贝克抑郁量表。在长期研究抑郁的过程中，贝克发现多数人的抑郁主要是由其不恰当的信念引起的，如果能改变个体的信念，那么个体的抑郁状况就会得到极大的改善。于是他和另一个临床心理学专家艾利斯一起创造了认知疗法，这种疗法和当时流行的行为疗法不同，是以转变个体已有的不恰当认知信念为核心的。根据贝克治疗抑郁的经验和艾利斯的情绪 ABC 理论，塞利格曼与霍隆（S. Hollon）、弗里曼（A. Freeman）两位认知心理治疗大师共同提出了 ABCDE

理论，这一理论最大的特点是发展了贝克和艾利斯的认知疗法，把原本只适用于心理病人的治疗模式转变成一种适合于普通人使用的心理训练项目，其目的在于改变个体经常具有的悲观型解释风格，从而使其摆脱日常生活中不必要的焦虑。

A（adversity）是指个体在生活过程中所碰到或面临的不愉快事件；B（belief）指对该不愉快事件的信念，即你对该不愉快事件所持的通常看法和观念；C（consequence）是指由信念所导致的后果，一般情况下，不同的信念会带来不同的行为后果；D（disputation）是指通过多个途径或多个角度反驳自己通常的信念；E（energization）是指给自己不断地加油和激励。

下面我们举一个例子来说明这一理论模式。

你曾经有过这样的经历么？有一天你决定去练习瑜伽，当你兴冲冲地跨入瑜伽练习馆的大门时，看到里面正在练习瑜伽的人很多，这些人身材匀称，基本功看起来非常棒。你再看看自己隆起的小腹和发福的身材，心想："我干吗来这里啊？真是太丢人现眼了！他们个个身材都那么好，而且技术熟练，我夹在里面就像一只装了两条腿的啤酒桶，还是趁别人没有看见我之前先回去算了。"于是，你只是在门口转了个圈就又跑回家了。

这时，又来了另外一个人，这个人和你一样因整天忙于工作而忽视了身体锻炼，以至于他比你还胖。但他看到和你同样的情景后，心想："看，这些练习者个个都身材那么匀称，技术那么棒，这一定是花了很多时间和精力锻炼的结果。我真的应该早点来这里参加练习的。如果我也能像他们一样坚持练习，就一定能甩掉我这身累赘的肥肉！"想到这里，这位练习者马上就走向瑜伽练习教练去寻求指导。

从上面假定的例子中可以看出，对于同样一个事件，你和那个人采取的解释方式完全不一样，这导致你们所采取的行动也完全不一样：你沮丧地离开了，而那个人兴致勃勃地走进了瑜伽练习馆。当然，我们也不难想象随后可能会出现什么结果。

现在有很多教师对离异家庭颇有微词，觉得父母离婚对孩子的发展一定会产生巨大的破坏作用。那么父母离婚对孩子来说真的就是一件坏事吗？事实上，对于一个孩子来说，幸福家庭在教育上的作用大于离婚，但父母离婚的效用一定远远大于一个不幸福家庭在教育上的作用。假如一个孩子整天生活在一个不幸福的家庭，耳濡目染，他又能获得多少正向积极的教育影响？在今天这样的社会，人们对性别角色的定义都在逐渐发生改变，女性不再是婚姻中被动的一方。瑞典学者福克（Folke）和里科恩（Rickne）等人的研究发现，女性在职场上的晋升会导致女性离婚率提高一倍以上。对孩子来说，父母离婚并不是目的和结局，只是人生发展过程中的一个片段，它对孩子的影响都可以被纳入教育理性的轨道。

许多人在生活中经常会为自己的某些行为辩解，如，"我没有其他办法，只能这样做""是这件事逼我这样做的"等，其实，一个事件可能产生的后果或行为不是由该事件直接引起的，而是人们对该事件的观念（信念）在起调节作用。当面对一个不愉快的消极事件（A）时，出于进化保护机制的作用，人们会很自然地去思索这个事件，从而得到某个信念（B），一般情况下，人们产生的这个信念是习惯化的（受我们解释风格的影响而自动产生），是我们按通常的思维惯例来思考形成的。一旦形成了某个信念，这个信念并不只是停在那里不动，它会带来一系列与信念相匹配的结果（C）——驱使人们采取某种行动：是无可奈何、沮丧放弃，还是再接再厉、积极面对。

不必要的焦虑和悲观是一对难兄难弟，悲观的人所具有的不必要的焦虑比一般人要多得多，因此，纠正个体悲观的认知风格对摆脱不必要的焦虑具有很大的作用，认知疗法的实践已经证明了这一点。当一个具有悲观型解释风格的人在面对一个不愉快事件时，他习惯于（自动）从最不好的角度去解读，导致的后果自然是沮丧和无可奈何（这些结果必然引起焦虑），或者在面临困难时采取退缩的行动。如果能采用一定的技巧，有意识地改变自己习惯性的悲观想法，那么他对不愉快事件的应对方式就会相应地发生改变，从而使自己变得振奋和充满活力，自然也就不会出现不必要的焦虑。

改变一个人对不愉快事件的解释风格最主要的工具就是反驳（D）自己已经习惯化了的信念。一个人感到不愉快、很焦虑或很生气，有时候是对的，它能避免把不愉快事件演变成一场灾难；但从今天的生活实际来看，多数时候这种不愉快的想法是歪曲的、不正确的，不应该让这些消极想法成为个体信念的主导。所以，对悲观者来说，要经常练习如何反驳自己的负性自动化解释，也就是反驳自己的信念（B），并让积极信念成为主导。

面对负性事件时，需要细心地察觉自己的消极信念，并仔细观察这些信念可能带来的后果，随后，猛烈地攻击这些消极信念，最后观察自己成功摆脱悲观信念后获得的成果，并把它作为对自己的激励。我们常常想要改变自己的不合理信念，但却又不知如何才能改变，也就是说，我们不了解反驳自己的不合理信念的技术。塞利格曼（Seligman，2006，pp. 220-233）为我们提供了这种技术，这种技术也许对初次练习反驳的人来说有一定的难度，但只要你能坚持3个月以上，你的信念就会出现明显的变化。你最好把自己整个的改变过程以及每一次的习惯性信念和与之相对应的新信念等都记录下来，这样做不仅会使你清晰地了解自己的变化过程，更主要的是你还可以因此而事半功倍。

**（1）找到消极信念不合理的证据**

当你面对一个事件而产生了消极信念时，反驳这个负性想法最有效的方法就是找到例子去证明这个信念的不正确性，"事实胜于雄辩"，你可以将事实摆在那里，用它来推翻自己夸大了的悲观性解释。如当你由于身材不好和技术差而觉得练习瑜伽会受到其他人的嘲笑时，你可以观察一下那些与你的身材、技术差不多的练习者，看看这些人是不是都受到了嘲笑，只要有一个人没有受到嘲笑，你的信念就是不正确的。同样，当很多人都在讨论父母离婚对孩子会产生消极影响的信念时，你可以找出那些在离异家庭长大的名人，如有的来自离异家庭的人甚至都做了美国总统。在美国大约有一半的家庭是离异家庭，可事实上，美国的绝大多数孩子都发展得不错。

**（2）寻找其他可能的原因**

通常一件事的发生不会只有一个原因，而悲观的人往往选择用带有消极特点的方式去解释这个事件发生的原因，并把原因看成是永久性的（一直会这样）、普遍性的（在其他事件中或在其他地方也会出现）和个别性的（完全是因为我自己而不怪别人）。当面对一个不愉快的事件时，人们完全应该去想想除了自己习惯的那种解释，这个事件还可能是其他什么原因导致的。如当你因练习瑜伽而遭到了别人的嘲笑时，你要想想，除了你的身材和技术之外，还有没有其他原因：是不是那个嘲笑者的品质不太好？（这个人总是喜欢嘲笑别人，他经常这样做）这是不是一种正常的气氛调节方式？（很多时候，为了提高练习效果，有人会故意创造一种轻松的气氛，他选中我作为目标是因为我比较大度，他肯定没有恶意）我练习的态度是否不够认真？（我曾迟到了两次，有时练习也不够尽力）是否只是暂时的？（嘲笑只是发生在刚开始练习的时候，只要过一段时间，嘲笑就会消失的）他是否只是在嘲笑我的瑜伽动作？（我这个人的其他方面其实还是很好的，只是练习瑜伽不太在行）

**（3）简化灾难的含义**

当事实有时不能直接证明你的信念是错误的时候，你还可以用简化灾难的办法来对付它，这也就是我们常说的"退一步想"。我们可以问问自己：即使这个想法是对的，那又怎么样？然后再为这个新想法搜集证据，证明它的不合理性。譬如：如果我确实是因为身材和技术的原因而在练习瑜伽时受到了别人的嘲笑，那又怎么样？顶多是他们不和我一起练习罢了，这又不是什么灾难性的后果，他们不和我一起练习，我还可以跟着电视或录像来练习，电视或录像上的动作会更准确，对我的帮助会更大。

**（4）思索该信念的用处**

在我们反驳的时候，还可以思考这个信念的用处，问问自己：这个念头有什么好处？是否极具破坏性？有时候其效果比思考该信念正确与否还有效。

如别人的嘲笑可以使我更用功地练习，教练也不会让我上去做示范，这样我可以少冒一些失败的风险。

**（5）设法改变情境**

有时我们的信念确实是对的，但是我们却为此感到不愉快，此时就可以仔细思考一个问题：现在这个情境是可以改变的吗？如果可以，我该怎么做？我可以换一个练习馆吗？我可以换一个练习的位置吗？（坐到最后面去练习）可不可以让教练批评一下那些嘲笑我的人？

## 第四节　利用仪式和故事促进孩子的心理发展

尽管现在的教师和家长为孩子的健康成长已经付出了很多，也取得了一些成就，但在有些方面大家显然做得还不够，其中最突出的是利用仪式、礼节和故事等来教育孩子。中国是一个历史悠久的国家，是世界闻名的礼仪之邦，先人为我们留下了很多有关仪式、礼节和故事等方面的精神遗产，我们应该充分利用才对。

## 一、用好的仪式帮孩子留住教育内容

2018 年的春节已经过去，很多人都感慨自己又长了一岁。现在你回忆一下去年的春节是怎么过的。很多人尽管记得不是很清楚，但至少可以想起去年春节的一些事情。但如果问你去年的 6 月 23 日你是怎么过的，除非去年 6 月 23 日对你有什么特别的意义，否则你肯定一点也回答不上来。

一个人如果脑子里面没有什么事，他对时间的感知就不会持续存在，人脑就会自动压缩过去的这段时间，就好像人没有经历过这段时间似的。曾有这样一项实验，法国岩洞探险家米歇尔·西弗尔从 2000 年 11 月 30 日开始实施为期两个月的地下洞穴生存计划，他准备在地下900米深处欢庆2001年的到来和他61岁的生日。西弗尔进入的克拉穆斯岩洞位于法国南部，距蒙彼利埃约30公里，这个洞穴里没有钟表，也没有其他任何人和他做伴，地面上的人只负责通过连在他身上的电极监控他的生理状况，收集有关的研究资料，不和他进行任何信息联络。当西弗尔从克拉穆斯岩洞中出来时，他觉得自己只在这个洞穴里生活了25天，但他其实已经在里面生活了两个月。实验证明，对这种没有特别仪式来定义的时间，大脑会对它进行自动压缩。

时间如流水，又如流沙，有时大步前进，有时踌躇缓步，你靠什么来记住你的过去？答案是一些特别的仪式。可以说正是因为有了一定的仪式，才有了与这个仪式相关的一些事情，我们才定义了我们的过去。感情上的波动，如与恋人分手、得到了梦寐以求的职位、结婚、考上大学、亲人的去世等都让我们觉得这些事件距离今天很近，相反，我们会觉得那些无所事事的日子离我们很远。但假如这些导致感情波动的事件没有伴随一些特定的仪式，那么这些日子也会逐渐被我们遗忘。因此，人们总会为一些特别的日子安排一个仪式，以便能更好地记住它们。

仪式在人类学的意义上通常被界定为属于象征性的和表演性的，但它又不具有戏剧特征，它主要是由文化传统所规定的一整套行为方式，既可以是神圣的，也可以是凡俗的。这种行为方式通常被解释为在特定群体或文化中沟通、变化（社会类别的、地域的、生命周期的）、强化秩序及整合社会各方面要素的功能。

所以，仪式除了可以定义我们的过去之外，还具有其他一些社会功能。

首先，仪式是一个民族或国家独特文化的外在表现形式，体现的是一种文化精神的积淀，是社会道德的一种延伸。只要获得社会的认可，仪式均可以使参加者受到心灵的震撼。而参与过程可以使参与者对仪式背后所象征的意义进行充分的认可和评判，这有助于建构社会认可的道德价值观。

其次，如果从社会交往功能来看，仪式活动本身可以增进人与人之间的相互了解，有利于将社会群体整合在一起，并使个体学会一些有效的交往方式。中国大年三十晚上的团圆饭就是如此。

最后，仪式还具有帮助或满足人们明确身份、职责（当你举行完结婚仪式之后，你就会觉得自己已经成了一个要为配偶负责的男人或女人）等心理需求的功能。人在社会中有一种认同和自我实现的需要，而仪式恰恰能帮助人们获得与自我实现和认同相关的自豪感、荣誉感、集体感、神圣感和归属感等。另外，还有人发现仪式对于心理治疗也是一种很好的资源，家庭心理治疗的本质就是利用家庭仪式所具有的潜在意义来对抗心理问题。

学校中的仪式很多，如开学典礼、升旗仪式、校庆、加入少年先锋队、加入中国共青团、加入中国共产党等，还有日常课堂上的上下课起立、有问题举手等。从学校角度来看，学校的这些仪式不仅塑造了儿童的生活，让他们能尽早适应社会秩序，而且构成了社会制度和学校课程之间的桥梁（克里斯托弗，2009），这一点尤其体现在儿童的道德发展中。总的来看，学校仪式的核心在于它承载着对儿童进行道德教育的使命，道德培养是学校仪式背后所蕴含的深层意义所在。

2010年第一个学期，浙江省杭州市拱墅区人民小学的800多位小学生在开学典礼上每人收到了一个生的鸡蛋，鸡蛋被要求小心地保管4天，4天后再上交学校，看有多少人的鸡蛋破了。每个学生在领到鸡蛋的同时，还领到一张红色A4纸，这张纸上写着：我一定会做好"护蛋使者"，就像保护自己的生命一样保护它。这个学校的老师告诉记者：一个鸡蛋就是一个生命，生命只有一次，需要我们用心呵护；鸡蛋也很容易破碎，很脆弱，更需要精心爱护。老师希望用这种方式来对孩子进行生命安全教育。我们不知道这次教育的效果到底如何，但可以肯定地说，这种仪式要比在课堂上直接讲安全教育的效果好得多，因为这种仪式会使安全概念深深地印在孩子的脑海中。

在这里我想指出一点，我国的许多中小学不太注意学生的毕业典礼和成人仪式，其实这两个仪式对学生的心理发展影响很大。回忆一下小学或中学毕业时的情景，你恐怕什么也记不住，因为毕业时多数中小学只是把毕业证书当作平时的成绩报告单简单地发给学生了事。在我的读书生涯中，我只清楚地记得大学校长为我授博士学位证书和毕业证书的情景，那个情景至今仍历历在目。同样，在孩子年满18岁时，我们的多数学校也没有什么特别的仪式，以致孩子对自己是否已经长大成人还浑然不知。

家庭仪式同样对儿童的心理发展有着重大的影响，帕拉佐利（S. Palazzoli）曾将家庭中的仪式理解为伴随某种语言惯例而出现的行动或一连串的行动，包含一套规律性的步骤或程序，以供家庭成员在适当的时机和场合采用，它通常会涉及整个家庭。"家庭仪式"是一个范围非常广的概念，它既包括那些有着严格程序规范和礼仪要求的正式仪式，如婚礼、祭祀祖宗等，也包括那些没有什么程序规范和礼仪要求的非正式仪式，如家庭成员在出门时、睡觉前互致问候等。如果对家庭仪式进行简单的分类，它主要包括以下几类：第一类是家庭庆典，如买彩票中奖或放假后的庆贺等；第二类是家庭传统，如家庭成员生日庆贺的习惯等；第三类是日常生活常规，如吃饭、睡觉时的一些常规等。

一项有关早餐仪式的研究表明，一起用餐对于家庭成员准备应对新一天的生活有着非常重要的作用，在早餐期间，家庭成员实际上经历了一个自我确认的过程，会产生归属感和群体意识（克里斯托弗，2009）。最近几十年来，许多心理学家和家庭教育学家已逐渐开始把家庭仪式作为家庭生活的一个重要方面，而且把它看作影响孩子形成一定的文化编码（"文化编码"最早是由20世纪英国著名的教育社会学家、社会语言学家伯恩斯坦提出来的）的一个重要因素。从功能角度上看，家庭仪式确实可以为家庭成员间的相互交往提供明确的意义，并对家庭成员具有一定的保护性功能，家庭仪式的多少与孩子的自尊有着密切关系。事实上，从某种意义上讲，家庭仪式本身就是一种编码规则，属于家庭文化的一个类别，因而它自然就成为了孩子家庭文化编码的组成部分。不过，在儿童家庭文化编码的形成过程中，由于对家庭仪式的研究还不够深入，人们目前对于家庭仪式本身到底是一个独立的影响因素还是一个辅助因素，尚不是很清楚。

有时候家庭仪式和家庭惯例不太容易分清，事实上，如果不是做专门的学术研究，人们也没有必要把它们分得那么清楚，因为从功能上看，家庭仪式和家庭惯例有着太多的相似之处。家庭惯例通常是家庭中约定俗成的一种相对固定的行为方式，属于家庭仪式的前期，如要求孩子每天在晚饭后帮助家长洗刷餐具，或者要求家长每年春节前一定要给孩子买一件新衣服过年等。随着社会的发展，孩子变得越来越积极地参与家庭日常生活，许多孩子非常在意每天的、每周的和每年的家庭生活节律，并且渴望成为其中的核心人物。因而，形成一定的家庭惯例也成为孩子的一种心理需要。

有证据表明，自然发生的家庭惯例在孩子的发展中有很大的实践意义，它和孩子的社会情绪、语言、学术和社会技能的发展呈一定的正相关。当然，孩子出席或者缺席家庭惯例并不一定会直接导致不好的发展结果，而惯例的组织特点和仪式的象征意义则可能会与其他一些影响儿童发展机制的因素（如父母效能、行为监测和家庭关系的工作模型等）紧密联系在一起。如在儿童早期，家庭惯例会形成一定的行为模式，以便为吸引儿童进入双边的和多边性的群体活动提供机会，这些活动会有助于儿童获得丰富的词汇或语言结构、建构有效的社会交往技能，而这些将直接影响儿童之后的学习成绩。因此，在某种程度上，家庭惯例似乎是儿童发展的一个很好的预测变量。

有一点要做出说明，家庭仪式和家庭惯例并不是一成不变的，随着家庭成员年龄、数量、生活条件等的变化，家庭仪式和家庭惯例必然会做出相应的调整，这一过程实际上是家庭成员习惯化和去习惯化的过程。在多数情况下，习惯化过程所形成的惯例一旦被去习惯化，或多或少会引起家庭成员心理上的不适应。

例如，一对夫妻结婚以后会形成一定的家庭惯例，但随着孩子的出生，孩子的喂养、洗浴和午睡等惯例一定会被整合到过去已存在的日常生活模式中，这种新惯例建立的整合过程的难易可能与婚姻的幸福感相关（许多小夫妻的幸福感在孩子出生后的一两年会降低）。反过来，整合过程的情绪氛围又为初到人世的孩子提供了一个社会情绪适应背景。随着孩子的出生，父母必须转换成新的角色来满足婴儿的各种需要，即使对最幸福的夫妇来说，尝试去重新调整家庭惯例来满足孩子的需要也可能是一种挑战。因此，人们必须充分认识到，惯例和仪式的变化是家庭生活循环的一个组成部分，但有时这种变化并不总是以刚好都起积极作用的形式出现。一般来说，从"夫妻两人世界"阶段发展到亲子关系阶段，人们多少会经历一些心理阵痛。

## 二、讲家庭故事让孩子获得积极生活信念

积极心理学已经融入教育、经济和政治等多个领域，同样它对家庭教育的影响也越来越大。积极心理学对于家庭教育的意义主要体现在两方面：一是家长要树立积极的家庭教育观；二是家长要为孩子构建积极的家庭教育系统。

### 1. 要树立积极的家庭教育观

家庭是孩子生活和成长的港湾，自孩子出生之日起，家长就陪伴在孩子身边，因此家长与孩子的关系极为亲密。家长的言行，都有意无意地塑造着孩子的思想和行为，对他们起着潜移默化的作用，也即家庭教育在很大程度上决定了孩子性格、爱好和行为习惯。

积极的家庭教育是在积极心理学原理指导下兴起的一种新的家庭教育观念，是指家长要把重心放在发扬孩子的积极品质、长处上，要能发现孩子的长处并促进孩子长处的发展，而不只是片面强调关注或纠正孩子的缺点。具体来说，积极的家庭教育观的含义主要有以下几个方面。

#### （1）在日常生活中家长要善于发现孩子的长处

长处（而不是短处）决定了一个人的价值，只有通过扬长才能达到避短、

补短的效果，才能使人的才干和能力不断地成长和发展。积极心理学重视人的优点，主张要看到人身上的闪光点。当潜能得到充分发挥后，人就能体会到生存发展的快乐。

首先，家长应该细心观察，善于发现孩子身上的闪光点，并营造合适的环境来激发孩子在该方面的潜能，之后还要及时给予鼓励，让孩子感受到取得进步、获得赞赏的喜悦。其次，家长要对孩子进行赏识教育。美国著名心理学家詹姆斯（James）说过，人性中最深切的本质就是被人赏识的渴望。来自别人的赞扬或奖励，会令被表扬者产生愉悦的情绪体验。赏识孩子不仅要善于发现孩子的优点和长处，为孩子设置恰当的奋斗目标，而且要将目标分解为阶段性的可实现的目标，使孩子保持自信，更要善于发现孩子的每一个进步，加以肯定和强化。孩子自己相信"我能行"，就会形成一种定式，而这种定式会成为孩子克服前进道路上的各种困难和障碍的强大动力。

**（2）要做有品味的家长**

品味是和应对相对应的，应对是指人们对生活中发生的消极事件要采取有效措施（如认知重评等），从而降低消极事件对人所造成的不愉快体验。品味则指人们对生活中所遇到的积极事件也要采取有效措施（如有意回忆等），从而放大或延长人们因这一事件而获得的愉快体验。应对是一种生活技巧，而品味同样也是一种重要的生活技巧，如果只会应对，那么生活只是少了些苦味，但并不会因此而增加甜味。

家长应该关注孩子生活中的那些积极事件，要有品味而不仅仅是应对，在关注的基础上去培育并促使积极事件再现或重现。首先，家长要转变传统观念，不能只是对孩子矫正错误、改造问题，总把目光集中在孩子做错的事情上，比如上课迟到、不做作业、玩游戏等，而要主动发掘与研究孩子的各种积极品质，并在实践中扩展和培育这些品质。其次，家长要看到孩子是一个能动的、独立的个体，尽可能地发挥孩子的主体作用；通过积极、乐观的心态去引导孩子面对困难；善于用赞扬的手段来激发和培养孩子积极向上的心理潜能。

**（3）家长要以孩子的生活幸福为核心**

孩子生活幸福是教育的终极目的。幸福既是一种主观体验，也是一种价值意义。所以，一方面，家长要关注孩子的主观体验，这就要求家长在教育孩子的过程中要充分尊重孩子的主体地位，不能把自己的愿望和思想强加到孩子身上；要学会理解孩子，多与孩子交流，设身处地地从孩子的立场观察、思考问题，关注孩子的内心感受；要顺应孩子生理、心理的成长，学会换位思考，多与孩子进行平等、民主的心灵沟通。另一方面，家长还要帮助孩子理解其行为的价值意义，这是一种真实意义上的幸福，家长要让孩子明白感觉好不一定是真的好，人要做有价值、有意义的事，不管过程会带来多么不好的感觉，但事后人会获得真正的幸福。家长可以让孩子自主自觉地选择自己想做的事，让孩子了解自身的不同目的，培养孩子进行反省和自我选择的素质，引导孩子创造自己的生活，自然而然地促进孩子的身心发展。

**2. 要构建积极的家庭教育系统**

积极的家庭教育不仅要有一套发现孩子长处或优点的机制，还要为孩子使用长处或发展长处提供条件或机会。孩子的长处只有通过使用才能体现其价值，同时也才能得到巩固和发展，因此创建一个为孩子使用长处或积极品质的积极家庭教育系统就显得尤为重要。创建积极的家庭教育系统主要包括以下内容。

**（1）形成积极的家庭关系**

家庭是社会的一个细胞，也是孩子生活的主要场所之一，孩子生活中绝大多数的快乐都来自家庭。积极心理学研究认为积极的家庭关系对家庭中各成员的幸福感体验有着极其重要的作用。

要创建积极的家庭关系，家长必须首先处理好家庭关系。

第一，团结和睦，互敬互爱，让孩子有一个宽松、和谐、值得信赖的家庭环境。

第二,尊老爱幼,使孩子感到有一个温馨、和睦的家。当孩子的学习成绩上升时,要及时予以鼓励,帮助孩子总结经验,使其继续提高成绩;当孩子遇到困难、遭受挫折时,要帮助孩子找出失败和受挫的原因,鼓励孩子前进。

第三,选择合适的教育和沟通方式,提高亲子沟通水平。要用语言和行动去回应孩子;多问问孩子的兴趣和爱好;信任孩子,学会只当顾问,不替孩子决定,对孩子做的决定,不急于发表看法,让实践去检验决定的对错。

**(2)培养高尚的家庭情趣**

青少年阶段作为个体身心发展的加速期和过渡期,对个人的成长至关重要。如果孩子在这个阶段能够培养健康的情趣,就能为他们在未来的工作和生活中抵制社会上的不良诱惑筑就一道心理防线。积极心理学研究提出的 24 种积极品质为高尚家庭情趣的培养提供了良好的借鉴。弗罗等人(Froh et al., 2008)研究发现,与低感激倾向者相比,高感激倾向者对自己的生活更满意,能够提高工作效率,达到更多的目标,更乐于帮助他人。梅约等人(Maio et al., 2008)研究发现,宽恕作为一种积极的正向情绪,有助于调节外周生理反应,保持生理健康,还能促进家庭成员之间的彼此理解,营造良好、和谐的家庭气氛。

家长首先需要以身作则,在家庭生活中处处树立榜样。要加强自身修养,及时纠正自身的不良习惯,勤奋好学,踏实工作,以高尚的道德情操和完美的人格力量,在孩子的心目中树立起高大的形象;教导孩子学会感恩,学会宽恕自己,宽恕他人,多做善事,鼓励孩子结交良友,积极参与社会活动;引导孩子做生活中的强者,提高耐挫力和自身的韧性,积极勇敢地面对生活的难关;培养孩子的刻苦精神和良好品德,尽可能地让孩子在生活中自我成长。

**（3）构筑和睦的邻里关系**

积极心理学认为人及其经验是在环境中得到体现的，环境又在很大程度上影响人的成长，良好的环境适应性也是一种积极的心理品质。班杜拉的社会学习理论认为，观察、模仿学习是人类学习和社会化的重要方式，通过观察和模仿，儿童不断习得社会倡导的行为，也习得社会不赞许的行为。成长过程中，孩子除了和父母的接触外，与邻里的接触也是很密切的，邻里和睦能使孩子处于一个温暖的大家庭中，从小受到良好的思想熏陶。

要创建和睦的邻里关系，家长必须首先处理好邻里关系。家长要指导孩子与善良正直的人交往，不与邪恶之徒交往，为孩子成长创造良好的外部条件。家长是孩子的榜样，家长与周围的人和睦友好地相处，是一种无言的身教，能在潜移默化中对孩子产生示范作用，使孩子与他人交往时也能秉持礼貌、友好、真诚的态度。闲暇之余，家长要主动走出家门，带着孩子相互串门，多参加小区的活动，让孩子们一起游戏、学习，他们在这个过程中就能逐渐学会如何与他人相处，如何处理与他人的合作与竞争关系，这样他们的人际交往能力就可以在真实的体验中获得很大的提高。社区还可以定期举办关于积极教育的讨论会，让家长一起讨论在孩子成长过程中遇到的疑惑，交流心得，以更好地发现并培养孩子的积极品质。

**（4）创编积极的家庭故事**

许多人都愿意买股票，就中国市场来说，真正在股票市场里赚到钱的中小股民又有多少呢？或许最多只有20%（我不是这方面的专家，也没有炒股的经验，这个数字是从网上看到的）。20%应该是一个小概率，但正是这个小概率吸引了成千上万的人一头扎进去，并且乐此不疲。这到底是什么原因呢？原因也许很多，但有一个原因不可忽视，那就是因为股票市场里永远充满了许多诱人的故事，正是这些故事吸引着许多人前赴后继地进入股市。

你只要打开电视，就会发现电视上总有一些人在精神抖擞地讲述"杨百万""李千万"或"某某股票涨跌原因分析"的故事，然后煞有其事地给你透露一些内幕消息："某只股票将要涨了！"其实那些整天在电视上讲炒股经的人多数是因炒股亏本而来混口饭吃的人，他要是真知道某些股票会涨，一定不会告诉你。同样的情况也发生在彩票销售上。2009年河南省安阳市的一个人买彩票中了3.599亿元大奖，这个故事一定会带动更多的人买彩票。事实上，股票涨跌和彩票中奖都是偶然性事件，但人们总是愿意对偶然性事件进行理性解释，结果越解释越不理性。统计学家早就做过统计，你开车10公里去买一张彩票，你因车祸而死亡的概率要比你中大奖的概率高得多（我在这里并没有贬低股票和彩票市场的意思，我只是从某个角度做简单的分析）。

所以，股票和彩票市场兴旺最主要的原因要归于故事，正是这些所谓的专家持续不断地编织故事，才吸引了众多的人加入。可能有人会不信，总认为这些股票专家和彩票专家的分析是有道理的。

有人（A. Lander）[1]曾做了一个有关林肯（A. Lincoln）总统和肯尼迪（J. Kennedy）总统的比较分析。你觉得有道理吗？

①林肯当选总统的时间为1860年；肯尼迪当选总统的时间为1960年。

②林肯和肯尼迪这两个名字都由7个英文字母构成。

③林肯有一个秘书叫作肯尼迪；而肯尼迪则有一个秘书叫作林肯。

④林肯和肯尼迪死后继任总统的名字都叫约翰逊，而且都来自美国南部。

⑤林肯和肯尼迪都被姓名有三个单词的人暗杀，暗杀林肯的人名叫John Wilkes Booth，暗杀肯尼迪的人名叫Lee Harvey Oswald。

---

[1] 兰德（A. Lander）是美国已故著名报纸专栏作家，以回答读者提出的有关生活礼节和心理的问题见长。

⑥两个刺客都持极端偏执的政见。

⑦Booth在电影院里枪杀了林肯后躲藏在仓库里，而Oswald从仓库里枪杀了肯尼迪后躲藏在电影院里。

⑧林肯和肯尼迪都是被人用枪暗杀的。

你看了上面这段分析会不会感到毛骨悚然？会不会认为这两个总统天生就注定要被暗杀？事实上，尽管上面所描述的8个方面都是真实的，但这些显然都是偶然的巧合，只是兰德把偶然的东西串成了一个故事，于是"偶然"便因为有了故事而获得了骇人听闻的价值。

对孩子进行教育也需要借助于故事，与股票和彩票市场一样，一个国家、一个单位或者一个家庭都需要有自己的故事。人天生就是故事的述说者和吸引者，故事为人的经历提供了一致性和连续性，并在与他人的交流中扮演着重要的中介角色。德国的伟大诗人歌德从4岁的时候起，就像上课一样天天守在妈妈身边听妈妈给他讲故事；俄国的著名文学家高尔基从小在外祖母家长大，一直听外祖母给他讲故事；鲁迅先生小时候也爱听一位长妈妈给他讲故事。当然，我并不是说是这些故事造就了这些人的伟大，我只是说这些伟大的人受到了故事的影响。

无论是在中国还是在西方国家，喜欢听故事都是儿童的天性，不过中国和西方国家在给儿童所讲故事的内容上还是有所侧重的。中国的家长更喜欢给孩子讲一些童话或神话故事，告诉孩子什么是善良，什么是美丽，其目的主要在于培养孩子良好的道德和生活品质。如中国家长最喜欢给孩子讲《狼来了》这个故事，目的就在于告诉孩子要诚实，不要撒谎，撒谎将最终自食恶果。

近年来，家庭故事在儿童家庭文化编码形成过程中的作用越来越受到研究者的关注。所谓编码是指外在的刺激影响是怎样在人头脑里加工的，加工的结果又是怎样的。如对计算机来说，所有外在的刺激信息都必须转化为

"0"或"1",否则计算机就不能接受。人也是如此,任何外在的刺激信息都要通过一定的加工来转化成大脑能接受的东西,这个过程就是编码。许多人认为家庭故事只是一条家庭价值观传递和家庭角色教导的重要途径,其实不然。对于一个孩子来说,他生活在不同的家庭,就会形成不同的文化编码系统,而这种编码系统对孩子将来走向社会有重大的影响。如果孩子在家庭中所获得的编码系统和社会的主流文化编码系统相矛盾,那么孩子在未来的发展中就会经历更多的坎坷;反之,如果孩子在家庭中形成的文化编码系统和社会的主流文化编码系统相一致,那么孩子的发展就会相对顺利些。因此,家庭故事从某种意义上说是社会故事的一个子系统。

家庭故事根据内容的不同主要可以分为两种。

一类是家庭以前的光荣事件或先前的生活经验,它主要以肯定或赞扬为主,保存的大多是一个家庭价值体系中最具生命力的硬核精神,一般具有积极的性质。一个家庭如果积淀了足够多的这样的家庭故事,那么这些故事不仅构成了这个家庭的生存史,而且代表了这个家庭精神和感情的延续。当家长对孩子娓娓道来:这是发生在你太公身上的事……你爷爷在那个时候曾经……这一刻,孩子一定会被打动,会从这些故事中获得一种系着过去又连着现在的情愫。

另一类是指家庭成员各自独特的人生经验或经历,有时甚至是碰到的各种生活或工作琐事等。这一部分是每个成员个性化的东西,其内容并不一定完全积极。对于孩子来说,这两种故事都是他们成长的维生素。

教育是树人的工程,它是漫长而艰巨的,家庭教育应该成为培养参天大树的绝佳园地。积极家庭教育的根本在于家长自身的改变,家长要善于用积极、乐观、向上的眼光看待生活中的一切,看待孩子的成长。同时,要尊重和关注孩子的感受,培养孩子的积极品质,自觉主动地把积极心理学融入自己的家庭教育之中,让孩子快乐学习、快乐生活、快乐成长。总之,只有生活态度积极乐观的家庭才能培养出拥有健康积极人生的孩子。

# 第六章　心理体检：孩子的可改和不可改之处

人是可以改变的，如果人不可改变，那么这个世界就一定不会产生心理学、教育学等科学了。最近的一些心理学研究就发现，如果一个人要想变得更有魅力，只需要做出一些行为上的改变就可以达到这个目的，如平时吃饭时多吃一点胡萝卜、穿带有一点红色的衣服、走路时让屁股随着你的大腿一起动（不要让屁股落在后面被大腿拖着走）、日常生活中要好善乐施和乐于助人、让自己的腰向后弓起来一点（女人）或留一点胡须（男人）。所以，发挥改变的功能并使人们越变越好正是心理学的价值所在。

孩子是幼小的、不成熟的，幼小和不成熟代表了能被进行塑造，因此，现代社会的教育者总想通过发挥教育的力量来使孩子变得十全十美。但我想告诉你一个有点让你失望的结论：并非孩子身上的每个方面或每种特质都能被改变，还有一些东西可能要历经千难万险才只能改变一点点。所以教育者应该清楚地知道自己的力量能够用在哪里，当教育者确定孩子身上的某些东西不能被改变时，即使这些东西是社会所公认的问题，教育者也不要尝试去改变，否则，你会得不偿失。那么孩子身上到底哪些东西可以改变，哪些东西不可以改变呢？这是一个很难用列举具体品质来说清的问题，幸好进化论可以为我们提供一个能改与不能改的简单分类标准。

从进化论的角度来看，有些东西是人类在物竞天择、优胜劣汰的漫长进化过程中保留下来的，这些东西不是现代人类学习的结果，除非你改变基因或神经结构，否则你就无法改变这些东西。另外一些和基因关联不大的东西，只要我们足够耐心和足够聪明，并付出艰苦的努力，它们就可以得到有效的改变。

不过，即使有些东西可以得到改变，但有时候这些东西也在一定程度上受制于基因和神经系统。基因和神经系统的进化机制会使这些东西倾向于以某种固定的方式去改变，而其他的方式则无异于缘木求鱼，并且有时候外部改变的力量会受制于生物本身的基因力量。比如，人们用一些合适的训练可以让猪学会用嘴去搬运木棍，但当猪搬运木棍时，如果你在它前进的道路上放一堆土，猪的本能力量就会表现出来，这时候它很可能就不再去做搬运木棍的工作而是去用嘴拱这堆土了，也就是说猪本能的力量（用嘴巴拱土）要比习得行为（用嘴搬运木棍）的力量更大。

在多数社会，女孩都被教导在选择对象时首先应该考虑对象的品质，如诚实、有修养等，但在实际过程中，一旦碰到帅哥，这些习得的知识的力量就会被人本能的力量压制。心理学家福基等人（Fugère et al., 2017）发表在《进化心理学杂志》上的一项研究表明，15～29岁的女孩在选择对象时首先考虑帅哥（如果你不帅，就根本进入不了选择的圈子），然后才会在帅哥中间选择那些品质比较好的。不管女人的年龄多大，多数人在选择对象时都更愿意选择长相好但品质差的人，而不是选择那些长相差但品质好的人。

美国斯坦福大学心理学教授卢布明斯基（S. Lyubomirsky）通过漫长的研究得出了一个结论：人的性格中约50%是由基因遗传所决定的，这一部分中可以改变的东西比较少；另10%是由生长环境所决定的，其中也只有一部分能得到改变；而其他40%则是由后天的教育、培养、个人努力等因素所决定的，这一部分是改变的重点和主要部分。也就是说，一个人的发展中有50%左右的东西是可以改变的，所以人可以改变的空间还是很大的。

在具体了解儿童的哪些东西可以被改变而哪些东西不可以被改变之前，让我们首先了解一下你对改变的态度。心理学家米勒（L. F. Miller）设计了一个有关对改变的不同看法的量表——《人的可塑性量表》（Seligman, 2007, pp.10–14），你可以拿出笔来做一下。量表中所涉及问题的答案没有对错之分，所以你不需要仔细思考，你只需根据自己的实际状况，圈选出最符合你想法的选项。其中 1—7 代表了你对这件事的看法，"1"代表"一点都没有"，"7"代表"完全是"，你所得的分数只表示你对改变的看法，没有其他任何含义。请你在 5 分钟之内完成。

### 人的可塑性量表

●汤姆在百货商场买东西时，看到一件自己很喜欢的毛衣。他去试衣间试穿了一下感觉很好，但他发现这件毛衣太贵了。于是汤姆就偷偷地把这件毛衣穿在西装里面，走出了百货公司的大门。请问，汤姆为什么会偷百货商场里的东西？你认为：

①汤姆的行为有多少是受当时的处境的影响？

（一点都没有　1　2　3　4　5　6　7　完全是）

②汤姆的行为有多少是受过去的处境的影响（例如：童年事件、种族歧视、社会制度）？

（一点都没有　1　2　3　4　5　6　7　完全是）

③汤姆的行为有多少是受他是个怎样的人的影响？

（一点都没有　1　2　3　4　5　6　7　完全是）

④汤姆的行为有多少是受他自己的决定的影响？

（一点都没有　1　2　3　4　5　6　7　完全是）

⑤现在假设你对汤姆解释他这样做是不对的，你建议他改变，他认为自己应该悔改，也想要悔改。你认为汤姆可以改变得多彻底？

（一点都没有　1　2　3　4　5　6　7　完全是）

⑥现在假设你从来没有跟汤姆谈过他的这一行为问题，你认为汤姆会改变多少？

（一点都没有　1　2　3　4　5　6　7　完全是）

●约翰在朋友举办的宴会中遇见一个女人,他约她第二天晚上见面。在两人约会结束时,约翰表示想和这个女人发生性关系,但是这个女人拒绝了。于是约翰就把她推到墙边使她无法反抗,然后开始脱她的衣服。请问,约翰为什么会脱这个女人的衣服?你认为:

①约翰的行为有多少是受当时的处境的影响?

(一点都没有　1　2　3　4　5　6　7　完全是)

②约翰的行为有多少是受过去的处境的影响(例如:童年事件、种族歧视、社会制度)?

(一点都没有　1　2　3　4　5　6　7　完全是)

③约翰的行为有多少是受他是个怎样的人的影响?

(一点都没有　1　2　3　4　5　6　7　完全是)

④约翰的行为有多少是受他自己决定的影响?

(一点都没有　1　2　3　4　5　6　7　完全是)

⑤现在假设你对约翰解释他这样做是不对的,你建议他改变,他认为自己应该悔改,也想要悔改。你认为约翰能改变得多彻底?

(一点都不能　1　2　3　4　5　6　7　完全改变)

⑥现在假设你从来没有找约翰谈过他的行为问题,你认为约翰会改变多少?

(一点都不会　1　2　3　4　5　6　7　完全改变)

●戴维在放学回家的途中,看见一辆全新的汽车停在路旁,他从口袋里掏出钥匙,故意在车的引擎盖上划了三条线。请问,戴维为什么会这样做?你认为:

①戴维的行为有多少是受当时的处境的影响?

(一点都没有　1　2　3　4　5　6　7　完全是)

②戴维的行为有多少是受过去的处境的影响（例如：童年事件、种族歧视、社会制度）？

（一点都没有　1　2　3　4　5　6　7　完全是）

③戴维的行为有多少是受他是个怎样的人的影响？

（一点都没有　1　2　3　4　5　6　7　完全是）

④戴维的行为有多少是受他自己决定的影响？

（一点都没有　1　2　3　4　5　6　7　完全是）

⑤现在假设你对戴维解释他这样做是不对的，你建议他改变，他认为自己应该悔改，也想要悔改。你认为戴维能改变得多彻底？

（一点都不能　1　2　3　4　5　6　7　完全改变）

⑥现在假设你从来没有跟戴维谈过他的不当行为。你认为戴维会改变多少？

（一点都不会　1　2　3　4　5　6　7　完全改变）

请你把以上问题中相同题号所圈选的数字加起来，填入下面的空格中，每一项的总分应该介于3分和21分之间。

第一题（当时的处境）_____

第二题（过去的处境）_____

第三题（个性）_____

第四题（选择）_____

第五题（改变）_____

第六题（自己主动地改变）_____

（Seligman，2007，pp.10–14）_____

这些分数意味着什么呢？下面是你对得分进行比较的常模（Seligman，2007，pp.10–14），根据这些常模，你就可以知道自己对改变的态度了。

第一题的分数表明你是否认为人是被当时的环境左右的。假如你的分数在 18 分以上，那你就属于最相信当时的环境很有影响力的那 25% 的人（即这类人大概占总人数的 25%，以下类同）；15 分是一个平均水平；如果你的分数在 9 分以下，那你属于不相信当时的环境有任何影响力的那 25% 的人。

第二题测量你对人过去经历的重要性的看法。分数越高，表明你越认为过去的影响很重要。得分在 19 分以上的人属于那些最相信过去经历具有影响力的 25% 的人；16 分以上表明你相信过去的经历是有影响力的；12 分以下表明你属于怀疑过去经历影响力的那 25% 的人。得分越高，表明你越赞成社会福利、积极行动（主要指鼓励雇用和录取少数民族、弱势民族、女性等的防止种族与性别歧视的积极行动）、对外援助，但同时你也越容易沮丧。分数越低，表明你越赞成死刑、堕胎和武装干预。

第三题测量你有关的个性。得分在 21 分以上的属于那些最相信个性能左右一切的 25% 的人；18 分以上表明你相信个性是有影响力的；14 分以下表明你属于那些不相信个性左右一切的 25% 的人。分数越高，表明你越相信社会福利、积极行动、经济支持，同时也越赞成死刑、堕胎和武装干预。年纪越大的人，越相信个性的力量。

第四题测量你对选择和意志力的看法。得分在 21 分以上的人属于那些最相信选择和意志力的 25% 的人；19 分以上表明你相信选择和意志力的影响；16 分以下表明你属于那些最不相信选择和意志力的 25% 的人。分数越高的人在经济上和社会中越保守、年纪越大、越少沮丧。

第五题的分数表明你认为改变能有多彻底。得分在 20 分以上的人属于那些坚信人可以彻底改变的 25% 的人；16 分以上表明你相信人可以彻底改变；10 分以下表明你属于那些不相信人可以彻底改变的 25% 的人。分数越高的人越倾向于社会自由主义，越赞成社会福利、弱势族群的社会保障以及对外援助。

第六题测量你对改变的信念。假如你得分在 11 分以上，你属于那些认为事物自然会有很多改变的 25% 的人；8 分以上表明你相信事物自然会发生改变；3 分以下表明你属于那些认为事情总是一成不变的 25% 的人。得分高的人相信对外援助、社会福利、弱势族群的社会保障，在社会和经济上属于自由派。得分低的人则赞成死刑、堕胎和武装干预。[1]

# 第一节　孩子可以改变之处

人身上有很多东西可以进行改变，一般认为，只要是通过学习可以获得的东西，那就可以通过学习来使它得到改变。塞利格曼曾经提出过一些人可以改变的东西，他认为以下几个方面是可以得到有效改变的：①恐惧症是可以改变的，但药物根治不了恐惧症，而改变观念却可以根治恐惧症；②认知疗法可以很容易地治疗性功能障碍——性冷淡、阳痿、早泄；③对我们身体有害的那些情绪状态是可以被控制的；④抑郁症可以有两种改变的方法，直接改变有意识的思考方式或药物治疗都有效，两者结合效果更好，但用心理分析挖掘出童年的创伤经历则是徒劳无功；⑤乐观是一种典型的习得性技能，一旦掌握，它便可以让你的事业和健康都更上一层楼（Seligman，2007，p.5）。

## 一、孩子的性格改善最重要

从塞利格曼所列举的这些内容来看，人类通过努力可以改变的东西主要涉及情绪和人格等方面。有关情绪状态的改变我们之前已经做过很详细的叙

---

[1] 因为量表测量在某种程度上是一种主观调查，所以它受社会文化特点的影响非常大。这个量表是根据英文直接翻译过来的，没有经过任何校正，因此通过这个量表得到的结果可能会受中国文化特点的影响，也就是说，这个量表的常模、信度和效度可能不一定适合中国人的情况，所以相关的结果只能供我们参考。

述，所以在本章我们着重论述一下有关人格方面的改变。"人格"是个外来词，其最初的含义是指舞台上演员套在脸上的面具，后来被用于指代这个人。如果不做严格区分，它实际上就是中国传统文化意义上的性格，现在也有人称之为"个性"（"个性"一词来自苏联时期的心理学，是从俄语翻译过来的）。由于"人格"一词在中国文化中有时会有些特定意义，因而在今天的中国流行文化中，人们通常喜欢用"性格"这一概念。在本书中，我不对"人格""性格""个性"这三个概念做严格的区分，它们表达同样的意义。

性格受先天的气质条件影响，主要由个体后天的生活经验累积而成，尽管性格是逐渐养成的，但它一旦形成，就会在一定的时期里自觉或不自觉地弥漫在个体的整个生活或工作中。从心理学过去的研究来看，个体性格的形成从童年期就已经开始了，而且童年期的早期经验在性格的养成中起着非常重大的作用。

儿童的早期性格和其后来的社会性发展有着很大的相关性，这在多个学科（教育学、社会学、心理学、人类学等）的许多研究中都已经得到了证实，这里就不用多说了。但最近有研究表明，儿童的早期性格甚至会在一定程度上影响其后来的生理健康。美国的心理学家（Kubzansky, Martin, & Buka, 2009）用一项长达几十年的纵向研究，证实了孩童时期表现出来的某些人格特质与他们成年后的身体健康状况存在密切的关系。有两位研究者一共追踪了569个孩子，从他们7岁开始一直研究到30多岁，目的是观测小时候的一些人格特质是否会影响他们未来的身体健康。研究者在研究中把一项人格特质（也就是构成性格的一种品质）称为"痛苦倾向"（distress-proneness），即孩子在一些生活情境中表现出的消极倾向。在每个孩子7岁的时候，研究者根据行为表现为他们各自评定了痛苦倾向分数，而对于这些被试30年后的健康状况，除了要让这些已经长大成人的被试自我评定健康程度（主观健康）外，还要让他们报告自己是否患有以下疾病中的一种或几种：心脏病、糖尿病、癌症、哮喘、中风、出血性溃疡、肺结核和肝炎（客观健康），以此作为对健康程度的评价指标。结果发现，7岁时有比较少的消极倾向的孩子（尤其是女孩），30年之后，他们患的疾病更少，自我报告的健康状况也更好。这一结果表明，童年时期的人格状况对成年后的健康状况会产生重要的影响，简单而言就是：积极的孩子长大后会更健康！

不知道你有没有看过《美丽人生》（Life Is Beautiful）这部电影，如果你还没有，我在这里为你做一下简单的叙述。一个犹太人与一位美丽的意大利姑娘传奇般地相识并结婚。男人经营着一家书店，女人有一份教师的工作，他们还生下了一个男孩，生活平静而美好。然而没过几年，法西斯占领了他们所在的城市，将城里所有的犹太人都抓进了集中营做苦役。父亲和孩子被抓进集中营后，年幼的孩子并不知道自己处于残酷的环境之中，父亲为了不让孩子幼小的心灵存有战争的阴影，便谎称他们来到集中营是在做一个赢取积分的游戏，一旦积分足够就可以获得一辆真正的坦克作为奖励。天真好奇的儿子对父亲的话信以为真，他多么想要一辆真坦克车呀！于是他在集中营里强忍住饥饿、恐惧、寂寞，勇敢地面对恶劣的环境。在解放来临的前夜，父亲带着孩子躲藏时被纳粹发现了。父亲要被拉去枪毙了，却告诉孩子躲藏也是游戏的一部分，孩子听了父亲的话躲在一个铁柜里，坚持完成了这个游戏。父亲最终被纳粹分子杀害。天亮后，盟军终于到来了，集中营里的人重获自由，孩子坐在盟军的坦克上寻找人群中的母亲。重新投入母亲怀抱的孩子以为他之前在集中营里的一切都只是一场规则严厉的游戏，从此开始了自己美好的人生。

相信看过这部电影的人都被剧中那位父亲的良苦用心感动。在集中营这个充满暴力、凶残等人性最丑陋一面的环境里，每个生活在这里的人的性格几乎都会变得绝望和悲观，可是这位父亲为了使自己的孩子形成积极、乐观的性格，把残酷的集中营生活变成了孩子的游戏场，从而消除了孩子心理上的阴影。父亲的这种做法使孩子的心灵一直充满着阳光，情绪也始终积极乐观，童心在集中营里没有受到任何伤害和玷污，最终，父亲用自己的生命换来了孩子的美丽性格和美丽人生。

性格本身不仅是人心理的一个重要组成部分，而且对人的身心健康有着非常大的影响。《适应性人类行为和生理学》(Adaptive Human Behavior and Physiology) 2017年6月发表的一篇研究报告《适度饮酒的益处》[Functional Benefits of (Modest) Alcohol Consumption] 非常吸引人的眼球，作者为英国牛津大学心理学家、社会和进化神经科学研究小组负责人邓巴（Robin Dunbar）。他的研究发现：每周至少和朋友聚会饮两次酒的男性的身心会变得更健康。这一研究成果的发表在心理学界引起了一定的反响：饮酒居然能让人的身心更健康？其实，该文章用了"标题党"的手法，邓巴并不是在研究饮酒本身，而是在研究将饮酒作为一种社交方式的人的身心健康。他在研究中发现，经常在家附近的小酒馆饮酒的人，比起一般的饮酒者以及那些在市中心的大酒店饮酒的人，会表现出更多的幸福感特质，如拥有更多可以依靠的朋友，也更能够融入当地的团体，更愿意信任他人。这一研究实际上表明，那些具有喜爱和朋友经常交往的性格的人，身心更健康。

同样，1938年时任哈佛大学卫生系主任的博克（Arlie Bock）及其研究团队开始追踪一批青少年的人生过程（什么样的人将来最幸福？）。他们首批选择了哈佛大学当时的男本科生268名，接下来又选取了出生于波士顿附近的贫穷家庭的男青年456名。这个项目一直持续了70多年（每两年对这些研究对象进行一次小规模的测量，每五年邀请各领域的专家对这些研究对象进行大规模的测量），项目的负责人已经更替到了第四代。2015年哈佛大学医学院的沃丁格（Robert Waldinger，项目的第四代主管）介绍了这项研究的最终发现：只有和周围的人拥有良好的社会关系才能让人幸福开心！也就是说，具有乐于与人交往且愿意与人交往的性格的人才最幸福，而不是智商最高的人最幸福。该研究同时也发现：孤独寂寞的性格非常有害，与人交往的质量远比交往的数量更重要，而且好的社会关系会保护人的大脑，在一定程度上延缓人的大脑的萎缩。

从人格形成的过程来看，尽管人格也受一定的先天遗传的影响，但人格主要还是由后天的教育和环境塑造而成，当环境明显出现大量的消极特征后，教育如果没有及时加以引导，那么生活在其中的孩子就有可能会形成消极的人格特点。让我们来看一位北京中学生的高考作文[1]，作文的题目是"隐形的翅膀"。

> 看到这个作文题目，我笑了，监考老师有点紧张，他没见过一个男生笑得花枝乱颤的样子。
>
> 我感到有点搞笑，竟然差点猜到了题目。我本来押了一道作文题《给北大校长的一封信》，因为那位刚刚退下的北大校长，曾对他的学生们唱起《隐形的翅膀》，一夜之间成为青春期男生女生的偶像。一位儒雅的校长，带着对学生们的理解和爱，唱起自强不息的歌，这是一幅多么温馨的画面。而能到他的大学里读书，又将是一件多么幸福的事情。他老人家，在学生的心里插上了一双翅膀。
>
> 我明白出题老师的一片好心，他们是想说，只要你努力，所有的丑小鸭、灰姑娘和自卑者，都会有一双隐形的翅膀，去实现你小心灵里满载着的梦想。只是这样励志的题目，给我们北京的考生有些可惜了。
>
> 我从来都知道，我一直有一双隐形的翅膀。从上小学起，我就知道我会上北京大学，谁让我就住在它的隔壁。老师们都非常爱我，我去了好多博物馆，还看了很多儿童剧。我那时候就知道有不少小学生还在农村，我给他们捐过钱，还把我用过的文具送给他们。因为有一双隐形的翅膀，我毫不意外地上了一所好中学，而没有"翅膀"的学生们，听说有不少当了放羊娃，也有的当了打工仔，他们

---

[1] 摘自《读者》2010 年第 1 期。

还是未成年人。在初中，我的目标是上四中，那里的高三毕业班，会有一半人考上北大清华，可能超过了一个省的录取数量，我对此深信不疑。

我和高中同学一块儿去奥体中心踢球，一块儿去颐和园春游，一块儿去国家大剧院看戏，我们知道我们肩负的使命，但我们并不为此感到不堪重负，因为从小我们就是天生的赢家胜者。我们也为外地人的遭遇担忧，为农民工、为小摊贩、为孙志刚、为邓玉娇的命运叹息，但那样的同情，与我们同情巴勒斯坦人民、同情非洲灾民，并无本质的不同。

看到一位三轮车夫被城管拦截，要夺下他赖以为生的三轮车，我一瞬间也会有一些羞愧。他的车子被夺走之后，他的儿子或者女儿也许就没法再上学，也许一个优秀的高中生，就这样被剥夺了上学的权利。这是因为我有一双隐形的翅膀而他没有，所以我永远能比别人飞得更高？

说到现在，您应该明白我在说什么。外地的中学经常出现高考舞弊案，这里几乎没有；外地的孩子经常因异地高考被查获，这里从来没有；外地的孩子经常创下复读的纪录，这里很少有人复读；外地的孩子上北大要分数惊人，这里的孩子还没考已平添很多分……

这是因为，作为北京的孩子，我有一双隐形的翅膀而他们没有。我有一双隐形的翅膀，我不必用力展翅就能在天空飞翔，这难道预示着，我一出生就是比同类更高贵的鸟儿？但为什么我一点都不感到骄傲，相反却时时感到自卑？有一本书上说过，所有动物一律平等，但有些动物比其他动物更加平等。这"有些动物"，就是有一双隐形翅膀的人吗？

这篇作文最后得了 0 分，这位同学也一定失去了上北京大学的机会。从这位同学的作文中我们可以清楚地看出他的性格特点：自高、自大、自私。在他心目中，人天生就有等级差异，他是那种长了隐形翅膀的上等人，外地人则不是，他可以对外地人表现出他的爱心，但这种爱心是一种居高临下的施舍。不过，我们要问的是：这种性格是怎么形成的呢？能完全责怪这个孩子吗？我们周围的一些实际情况难道不是如孩子作文中所说的那样吗？事实就是如此，生活中确实会有许多人有着这样一双隐形的翅膀，而另外一些人则没有。孩子正是见多了生活和社会中存在的一些不公平的现象，而他的老师、家长又没有对他加以正确的引导，他才形成了目前的这种人格特点。所以，从这个角度来看，给这个孩子的作文打 0 分也似乎有点不公平。

## 二、帮孩子改善性格的方法

如果孩子由于某些原因已经形成了一些消极的性格特征，教育者还能够使其改变吗？心理学告诉我们，人的性格不是一朝一夕形成的，但一经形成就比较稳定，并且贯穿在他的全部行动中。俗话所说的"江山易改，本性难移"就说明了这种稳定性。不过所幸的是，人的性格也不是一成不变的，童年早期的一些人格特质也能够通过社会、家庭和同龄人的干预来进行塑造和修正，其中家庭的作用最不容忽视。在个体的发展过程中，孩子（特别是幼年时期的孩子）接触最多的就是家长。所以，作为家长不仅要从小注意培养孩子良好的性格，而且要努力改造孩子由于某些特别原因已经形成的一些消极性格特征。在这里，我们从积极心理学的角度提出几点建议供大家参考。

### 1. 不要直接对孩子的抱怨进行强化

如果你发现最近孩子的口中经常会出现一些抱怨的话，比如，"我不喜欢吃幼儿园的午餐""老师总是表扬×××""没有小朋友陪我一起玩"，那么你就需要多加留意了，这正是孩子形成消极思想倾向的开端。不要小瞧抱怨的威力，因为当孩子不停地抱怨时，对他而言，他眼里所看到的、心里所想到的就都是些负面、灰暗的东西。不仅如此，抱怨实际上还是孩子推卸责任的一种表现，他希望通过抱怨来获得家长、老师或者同伴的同情，进而获得一种心理满足。通过抱怨，他可能会得到更多的关注、更多的帮助，如果他真的得到了，实际上就是他的抱怨得到了家长或老师的强化，久而久之，孩子就会形成一种消极的思想——通过抱怨可以获得想要的东西。在孩子多次尝试并如愿以偿之后，这种思想就会成为孩子性格的一个组成部分。

因此，当教育者听到孩子抱怨时，要坐下来帮助孩子分析和解读他所抱怨的这些事的缘由，而不是直接给予他想要的关怀。在这一过程中，特别要引导孩子在面对不如意的事情时不要总是抱怨，而要以一种积极的态度来看待这些事或他人的评价。一方面，这有利于孩子形成健康的人格品质；另一方面，颇为神奇的是，你会发现事情往往也会真的向健康、有利的方向转化。如，你的孩子会越来越容易受到老师的赞扬，他也越来越愿意在幼儿园里和其他小朋友一起吃午餐。

所以，为了帮助你的孩子学会积极地面对他所遇到的事件，当你的孩子再向你抱怨幼儿园午餐里的胡萝卜难吃的时候，一定不要急着左一个心肝、右一个宝贝地只顾着疼他，好像孩子受了多大委屈似的，更不要再说"妈妈晚上给你做你最喜欢吃的饭菜"或"妈妈马上给你拿最好吃的点心"之类的话，而要试着启发他产生一些积极的想法："胡萝卜是小朋友身体成长需要的好东西，所以幼儿园的阿姨才用心给你们准备，而且和那么多小朋友一起吃饭，肯定会很有意思。"通过帮助孩子回忆和小朋友一起吃饭的热闹场景，找到这一活动让他感到愉快的地方，也许第二天放学回家，孩子就会告诉你他已经喜欢在幼儿园吃饭了。

## 2. 培养孩子积极思考的习惯

家长都希望自己的孩子在面对机遇时能百折不挠而不是踌躇不前，想做到这一点，就要帮助孩子养成能从危机或问题里看到机会的性格特征，这实际上就是积极心理学常说的学会积极思考。你有时候会感慨，有的孩子总是很开心，给他一堆烂泥也能玩得不亦乐乎；而有的孩子却总是显得很忧郁，给他最好玩的玩具，他却总在那里担心会不会把玩具弄坏。这实际上就是思维方式的差异，而思维方式也是一个人性格中的重要组成部分。总的来说，善于积极思考的孩子，他的发展机会肯定要多于那些不善于积极思考的孩子。善于积极思考的孩子在每一次危机里都会看到机会，而具有消极思考特征的孩子则在每个机会到来时还在想着某种危机。谨慎小心固然没有错，但在情况明朗而又有充分条件的情况下，谨慎小心就会变成孩子发展道路上的一只拦路虎。

积极思考与消极思考并不是天生的，同样，孩子即使形成了消极思考的习惯，也并不是无法改变的，它们都和孩子的生活经验有很大的关联，关键在于父母如何示范和引导。

假如晚餐后，你在厨房洗碗，孩子帮你收拾餐具，却不小心打碎了一只碗，你的第一反应会是什么？"怎么搞的，这么简单的事都做不好？你赶紧离这些碗远一点。"千万不要这样斥责孩子，记住，你这样做只会增加孩子的不自信，同时你的餐具也恢复不了原样。这时你还不如这样说："谢谢你的帮忙，让妈妈能够少洗一只碗了，但如果老是这样的话，我们也许会没有碗来吃饭的。"相信这样说的效果会比责骂好得多。碗摔在地上的那一刻，孩子实际上已经受到了惊吓，你要做的是给孩子一个安慰，帮助他从这件坏事中发现积极的一面，进而让孩子以良好的心态来认识自己的大意。

假如你的孩子会弹钢琴，但在学校的一次文艺汇演中演砸了，你绝对不应该对孩子这样说："你这钢琴算是白练了，今天弹得乱七八糟的，真是丢人!"相反,你应该告诉他:"今天的结果可能不是太好,不过你有没有觉得有些方面还是不错的呢?"当孩子面临的失败已经成了定局的时候,最重要的是要帮助孩子从已经出现的失败中寻找曙光。已经出现的失败是不可能得到改变的,而且也不可怕,谁都有失败的经历,问题是不要让失败停留在孩子心里,成为挥之不去的阴影。

所以,无论孩子在什么时候、在什么地方、在什么方面面临困难或挫折,你都应该助孩子一臂之力,让他学会积极思考,并使之成为一种习惯。久而久之,你的孩子一定会变得更乐观,更充满积极的能量。当积极的思考方式已经成为孩子性格中的一个组成部分后,你的教育就有成果了,因为总是能积极思考的孩子一定不会离幸福太远。积极心理学的相关研究已经证明:这样的孩子对未来的态度会更乐观,会拥有比普通孩子更强的抵抗挫折的能力,长大后的身体会更健康,最重要的是——这样的孩子更容易走上成功之路!

### 3. 以民主、温暖的方式教养孩子

在心理学界和教育学界,家长教养方式的研究一直是个重要的关注点。曾有研究者(李彦章,2002)通过问卷调查等方法,对重庆市两所中学初一至高三的347名学生及其家长进行了调查,仔细探讨了父母教养方式与子女人格特征间的关系。研究者在对调查结果进行深入分析后发现,父母采取惩罚、权威控制、挑剔挖苦、溺爱放纵和限制干涉等这些带有明显负性特征的教养行为方式时,其子女人格特征中的忧郁性和紧张性都比较高;而如果父母采取关怀爱护、鼓励理解和自我教育等带有正性特征的教养行为方式时,其子女人格特征中的忧郁性和紧张性则明显比较低。除此之外,该项研究还发现良好的家庭教养氛围会有利于孩子人格特征中稳定性、有恒性和敢为性的发展。

目前比较流行的是把家长的教养方式大致分为三种类型:权威型、放纵型和民主型。采用权威型教养方式的父母在子女的教育中过于支配孩子,这

使孩子的日常生活、学习等方面全都由父母控制，孩子缺少主动权。相应地，在这种环境中成长的孩子做事常缺乏主动性和自信心，容易形成消极、被动、依赖、服从、懦弱的性格特征，有时甚至会形成不诚实的人格特征。

与权威型教养方式形成强烈对比的是放纵型教养方式。采用这种教养方式的父母对孩子过分溺爱，让孩子随心所欲，不加约束，孩子似乎处于失控的状态。相应地，在这种家庭教养氛围中成长的孩子大多表现出幼稚、野蛮、无礼、任性、自私、唯我独尊、蛮横胡闹等性格特征，同时，这些孩子的独立性通常也较差。

采用民主型教养方式的父母与孩子在家庭中处于一种平等和谐的氛围中，父母将孩子视为一个独立的个体，尊重孩子，给孩子足够的自主权，同时也不会完全地放任孩子，经常会给予孩子积极、正确的指导。在这种教养方式下，孩子更易于形成如活泼、快乐、直爽、自立、彬彬有礼、善于交往、乐于合作、思想活跃等带有明显积极特征的人格品质。

王丽、傅金芝在《国内父母教养方式与儿童发展研究》一文中也指出，长期不当的父母教养方式易使子女形成难以适应社会的不良人格特征，从而为人格障碍、神经症的发生提供了病前人格基础（王丽，傅金芝，2005）。父母采用严厉惩罚、拒绝否认、过度干涉的教养方式越多，其子女就越可能更多地表现出孤独、不关心他人、难以适应外部环境、喜欢冒险等性格特征。这种情况的出现可能与父母采用高压策略较多、经常表达负性情感、孩子获得的积极情感少有关。相反，带有民主特征的理解、情感温暖等能促使孩子性格的平衡发展，从而使孩子出现情绪乐观而稳定、易与人打成一片、待人热诚、成熟、适应力良好和谨慎等人格特质，但也易使孩子出现对生活自满自足、无所追求等一些消极的人格特质。

总之，孩子的行为具有很强的可塑性，在孩子的发展过程中，家庭是第一所学校，父母是第一任老师。因此，父母在抚养、教育子女的日常活动中表现出的行为倾向，在子女人格的形成中有着不可替代的深远影响。对于教养方式，相信每一位家长都有自己独特的理解，你与孩子的互动方式不可能与其他家庭完全相同，但至少你应该坚持一些基本原则。从积极心理学的角度来看，夫妻双方一定要共同调适对子女的教养方式，对孩子多施加正性情感，而减少负性情感的暴露，使子女在和谐、温暖的家庭环境中成长。

### 4. 对孩子寄予积极的期望

热爱电影的人可能对《窈窕淑女》(*My Fair Lady*)这部电影不陌生。它是1964年由著名影星奥黛丽·赫本（Audrey Hepburn，1929—1993）主演的一部歌舞片，影片讲述了一个语言学家与人打赌，最后花了6个月时间，把伦敦街头一名粗俗的卖花女培养成了一位举止高贵的女公爵的故事，影片最终获得了8项奥斯卡大奖。

《窈窕淑女》电影的剧本就是英国诺贝尔文学奖获得者萧伯纳先生的著名作品《皮格马利翁》。萧伯纳先生创作《皮格马利翁》的灵感源自一则古希腊神话：

> 古希腊有一位名叫皮格马利翁（Pygmalion）的塞浦路斯国王。这位国王性情比较孤僻，不喜欢与其他人交往，经常把自己一个人关在房间里创作雕塑，手艺相当精湛。皮格马利翁国王心里有一个理想的美女形象，但是在现实生活中根本找不到这么美丽的女子，于是他把自己心目中最美好的形象用雕塑的方式表现出来，用象牙雕刻了一个漂亮的少女雕像。杰作完成后，皮格马利翁国王不由得爱上了这个自己雕刻的少女，他把全部热情和希望都放在这个少女身上，天天陪伴着她生活。在皮格马利翁日复一日的执着和期望之下，少女雕像被他的爱和痴情感动，从架子上走下来，变成了有血有肉的真人。最后，皮格马利翁国王娶了这名少女为妻，两人过着幸福美满的生活。

虽然这只是一个神话，但心理学研究让这个神话变成了一个事实，这就是心理学上著名的"罗森塔尔效应"。1968年的一天，美国心理学家罗森塔尔和助手来到一所小学，说要开展一项研究。实验是这样进行的：他们从1—6年级每个年级选了3个班共18个班级的学生，进行了一项"未来发展趋势"的测验。测验之后，罗森塔尔以赞许的口吻将一份"最有发展前途者"的名单交给了这个学校的校长和相关的老师，并叮嘱他们务必要保密，以免影响实验的正确性。罗森塔尔在这份名单上撒了一个"权威性"的谎，因为这些学生其实都是随机挑选出来的。但奇迹真的发生了：8个月后，罗森塔尔和助手对18个班级里的所有学生进行再次测验，结果显示，凡是上了这个名单的学生，成绩都有了较大的进步，且性格活泼开朗，自信心强，求知欲旺盛，更乐于和别人打交道。

显然，这里罗森塔尔的"权威性谎言"发挥了作用，它使得教师对名单上学生的能力有了更高的评价，而教师又将这些心理活动通过自己的情感、语言和行为传达给了学生。教师扮演了皮格马利翁的角色，而这些学生感受到了期望，变得更加自尊、自爱、自信、自强，各方面都有了异乎寻常的进步，成了活起来的"雕像"。

一个人的表现往往与他人（特别是教育者）的期待相一致，赏识、信任、赞美、鼓励的力量会促使人更加优秀，因此，在学校教育和家庭教育中，真诚的关爱和科学的激励，有利于孩子知识、能力、情感、个性等多方面的顺利发展，这是"罗森塔尔正效应"。相反，教育者对孩子所持的消极、不良的期望也会对孩子的行为产生负面作用，特别是教师或家长的歧视、冷漠、嫌弃、体罚，会导致孩子丧失自信，给孩子造成精神痛苦，严重的可能会出现个性畸变，这是"罗森塔尔负效应"。

需要特别指出的是，积极期望的传递还要求家长把握技巧，要让孩子从家长的语言、表情、眼神和动作里看到信任，并从中感受到激励，得到力量，而袒护、迁就和姑息等一些溺爱孩子的行为并不属于积极期望的范围。

## 第二节 孩子不能改变之处

研究心理学多年的经验告诉我,有些动物对某些东西是永远也学不会的,也就是说,学习不可能使它们的某些方面发生改变,即使你的实验设计得再巧妙也是白费心机。假如你想让老鼠通过学习知道吃白色的东西不会有毒,而吃黑色的东西则会有毒,你就是让老鼠练习上万次,它也学不会,它依然会把黑色的有毒的东西吃下去;同样,鸽子也永远学不会啄一个按键来让施加在自己身上的电击停止(从这一点上看,鸽子似乎没有狗等哺乳类动物聪明)。既然动物具有很多不可改变的东西,那么人有没有一些不可改变的东西呢?实践证明,人身上也确实有一些东西是不可改变的。

塞利格曼认为,至少这些事情是你无法改变的:①从长远来看,节食减不了肥;②要小孩子改变他的性别认同不是件容易的事;③酗酒一般是无可救药的;④重新再经历一次童年的创伤不会对解决成年人人格的问题有任何帮助(Seligman,2007,p.5)。

从塞利格曼所列举的内容中我们可以发现,一些与人先天的遗传基因紧密相连的东西一般是不能改变的,所以当你想改变孩子的一个与遗传素质紧密相关的特征时,你就得小心考虑你的行动计划了。减肥是很多女孩乐此不疲的一件事情,但事实是,当你辛苦努力了一年而终于有所成就时,你只要一不小心就马上又会胖起来,永远不要相信这世界上有一种药物吃了可以让你终生保持苗条的身材,因为身材和人的基因有很大的关系。

心理学家曾做过一个有关猪学习的行为实验。生活中的许多人都认为猪很笨,其实从心理学过去的动物实验来看,猪比大多数动物都更聪明,在这里我顺便为猪正一下名。猪通过学习(利用行为主义的强化原理)很快就会学会用嘴来搬运玉米,即把玉米从一个地方搬运到另一个地方。但如果你在猪搬运玉米的路途中间放上一堆沙土，这时候就会出现一个奇怪的现象，猪会在沙土堆旁边停下来，丢掉嘴上咬着的玉米而用嘴去拱这堆沙土，如果你不加干预，猪会一直拱下去，乐此不疲。在这里，搬运玉米是猪通过学习而获得的行为，而用嘴拱沙土是猪的本能，当习得的行为碰到本能行为时，本能行为就会显示出它强大的支配力量而战胜学习行为，这在心理学上也被称为"本能漂移"。减肥也具有本能漂移的特性，人好不容易使自己瘦了一点，但当基因重新获得了一定的适宜条件之后，基因的力量一定是你挡不住的，除非你一辈子努力不让基因获得力量（发展的条件），就像研究者永远不要在猪搬运玉米的路途中放上一堆沙土一样。

从教育者的角度来看，不能矫正的最重要的心理品质是儿童的气质，因为个体的气质主要由先天的神经构造决定。由于气质在生活中经常会被很多家长或教师混同于性格，所以我们在本书中主要就这一问题做一个详细的阐述。

心理学上所讲的气质和日常流行文化中所讲的气质是两回事，日常流行文化中所谓的气质主要是指一个人的行为风度，是一种和文化紧密相关的综合品质。心理学上的气质实际上是指一个人的脾气秉性，它是指人心理活动的稳定特征，反映一个人心理活动的速度（如说话的快慢、思维的速度）、强度（如情绪体验的强弱等）、灵活性（如注意的转换情况）和指向性（内向或外向）等方面的特点。人心理的这些动力特征相对稳定，通过相互之间的联系和作用，使每个人都形成了自己独特的心理风格，有的活泼好动，有的则安静沉稳等。

孩子从出生的那一刻起，就表现出了不同的气质特点，有的手脚乱蹬、嗓门洪亮，有的却非常安静、不哭不闹。根据标准的不同，气质有多种分类，多数心理学教材一般将人的气质分为胆汁质、多血质、黏液质和抑郁质四种类型。

◆胆汁质的人心理反应速度快、强度大、灵活性差且指向外部。综合来看，具有这种气质类型的人的行为动作产生得迅速而且强烈，情绪有极明显的外部表现，开朗、热情、坦率，但强度也较大，如暴躁、好争论等；情感上易冲动，但不持久；精力旺盛，经常以极大的热情从事工作，但有时缺乏耐心；思维具有一定的灵活性，但对问题的理解具有粗枝大叶、不求甚解的倾向；意志坚强、果断勇敢，注意力稳定而集中，但难于转移；行动利落而又敏捷，说话速度快且声音洪亮。

◆ 多血质的人心理反应速度快、强度小、灵活性好且指向外部。综合来看，这类人的情感和行为动作发生的速度较快，过程中间的变化也快，但一般较为温和；这类人善于结交朋友，很容易适应新环境，但对产生的情感的体验不深；与人交流时姿态活泼，表情生动，具有典型的外倾特点；思维机智灵敏，但也表现出对问题的不求甚解；注意力与兴趣不稳定，容易发生转移；意志力一般也不够坚定。

◆ 黏液质的人心理反应速度慢、强度小、灵活性差且指向内部。这类人的情感和行为动作较迟缓、缺乏灵活性，常沉默寡言，办事谨慎细致，不太鲁莽，但一般比较稳定，对新工作的适应性差；情绪不易发生，很少产生激情；注意力比较稳定和持久，但难以转移；思维方面的灵活性较差，但比较深刻和全面；意志力强，有较强的自制力和自控力；行为和情绪都表现出典型的内向性。

◆ 抑郁质的人心理反应速度慢、强度大、灵活性差且指向内部。这类人的情感和行为动作相对比较缓慢，情感容易产生，且感受性深刻，他们常常多愁善感；这类人也富于想象，观察力敏锐，善于观察他人观察不到的细微之处，对人或物的敏感性高；意志力不太坚强，常表现出胆小怕事、优柔寡断，受到挫折后总是心神不安且难以忘记，但对力所能及的工作却总能表现出坚忍的精神；具有明显的内向性，较为孤僻。

在以上四种气质类型中，一些人表现为非常典型的某一种，而有的人则融合了两种或者更多种类型的特点，属于混合型。据《中国儿童青少年的气质分布与发展》协作研究组调查表明（刘明，1990）：在我国的儿童和青少年中，四种典型气质类型的人数共占53%；而主要的混合型气质中以胆汁—多血质为最多，占16%；多血—抑郁质为最少，占3%。

从心理学的角度来看，气质没有本体价值上的差异，但它对社会工作或活动具有适合性差异。不过由于中国特定的内敛文化，中国文化对某些气质特征具有明显的喜爱，而对另一些气质特征则不太喜欢，如：对内向特征较喜欢；而对外向特征则不太喜欢，特别是对强度较大的外向特征更是备加指责。因此，中国的家长或教师一般不太喜欢爱生气的孩子，那么这种爱生气的气质能改变吗？其实生气是一种情绪表达，它和个体的气质类型有很大的相关性，对它进行改变要小心、再小心。下面是气质中一个有关生气特质的测试量表，你自己可以测一下，也可以让你的孩子测一下。

### 生气特质测试量表

仔细阅读下面的每一道题，然后选出最能代表你一般感受的选项。你的答案并没有对错之分。不要在一道题上花过多的时间，只要选出代表你通常状态的选项即可。

1. 我很容易发脾气。

    | 几乎没有 | 有时 | 经常 | 总是这样 |
    | --- | --- | --- | --- |
    | 1 | 2 | 3 | 4 |

2. 我脾气很暴躁。

    | 几乎没有 | 有时 | 经常 | 总是这样 |
    | --- | --- | --- | --- |
    | 1 | 2 | 3 | 4 |

3. 我是个性急的人。

| 几乎没有 | 有时 | 经常 | 总是这样 |
| --- | --- | --- | --- |
| 1 | 2 | 3 | 4 |

4. 别人犯错拖我后腿时我会很生气。

| 几乎没有 | 有时 | 经常 | 总是这样 |
| --- | --- | --- | --- |
| 1 | 2 | 3 | 4 |

5. 我做得不好被别人看见时,我会很愤怒。

| 几乎没有 | 有时 | 经常 | 总是这样 |
| --- | --- | --- | --- |
| 1 | 2 | 3 | 4 |

6. 我会勃然大怒。

| 几乎没有 | 有时 | 经常 | 总是这样 |
| --- | --- | --- | --- |
| 1 | 2 | 3 | 4 |

7. 我生气时会破口大骂。

| 几乎没有 | 有时 | 经常 | 总是这样 |
| --- | --- | --- | --- |
| 1 | 2 | 3 | 4 |

8. 我受不了当众挨批,我会很生气。

| 几乎没有 | 有时 | 经常 | 总是这样 |
| --- | --- | --- | --- |
| 1 | 2 | 3 | 4 |

9. 遇到挫折时我会有打人的冲动。

| 几乎没有 | 有时 | 经常 | 总是这样 |
| --- | --- | --- | --- |
| 1 | 2 | 3 | 4 |

10. 如果我做得很好却还挨批评,我会火冒三丈。

| 几乎没有 | 有时 | 经常 | 总是这样 |
| --- | --- | --- | --- |
| 1 | 2 | 3 | 4 |

把每题的分数简单加起来就是你总的得分，分数越高，说明你越爱生气，百分数是你可能生气的概率指数。

13分以下：你是最不爱生气的人，以百分数来说你的生气分数是10%。

14～15分：你是不怎么生气的人，以百分数来说你的生气分数是25%。

17～20分：你处于平均值左右。

21～24分：你很爱生气，以百分数来说你的生气分数是75%。

29～30分：如果你是男性，以百分数来说你的生气分数在90%左右。

25～27分：如果你是女性，以百分数来说你的生气分数在90%左右。

30分以上：如果你是男性，说明你非常容易生气，以百分数来说你的生气分数在95%左右。

28分以上：如果你是女性，说明你非常容易生气，以百分数来说你的生气分数在95%左右。

一个人随着年龄的增长会变得越来越心平气和，这可能和人的神经系统会随着年龄增加而降低活跃性有关。如果你还不满23岁，那么得分26分以上就说明你是很容易发怒的人了；但如果你已经25岁了，那么24分就足以说明你很容易生气了。一般情况下，如果你的得分在平均分以上，说明生气这种情绪在你身上已经有点见惯不怪了。

（Seligman，2007，pp.119–120）

孩子（特别是年幼的孩子）的很多脾气特征都基本上和先天的遗传有很大的相关性，即使某些脾气特征不能得到当前社会文化的很大认同，家长和教师也要有清醒的认识，不要一味地用外在压力去迫使孩子改变这些脾气秉性。从本质上说，气质类型只是反映一个人神经构造方面的特点，本身并没有好坏之分，每种气质类型都只是孩子独特人格的一个组成部分。虽然人的脾气秉性不能改变，但我们可以通过改变儿童的生活习惯或生活方式来避开某些看起来不那么可爱的脾气特征。

如：从职业角度来说，胆汁质的人就比较适宜选择从事那些环境不断转换、方式不断变化、不断有新活动且带有一定冒险性的职业，如导游、外事接待人员、推销员、节目主持人、演讲者和演员等。多血质的人适宜从事与人打交道的职业，如售货员、服务员、咨询师、导游、外交官、管理者、公关人员、医生、律师、运动员、冒险家和侦探等。黏液质的人适宜从事工作持久且需要细心、耐心的职业，如财务管理人员、外科医生、法官、出纳员、会计、话务员和播音员等。抑郁质的人适宜选择耐受性高、办事刻板但稳妥，并要善于察言观色的职业，如校对员、统计员、打字员、秘书、化验员等。

所以，作为一名睿智的家长，不仅应该了解孩子的气质特点，还应该对孩子已有的这些特点加以有效利用，从而达到因材施教，引导孩子走更适合他的人生发展之路。中国的很多家长普遍都有一种"望子成龙，望女成凤"的心态，他们往往会将社会上一些热门职业所需要的气质特点强加到自己孩子的身上，也有部分家长根据自己的职业兴趣对孩子提出职业期望，并对孩子进行塑造，这些都对孩子将来的发展不利。

我曾经的一位邻居是一家大企业的会计，她总觉得从事会计行业一定会很有前途（她常挂在嘴边的一句话就是"这个社会还有什么时候、什么地方不需要算账吗？"），非常希望自己的女儿以后也往这个方向发展。因此，她平时特别要求女儿在生活中要做到细心、耐心。但她女儿却似乎总是冒冒失失的（经常会把作业本忘在家中，几乎每年都要遗失一把雨伞），整天乐呵呵的且好动，不够安静，她呵斥了无数次，可女儿依然如此。于是，这位妈妈经常向人抱怨自己教育的失败，言语间显得异常失望。其实，这位妈妈并不了解，她女儿可能属于胆汁质气质类型，具有性格直率、情绪兴奋性高、精力旺盛的特点，同时又存在抑制力差、容易冲动、情绪暴躁的情况。对她女儿而言，也许从事工作内容和工作环境都经常变化、经常有新活动的职业会更合适，那些需要注意力高度集中、在事情的处理过程中需要足够耐心的工作可能并不适合她。也许这位妈妈应该说："这个社会还有什么时候、什么地方不需要业务推销员吗？"

不过，最后我还想说，有时候家长或教师应该在观念上退后一步，孩子即使有一些无法改变的缺点也没有关系，人不可能在每个方面都表现优异，十八般武艺样样精通。如果你非要孩子做到那样，那么你纯粹就是自己跟自己过不去。事实上，在今天的这个社会，绝大部分人只需要一两样的技能或能力就足以生活得很好。

## 第三节 在不能改变之处教育者也能有所作为

每个父母都会因为孩子而激动不已，但是有时候，我们会发现事情也许并不尽如人意：孩子可能长得不够漂亮，甚至带有某种明显的先天性缺陷，他（她）一出生就面临着比其他孩子更多的困难，也许还会被不懂事的小伙伴嘲笑，更要命的是，我们还不能通过努力来使孩子的这些缺点得到改变。这个时候，家长该怎么办？

我们在前面已经做过分析，当孩子的一些特点和其神经系统密切相关时，这些特点将不会因学习而得到改变，但不能改变并不意味着教育者将无所作为。从目前心理学的研究来看，针对这些不能改变的特点，人们仍然可以在两个方面有所作为：第一个方面是引导孩子选择合适的行为方式或职业（这一内容在前面已经做了阐述）。第二个方面是减轻孩子已有缺点的强度，并利用孩子其他方面的优秀品质来弥补，在这方面，从积极心理学已有的研究来看，发展孩子的心理弹性是一种非常好的方法。

2004年6月2日，日本各大报纸的头条新闻是一起小学生校内杀人案。当年的6月1日，正当各国儿童欢度自己的节日时，日本长崎县佐世保市却发生了一件震惊全国的惨案。一名12岁的小学6年级女生午餐时被人用刀割断喉咙，死在教室内。行凶者是她的同班同学，一名11岁的女生，其作案动机简单得令人难以置信。行凶者事后供认，杀人动机仅仅是因为对方在网上与她聊天时，在留言簿上说了一些挖苦她的容貌的话，这些留言令她很生气。行凶者在网上多次要求对方停止挖苦未果，于是就把对方杀了。

什么是心理弹性？心理弹性其实就是我们前面所提到过的心理复原力，它是指个体心理从非常态状态恢复到常态状态的能力，也就是个体心理资源恢复的能力。心理弹性的作用非常大，在多数情况下，它是确保心理健康的一项最重要的武器。从功能维度上来说，心理弹性是个体所拥有的一种最重要的能力，它既可以调节压力感等个体心理或生理方面的弱点，也可以调节外部世界的一些紧张性刺激（如家庭冲突等）。马斯顿（Masten）等学者更是直接将"心理弹性"定义为不管面对什么挑战或者威胁性环境，个体都能成功适应的一种过程、能力或者结果（Masten et al., 1990, p.426）。

从心理弹性的内涵来看，它主要包括三个方面：

◆ 心理弹性一般出现在挫折或困难情境中，体现在个体应对逆境的方式中，良好条件下的良好表现并不属于心理弹性。

◆ 心理弹性指个体经历逆境后，心理恢复到遭遇挫折之前水平的速度或能力，较高的心理弹性不仅意味着个体可以很快地摆脱消极影响，而且意味着个体每经历一次困难而出现应对能力的相应提高，即先前所提到的心理钢化效应（越遭受挫折变得越坚强）。
◆ 心理弹性应该基于健康和积极取向而并非病理性取向，对那些坏事干得越多越不心慌的人，则不能用心理弹性来进行描述。

每个人在漫长的生活过程中都会不可避免地碰到一些不如意的事情，并随之产生不良的情绪或心理状态。当一个孩子具有较好的心理弹性之后，如果他碰到了这些不如意的事情或因为某些天生的缺点而出现一些暂时性的心理挫折，那么心理弹性会帮他迅速地从失败中走出来，这样的孩子遇到再多的失败或不如意也不会被打垮。

如果我们注意观察，就会发现孩子们在生活中的表现很不一样：有些孩子在生活中遭遇到一些极端消极事件（如父母离异、灾难、亲人死亡等变故）之后，会相对比较容易地从应激状态恢复到正常水平，这些压力性事件不会让他们的身心出现明显异常或者崩溃；而另外一些孩子即使在一些只有轻微压力（如父母的批评、老师的责怪等）的情况下也很容易出现情绪困扰，当他们面临以上所提到的极端消极事件时，往往会一蹶不振。这其实是因为每个孩子的心理弹性不一样。

那么，我们该怎样提高孩子的心理弹性呢？从目前积极心理学的研究来看，除了促使儿童恢复心理资源的一些具体技术（这一部分内容参见本书的第三章）之外，增强心理弹性信念对孩子形成良好的心理弹性具有很大的作用，也就是说，当孩子的心理弹性信念增强之后，孩子战胜逆境和困难的能力也会随之增加。李等学者（Lee et al., 2010）做了一项有关儿童心理弹性的纵向研究，他们以香港6所小学的843名4年级学生及其家长或监护人为研究对象，分别于2005年1月、2005年7月和2006年1月进行了有关心理弹性与积极行为、积极品质间关系的数据收集（具体量表见表6–1）。

### 表 6-1　心理弹性信念量表（Lee et al., 2010）

1. 我认为一个人要有人情味儿。
2. 我认为一个人应该通情达理。
3. 一个人如果想要成功，他（她）一定要有家庭的支持。
4. 即使明天生活变得很糟糕，我也会活下去。
5. 我为自己是一名香港人而感到自豪。
6. 不管面临的困难有多大，即使难以承受，我也必须为家庭成员负责。
7. 即使贫穷、不幸和疾病都是我命中注定的，我也不会害怕。
8. 即使有各种困难，人也应该正直地生活，依靠自己而不是他人。
9. 当生活遭遇不幸时，深吸一口气，把它抛到脑后。
10. 我认为一个人必须遵守法律。
11. 人应该学会宽恕和忘记。

该量表采用 5 点计分法（"1"代表完全不正确，"5"代表完全正确），分数越高，其心理弹性信念越强。从这次研究的具体结果来看，其中 4、6、7、10 四个题项的预测水平最好。这也提示我们，教育者在平时的生活或教育中应着重对孩子进行"即使明天生活变得很糟糕，我也会活下去""不管面临的困难有多大，即使难以承受，我也必须为家庭成员负责""即使贫穷、不幸和疾病都是我命中注定的，我也不会害怕""我认为一个人必须遵守法律"等四个方面的教育。当孩子具有了这些信念之后，其在今后生活中战胜困难而积极生活的能力就会大大增强。

最后，研究者对所收集到的数据进行了统计分析，结果发现，心理弹性信念能够预测儿童积极品质和积极行为的发展。而且令人振奋的是，该研究还发现，伴随着儿童所遭遇生活逆境的不断增加，心理弹性信念的预测性作用也会不断增强！也就是说，如果一个儿童具有越强的心理弹性信念，他遭遇的挫折越多，那么他的各种表现反而会越积极，其心理发展的钢化效应也越明显。

# 第七章　积极教育的实践：温暖教育

培育青少年是学校的核心任务。国内外许多学校的教育实践证明，积极心理学可以在促进青少年的健康成长中发挥很好的作用。但每所学校有自己具体的实际情况，学校领导、教师和家长在教育孩子的过程中该如何运用积极心理学的研究成果来培养孩子的积极心态、积极情绪、积极人格等，仍然需要不断探索与实践。

浙江省金华市环城小学（以下有时简称"环小"）是金华市的一所传统名校，始建于1954年，是金华市第一所实验小学。2015年，该校基于积极心理学的理论指导，提出了"世界因我多温暖"的教育理念，并着手构建以"温暖教育"为特色的积极教育模式，现已初步成形。

## 第一节　温暖教育是积极教育的有益尝试

2016年9月，北京师范大学牵头发布了《中国学生发展核心素养》研究报告，明确指出品格与能力都是学生核心素养的内涵，即青少年的健康成长不仅需要学业发展，同时也需要人格健全，而健全人格的主要内涵就是如自信、乐观、进取、不屈不挠等积极教育致力于培养的积极品质。

温暖教育是环城小学的一张名片，它就是针对以上这些教育弊端而做出的一些探索，致力于让教育充满"暖意"，使学生在其中体会到获得感，进而培养出对社会、家庭、他人充满感激、充满正能量等暖人格的学生。

# 一、从校训"世界因我多温暖"到全方位实施"温暖教育"

学校文化氛围的营造需要一个核心思想作为支撑，一般来说，通过校训来体现学校的核心思想是一种常用的方式。环城小学把"世界因我多温暖"作为校训，从而在全校范围内营造一种温暖教育的氛围。

经过全校教师的大讨论，环城小学形成了有关校训的一段文字，其中最后一部分内容是这样的：

> 我知道，生命中最珍贵、最强大的就是灵魂。环城小学是我人生的第一母校，母校给我的最大眷顾是把我放在春天里，给我规矩，给我阳光，给我一颗春天般温暖柔软的灵魂，去温暖属于我们的世界。

这一校训内容在学校日常活动或工作中被简称为"世界因我多温暖"。2015年9月，学校根据校训内容明确提出了在全校开展"温暖教育"，从那以后"你我同心，温暖前行"就一直是开学典礼、休业式、家长会等一些全校性活动的主题词。学校给各种常规活动赋予不同的温暖主题，如"感动中国，温暖环小""温暖中国年，体验大社会""温暖中国行""暖冬行动""暖爸论坛""暖德育，微目标""向雷锋学习，做温暖环小人"等，使学生在参加每一次常规活动时都能有美好的心情，同时学校也鼓励班级或年级开展各种有特色的温暖活动。

为了营造温暖教育的良好氛围，学校从一开始就确定了两个基本原则：第一，环小老师要做暖老师；第二，学校要时时处处创设一种暖环境。

### 1. 环小老师要做暖老师

教育首先是一种关爱，爱是教育的出发点。要使孩子成为一个温暖自己、温暖他人、温暖社会的暖孩子，教师就得首先成为一个有爱心的暖老师。因为教师只有首先温暖自己、提升自己的涵养，使自己成为一个充满正能量的、身心健康的人，才能去"温暖"孩子。

在实施温暖教育的过程中，学校首先在全校寻找暖老师（包括教师和工友）。环城小学有一大批优秀教师，这些教师让校园的每一寸土地、每一个角落都充满阳光并洋溢着温暖。邹莉萍老师每天总是早早来到学校，坚持跟孩子们一起在操场上打扫卫生，在孩子们的心目中，她就是暖心的班主任。在首届十大温暖教师颁奖典礼上，学校给邹丽萍老师的颁奖词是：

> 你的德艺双馨，折服了所有人；你的坦诚真挚赢得了家长的信任、尊重；你的辛勤、智慧、仁爱、宽容赢得了学生的敬仰。你让我们懂得，教师之心，不仅在于教书，更在于育心，你让阳光自信写在每个孩子的脸上。你给所有人做了榜样。

学校西大门的保安孙师傅也是一位暖哥。每天早上，当家长把车开到新华街边学校大门口时，他总是第一个上去开车门、迎接孩子，给孩子们送去清晨的第一份温暖……

在树立典型的基础上，学校开始着力打造一支温暖型教师队伍。要想形成这样一支教师队伍，在学校层面上就要实施"温暖管理"，让教师在温暖中学会温暖。事实上，对于一个人来说，在什么地方工作不是最主要的，最主要的是和什么人在一起工作。创设温暖的校园人际关系是环城小学始终如一的首要任务。从"一群人"走向命运"共同体"，其核心是形成共同的价值观。因此，学校通过各种活动和方法让全校师生员工产生对学校的认同感，形成"我们感",将自己归属于学校。为此,学校提出了"我们一起·满心欢喜"的口号,并把它作为环城小学在各种活动中的口号,希望学校里的每个人都能从"我"走向"我们"。学校是"我们的",学校的事情是我们共同体自己的事情。

在共同体中,人们能够互相依靠,如果一个人跌倒了,其他人会帮助他重新站起来。这里没有人会被取笑,也没有人会嘲笑所谓的笨拙并幸灾乐祸。一个人即使犯了错误,也可以通过坦白、解释、道歉或者忏悔等来获得其他人的原谅。这里没有人会对他人或某件事永远记恨在心。而在悲伤失意或者遭遇困境的时候,总会有人紧紧地握住你的手,给予鼓励或援助。在教师专业发展中,教师们集体备课,协调教学,相互听课、评课、磨课并一起进行课例研究,分享成功的经验和失败的教训,最终实现共同发展。

在学校里,教师的"专业德行"是一种强有力的、作用巨大的文化力量,教师一定要发展自己的专业,提升自己的业务水平,只有如此,才能给孩子一个温暖的课堂,才能让孩子听你的课时如沐春风。为了让全体教师做有专业德行的好老师,学校制定了《环小暖老师标准》(见表7-1),并开展暖老师的评比活动。这些要求不只是贴在墙上的口号,它还得到了全体教师内心的一致认同,因此成为了全体教师努力践行的行为准则,并渗透于每一个教学细节中,贯穿于每一个教学行为中。

表 7-1 环小暖老师标准

| |
|---|
| 胸怀祖国,让自己的讲台与民族强盛相联系; |
| 心念学生,苦学生之苦,乐学生之乐,相信专业提升可以让学生苦少乐多而不懈; |
| 生活朴素,选择教师职业,即选择了教师的生活方式; |
| 手不释卷,读书、教书、写书、赠书、藏书、注书,以浸润书香; |
| 成全同伴,不论何时何地,以成全同伴、成就学生为校园之心灵良善; |
| 庄严自己,庄严自己是对自己人生的最大尊重。 |

## 2. 学校要时时处处创设一种暖环境

暖环境是温暖教育的一个必要条件，也是学校形成温暖教育氛围的基础。学校在尊重每一个孩子人格的前提下，要认识到孩子毕竟是孩子，是一个充满许多可能性的个体，在一定意义上还是个未知数。温暖的环境可以帮助孩子形成积极的品质，可以成为教育作用的增效器和教育影响的催化剂；而不和谐、冰冷的环境，则会削弱甚至抵消教育的作用与影响。"近朱者赤，近墨者黑"，在一个温暖的家庭、温暖的学校、温暖的班级、温暖的团队中成长的孩子，肯定比在一个冰冷的、缺乏安全感的家庭，一个尔虞我诈、缺乏关爱的团队中长大的孩子，要更健康和更有亲和力。

温暖环境的最大特点是宽松，宽松绝不是放纵、放任自流、无原则地迁就和随心所欲。宽松乃是寓规范于无形，是一种张弛有度、交流畅通、互动和谐、其乐融融的状态。宽松体现了对学生的一种信任，不是强制和强迫，不是根据条条框框来给予约束。有了这样的环境和氛围，孩子置身其中，就能够无拘无束地、快乐地生活和成长。

当然在这种温暖环境中长大的孩子也很容易成为一个温暖的人，一旦他具有了温暖的人格，他就同样会像光源、热源一样去温暖他人、温暖社会，并学会关心、关爱、关怀、关注、关切和关照，从而达到温暖教育的目标。

有些学校为了追求所谓的创新，一年一个主题，没有一定的延续性，其实，教育是一种慢艺术，它需要坚持精神。如果说环城小学 2015 年提出的温暖教育的一些措施属于"温暖教育 1.0 版"，那么到了 2016 年，环城小学基于校训在全校范围内开始构建的温暖教育体系，就可以被称为"温暖教育 2.0 版"。在 2.0 版中，学校主要通过实施五大策略来具体落实温暖教育：温暖管理、温暖课堂、温暖活动、温暖评价、温暖家教。

## 二、温暖教育再升级

到了 2017 年,学校又把温暖教育升级到了 3.0 版。"温暖教育 3.0 版"一方面进一步完善了温暖教育的各种措施,另一方面吸收了中国传统文化的思想作为建校、立校的理论基础,特别是孟子的性善论和王阳明的心学,提出了"存暖心、说暖话、做暖行"的教育理念。

温暖教育是积极心理学理念在教育实际中的应用,是积极教育的一种形式,它就是要让学校成为儿童的校园、温暖的校园、人性化的校园。人性到底是怎样的?尽管几千年来人们争论不休,但温暖教育的本质是相信人性是向善的,而这一思想比较符合孟子的性本善理论。温暖教育从本质上说就是给这些向善之心的种子提供一个生长的良好环境,小心呵护,从而促进其不断地壮大、成长。对于学校来说,相信孩子是向善的,才有教育的可能和必要。我们的教育就是保护和扩充这种善端。人性向善,才给人们一种希望,给人们一种鼓励。我们要相信人生是美好的,相信未来是美好的,相信人是可信任的。正因为相信人性是向善的,我们才会相信每一个儿童,才会认为每一个儿童都是上帝的天使,才会呵护儿童的天性,才会认为每一个儿童都是哲学家、科学家、诗人、艺术家……

王阳明是中国古代的一位贤达,其理论核心是强调知行统一。他针对宋儒以来"知先行后"的主流观点,针对当时社会上普遍存在的"知而不行"现象,认为有必要打破这种局面,指出"知者行之始,行者知之成;圣学只一个功夫,知行不可分作两事",强调"知行合一"。温暖教育非常强调知行合一,强调"心是温暖的起点",有了一颗暖心还不够,还一定要有温暖的言行。暖心是一粒种子,暖话是在暖心基础上结的一朵花,暖行就是一枚果实。"存暖心、说暖话、做暖行"就是强调知行合一。

同样,也只有不断地、持之以恒地说暖话、做暖行,才能成为真正的具有温暖之心的人，才能做到"我们一起·满心欢喜"，才能真正地做到"世界因我多温暖"。环城小学现任校长王伟文曾就"存暖心"写了《心是温暖的起点》一文。

### 心是温暖的起点

**心是什么**

心不是"那团血肉"，而是一身之主宰，它主宰着我们的情感和行为。心的本身是纯净的、善良的。

童年是人生之初。"童心者，真心也。"儿童是世界上最美的、最纯净的风景。

心就像一粒种子。每个人生下来的时候，都怀揣这样一粒种子。然而，有的人丢弃了它，渐变冷漠；有的人玷辱了它，走向邪恶。

心又像一面镜子。人的私欲、环境等，使我们的内心——这面明镜蒙上了一层层灰垢，变得昏暗、模糊。随着"灰垢"越积越多，心作为身之主宰的地位就会受到侵蚀、威胁，慢慢地，就会被私欲蒙蔽双眼，就会沦为奴隶。

于是，这样的心慢慢变得冷却、变得坚硬，不再温暖、不再柔软。

**坚守暖心**

世界因我多温暖，培育一颗暖心就是教育的归宿。

暖心就是善心，就是面对别人的苦难能够心生悲悯，忍不住伸出援助之手；

暖心就是良知，就是自己做错了事之后，感到脸红、感到内疚、感到羞耻……

暖心就是感恩，就是：感恩父母，给了我们生命；感恩老师，给了我们知识；感恩同学，给了我们友谊……

暖心就是慎独，就是有原则、守住底线，哪怕无人知晓、无人看见……

但这样的心，其实是很脆弱的，需要我们守护、需要我们坚守。

因为这样的心，"一念发在好善上，便实实落落去好善；一念发在恶恶上，便实实落落去恶恶"。坚守暖心，需要人的定力和毅力。人都有七情六欲，合理的欲望是需要维护的，但一不小心就容易走向反面，欲壑难填。

坚守暖心，需要人不断地反思，需要我们在静处体悟，需要自知自明。私欲遮蔽了那颗纯净之"心"，它需要我们自己重新建立和恢复。这是一种自我的呼唤、自我的反思。

坚守暖心，就是坚守光明。一个有暖心的人，他的心体就非常光明，在他眼中的世界也是充满光明、温暖的。

**世界因我多温暖**

"心是温暖的起点"，有了一颗暖心，就有温暖的言行。暖心是一粒种子，暖话就是一朵花，暖行就是一枚果实。

"存暖心、说暖话、做暖行"就是要知行合一。

三者其实是同一件事，不能分开。见到父母，则表现为孝行；见到老师，则表现为尊师；见到兄弟姐妹，则表现为和睦；见到同学，则表现为友爱；见到有困难之人，则表现为助人……

"存暖心、说暖话、做暖行"需在事上磨炼。

"好言一句三冬暖，恶语伤人六月寒"就是告诉我们，"暖心话"结善缘。很多时候，一句同情理解的话，就能给人很大安慰、使人增添勇气，即使处于寒冷的冬季也感到温暖。而一句不合时宜的话，就如一把利剑，刺伤人们脆弱的心灵，即使在夏季六月，也让人感到阵阵的严寒。

暖行的大小，并不决定于你拿出了多少金钱，干出了多么轰轰烈烈的事情，而是决定于你对身边的人境遇的改变，以及你对这个生命最终的影响。很多时候，哪怕只是你的一个浅浅的微笑、一个关爱的眼神、一个轻轻握手的动作、一个默默的拥抱，哪怕你拿出的只是1元钱，哪怕你只是弯腰捡起地上的一张废纸，也是人间大善，也是最纯真的温暖。

只有不断地、持之以恒地说暖话、做暖行，才能成为真正的温暖之人，才能做到"我们一起·满心欢喜"，才能真正地做到"世界因我多温暖"。

作为学生的儿童，不仅仅是一个名词，还应该是一个动词、一种趋向，即成为向学之人、向善之人，成为温暖之人。

温暖教育在思想上吸收了中国传统文化中的精华，而在实际操作中则引进了积极心理学的最新研究成果。温暖教育最终的目的是给儿童快乐的童年、温暖的童年，为他们的幸福人生奠基。塞利格曼在《持续的幸福》一书中指出："一个多世纪以来，学校教育都是在为成年以后的工作铺平道路。我完全支持成功、读写、恒心、守纪律，但我希望你能想象一下，学校可以同时教你幸福的技巧和取得成就的技能，二者毫不冲突。我希望你能想象一种积极教育。"温暖教育就是在做这样的尝试：一方面，使学生为今后的进一步学习打下坚实的文化基础并培养必要的能力；另一方面，希望学生做成就自我，同时又能温暖他人、温暖社会、具有健全人格的人，做一个追求幸福人生的人。

温暖教育不仅要让孩子感受到温暖，更要让孩子取得一定的成就，获得成功的体验。成就感和获得感能使孩子感受到人类生活的意义，感受到世界的大温暖。塞利格曼在《真实的幸福》一书中指出了人的6大美德和对应的24种突出优势。每个孩子都是上帝的天使，都有各自的优势。教育很重要的一个任务就是帮助孩子不断地尝试，寻找和发现自己的突出优势，从而最大限度地发挥自己的优势，获得成功的体验。

幸福是人类共同追求的目标，苏霍姆林斯基曾经指出，教育的目的是培养幸福的人。在基础教育阶段，教育应当是轻松的、快乐的，应当为孩子的幸福人生打下良好的基础。塞利格曼强调，心理学在研究病人的同时，更要把研究对象转变为正常的人，他认为心理学家们过去比较热衷于把 $-8$（极消极）的人生提高到 $-2$（有点消极）的水平，而积极心理学的目标是把 $+2$（有点好）的人生提升到 $+6$（非常好）的水平。他因此而提出了一个幸福公式：幸福指数＝先天遗传素质＋后天环境＋你能主动控制的心理力量（$H = S + C + V$）。

## 第二节　温暖教育的实施

从积极心理学的角度来看，教育应强调以增进儿童的积极体验为途径，以培养儿童的积极人格为目标，同时要创造一个积极的社会环境作为儿童发展的外在保障。温暖教育的目的就是通过学校温暖教师的努力，创建温暖的校园、温暖的班集体，增进儿童的温暖体验，从而培养孩子的温暖人格，同时，希望孩子在体会到温暖的过程中学会用言行去温暖他人、温暖社会、温暖万物，最终实现"世界因我多温暖"。

### 一、温暖教育的实施原则

1. 身心和谐的发展性原则：心是温暖的起点

和谐发展、全面发展是教育的最终目的，也是实施温暖教育的基本原则。苏联教育家苏霍姆林斯基在长期的教育实践基础上形成和发展了"个性全面和谐发展"的教育思想。他认为，必须使人多种多样的才能、天赋、意向、兴趣和爱好等个性特征得到充分的发挥，在他看来，个性全面和谐发展是对每一个受教育者的共同要求。

积极心理学的奠基人之一奇克森特米哈伊认为，一个富有创造力的人一般具有复杂的人格，但这样的人具有强大的整合能力，因而他的整个人格本身是和谐的，他实际上就是全面发展的人。

在具体教育实践中，如何处理好温暖教育与科技教育、体艺教育等的关系，需要我们在全面和谐发展的原则下综合考虑，真正地培养具有大温暖之人。

### 2. 因材施教原则：让河流以自己的速度流淌

遵循儿童本身的发展规律，关注学生的个体兴趣和需求，唤醒学生自我发展的动力，真正做到以生为本，是建设"温暖校园"的根本。

儿童就是儿童，有他自己独立的人格。今天的儿童（尤其是进入了小学的儿童）绝非一张白纸。儿童有自己的思想，有自己的世界，他的思想和世界不是成人灌输给他的，而是他自己构建的。漫画大师丰子恺先生曾说："我的孩子们！我憧憬你们的生活，每天不止一次！……你们每天做火车、做汽车、办酒、堆六面画、唱歌，全是自动的、创造创作的生活。大人们呼号'回归自然''生活的艺术化''劳动的艺术化'，在你们面前真是出丑得很！"

温暖教育需要教育者必须敬畏每一个儿童，尊重每一个儿童的生活以及他的世界！儿童是起点，也是目的。儿童的发展、儿童的生长就是理想所在。积极心理学家 C. R. 斯奈德和沙恩·洛佩斯都认为积极学校教育的要素之一就是从关怀、信任和尊重多样性构成的基础开始，也就是说营造一个关怀和信任的支持性氛围对学生积极品质的发展至关重要，因为学生只有在这样温暖的环境中才能够充分地茁壮成长。

### 3. 知行合一原则：存暖心、说暖话、做暖行

"暖心""暖话""暖行"这三者其实是同一件事，不能分开。从培养学生的角度来说，所谓"暖心"就是指：见到父母要表现出孝心；见到老师要表现出尊师心；见到兄弟姐妹要表现出和睦心；见到同学要表现出友爱心；见到有困难之人要表现出助人心……"说暖话"就是指多说鼓励和积极的话，一句同情理解的话，能给人很大安慰、使人增添勇气，而一句不合时宜的话，常常会如一把利剑刺伤他人的心灵。"做暖行"就要求学生多做暖心事、好事、公益事，而不能停留在好心的层面，要把好心、暖心付诸行动。温暖教育要三者齐头并进。

### 4. 融合生长原则：把孩子放在春天里

首先是课程整合，课程整合指用整体的、联系的、辩证的观点来认识，研究教育过程中各种教育要素之间的关系，为解决当前课程内容交叉、重复、低效等问题而进行的课程设计、规划、实施与改进的系统行为。通过课程整合，可有效落实国家课程和地方课程，真正做到国家课程和地方课程的校本化。课程整合是当前教育的一大趋势，也是学生本身成长的需要。杜威认为："学校科目相互联系的真正中心，不是科学，不是文学，不是历史，不是地理，而是儿童本身的社会活动。"所以，儿童的经验成为教材的起点和中心，儿童有兴趣的活动便是最理想的课程。温暖教育的目的就是给儿童一种完整的教育，使儿童成为一个更优秀、更幸福、更有用、更温暖的人。教育是促进人们走向美好生活的手段，同时，它本身也应该成为一种美好的生活。

其次，除了强调课程整合之外，温暖教育更强调家校整合，形成温暖教育共同体。温暖教育作为环城小学的核心办学理念，强调通过学校教育和家庭教育两大途径得以深入实施，需要家长和社会一起努力。一所理想的学校，应该是学校与家庭协同教育的学校。

## 二、温暖教育的实施途径及方法

### 1. 构建独特的温暖教育课程体系

温暖教育的核心是有吸引孩子的课程。如果教师故步自封,总是把教材当作孩子的整个世界,那就只能培养出"井底之蛙"。为此,在分析学校各方面特点的基础上,2015—2016学年第一学期,学校大胆地深化课程改革,在抓好基础性课程的前提下,设置拓展性课程。尊重孩子必须从教会他们选择开始,给孩子选择的权利,让孩子从选择中学会选择。拓展性课程使学生的特长(或优点)得以发展和发挥,使学生的个性更为张扬,他们的学习兴趣自然更浓厚了。

**(1)开设两类课程:基础性课程和拓展性课程**

基础性课程是国家规定的课程,占总课程的85%,是温暖教育课程的主体。学校严格开齐开足基础性课程。拓展性课程是学校开发的课程,占总课程的15%,是温暖教育的特色课程。拓展性课程门类众多,涵盖科技体验、体艺特长、诵读修身、生活技能、社会实践等方面,学校一共开设了54门拓展性课程,由学生自主选择,这些课程有利于学生开展个性化学习,发展自己的特长。

拓展性课程主要是在原来的社团、兴趣小组的基础上发展而来的。比如,体育一直是环城小学的传统强项,学校曾被评为全国群众体育先进单位、浙江省体育传统项目学校等,先后为浙江省省队、国家队输送21名运动员(校友"亚洲飞人"郑晨曾在亚锦赛中获得百米赛冠军,并打破当时的亚洲纪录,他是中国首位男子百米赛亚洲冠军;游泳名将邵红曾获世界大学生运动会银牌;龚璐颖是新生代的杰出代表,她于2017年荣获世界少年田径竞标赛跳远冠军,还是全运会两项冠军的得主)。因而学校一直把体育类拓展性课程当作学校的一大品牌来建设。这些课程给学生的成长带来了更多的机会，也给学生带来了自信。

篮球运动就是学生最喜欢的拓展性课程之一，每年举行的环城小学联赛（HCBA）就是学生的狂欢节。这一课程既给学生带来了知识，又使一部分学生的特长得到了发展和发挥。如，2016届篮球队的一个孩子是球队队长，曾带领队员一路过五关斩六将，获得了浙江省小学生篮球联赛亚军的好成绩。篮球课程不仅使他的身体变得更健康，而且使他的学习自信心越来越强，其学习成绩也得到了很大的提高。

拓展性课程的实施解决了学科教学缺乏选择的问题，但解决不了缺乏整合的弊端。怎么办？学校在学习方式上大胆尝试，开展主题式学习。同样以体育方面的课程为例，"体育文化周"主题式学习是学校探索课程整合的一次尝试。2015年11月，近两周的"体育文化"主题学习内容涵盖"奥运冠军杜剑平进校园""体育中的数学问题""吉祥物欢欢、诚诚的设计""体育影视欣赏""奥运会历史及41种体育项目学习""校园吉尼斯挑战赛""阳光运动会"等，涉及语文、数学、美术、音乐、体育、历史等多个学科，这样体育课程就变成了综合性、多学科的课程。学生在这样的主题式学习中既能体验到学习的快乐，也能感受到体育文化的魅力。

学校先后围绕"艺术文化""中国传统文化""科技创意文化""STEAM"等主题开设了多门主题文化课程。主题式学习通过开展丰富多彩的活动，打破了学科的界限，从而让孩子在更广阔的学习空间里成长，真正体现了教育是促进孩子走向美好生活的手段和目的。

（2）建设五院阵地：少年国学院、少年科学院、少年创客院、少年体育学院和少年艺术学院

书院作为一种教育组织，伴随着近代学堂的兴起而废，但其精神及其所积累的经验已成为中华教育思想宝库的珍贵财富。金华市吕祖谦创办的丽泽书院曾是南宋时期全国四大书院之一，成为婺学的主要传播阵地和婺学人才

的培养基地。环城小学在借鉴中国书院教育模式的基础上建设了五院阵地，这五个阵地既是实施暖课程和展示其成果的平台，更是为实现特色发展和学生个性特长发展提供的组织保障。

基于国学、科学、创客、体育、艺术等发展建立起来的少年国学院、少年科学院、少年创客院、少年体育学院和少年艺术学院等都构建了自身的课程子体系。比如，少年创客学院就曾开设两门课程——动漫课程和机器人课程，分别于2016年、2017年被评为浙江省精品课程。

以"儿童动漫"课程为例，该课程从选择主题、编写剧本、设计人物、设计场景、制作动画，再到后期配音等涉及的知识技能有信息技术、美术、语文、摄影、摄像等多个方面，是一门典型的多学科整合式课程。孩子在课程中有可能既当编剧，又当导演，还当主演、配音师等。这使孩子得到了多方面的锻炼和发展。部分孩子的作品《葡萄记》《松鼠的故事》《蔬菜潜逃记》等在金华市中小学生动画作品比赛中获得一等奖。2016年5月，"儿童动漫"课程代表金华市参加全国数字校园展示活动，得到了专家的好评。

**（3）创建专门课程：暖心课程**

随着国家对学校心理健康教育越来越重视，各地区、各学校都在积极响应，在这样一种背景下，环城小学从2016年起开设了专门的心理健康课，课程名称就是"暖心课"。

暖心课在很大程度上其实就是积极心理学理论指导下的校本化心理健康教育课程，课程以团体辅导活动为主。暖心课借鉴了国外PERMA课程模型，同时结合了学校温暖教育的理念。PERMA是五个英语短语的首字母，这五个短语分别是：Positiveemotions（积极情绪）、Engagement using strengths（利用积极力量全心投入）、Relationships（人际关系）、Meaning（积极意义）、Accomplishment（积极成就）。PERMA模型将积极心理学应用于教育，引导学生获得积极情绪，凭借积极力量去参与、发展人际关系，寻找人生的意义，并在取得成就的过程中实现自身价值。

暖心课程就是要从"暖心"开始培养孩子的暖情绪、暖优势、暖关系、暖行为、暖组织，逐渐形成积极正确的世界观和人生观，为今后的暖人生奠定基础。暖心课程的主要任务有：

◆ 教授暖情绪。暖情绪主要包括欢乐、关心、感激、平静和充满希望等。
◆ 挖掘暖优势。暖优势主要包括个人的特长、创造力、学习风格与灵性等。
◆ 建构暖关系。在同学和朋友面前表现出的暖关系主要包括宽恕、感恩、忠诚、守信、支持和开心等。
◆ 塑造暖行为。暖行为主要包括合作、满足、自信、韧性、友好、勇敢等。

### 2. 引导和倡导在学科教学中嵌入温暖教育

温暖课堂是温暖教育的关键所在。

**（1）什么是温暖课堂**

温暖课堂不是一种教学模式或教学方式，也不是一种教学行为或教学内容，更不是一种教学成绩或教学水平，它指向的是教学的氛围（气温）、文化（气候）和理念。温暖就是要让学生在课堂里感到很舒适、温馨、安全、快乐、幸福，它是由课堂中人与人（师与生）的关系决定的。

温暖课堂和日本著名教育专家佐藤学教授所谓的"润泽的教室"有异曲同工之妙。在"润泽的教室"里，大家安心地、轻松自如地构筑着人与人之间的关系，构筑着一种基本的信赖关系。相反，与之相对的是另一种教室，美国教师雷夫把它描述为："大多数的教室都被一种东西控制着，那就是'害怕'……教师怕丢脸，怕不受爱戴，怕说话没人听，怕场面失控……学生更害怕，怕挨骂，怕被羞辱，怕在同学面前出丑，怕成绩不好，怕面对父母的盛怒。""害怕"的结果是：教师不敢放开，只顾按照讲稿讲，甚至不敢提问；学生不敢回答问题，更别说自己提出问题了，因为回答错了老师会不高兴，同学会笑话……

**（2）如何打造温暖课堂**

传统教学把课堂定义为知识授受和能力培养的场所，温暖教育则把课堂理解为学生生命成长、人性养育的殿堂。传统课堂由于"人"的缺失，其课堂气氛必然沉闷，学生昏昏欲睡，思维呆滞，课堂里无欢声笑语，更无思想交锋，是典型的闷课、冷课。这样的课堂更多的是摧毁了学生的学习兴趣，扼杀了学生的学习热情，最终抑制了学生思维的发展。在这样的课堂上，学生虽然获得了一定的知识，也发展了一定的技能，但却丧失了灵气和悟性。

温暖课堂则充满了活力，师生积极互动，学生兴趣盎然，呈现出生气勃勃的精神。"暖"从表面上看是师生轻松的氛围，实质上是师生双方的知识、经验、智力、情感的激活，是一个精神自由的空间。

那么如何才能让呆板的课堂鲜活起来而成为温暖课堂呢？环城小学的实践经验是要结合孩子的实践经历，多和孩子接触，多了解孩子的生活世界，把教学和孩子的生活相结合。环城小学有一位教师曾介绍说："我习惯在课间的时候坐在教室里批改作业，每到这时总会有不少学生围到我身边来。我一边挥动着手中的红笔，一边跟他们闲聊，这是件很享受的事。记得上《负数》一课前的某个课间，我曾跟身边的几个同学聊过天。"

师：你们听说过负数吗？

生：听说过，负数就是在一个数前面加上一个减号。

师：你能写一个负数给老师看看吗？

生：$-1$。

师：你会读这个负数吗？

生：当然会，负一。

师：你是在哪里看到它的？

生：电梯里。

师：电梯里为什么有 –1？

生：（大笑）老师，这个你都不知道啊！因为有地下车库啊！银泰天地的电梯还有 –2，因为有地下二层。–1 是超市，–2 是停车场。

……

简短的一番对话，就让《负数》一课的教学脉络清晰地浮现在眼前：负数的读法、写法教师上课时完全可以一带而过；负数的意义，学生已有浅表性的理解但仍需深入探讨；电梯里的负数看来就是学生平时喜闻乐见的素材。这位教师总是以学生的生活经历为教学出发点，因而她的数学课堂总是那么生动有趣，温暖教育就需要像这样积极与学生交往的教师。

温暖课堂是充满温度的课堂，也是智慧的课堂、卓越的课堂。学生在这样的课堂里增长了学科知识，而且学习知识的过程也成为学生的人格健全和发展的过程，成为学生的生命蓬勃发展的过程。伴随着学科知识的获得，学生也会变得越来越有信心，越来越有爱心，越来越有同情心，越来越有责任感，越来越有教养，最终成为一个温暖的人。

### 3. 定期或不定期地举办各种特色活动是温暖教育的重要载体

根据小学生的年龄特点，温暖教育的一个重要载体就是"通过活动""在活动中"教育孩子，培育和提升孩子的积极品质。环城小学开展了"温暖中国年""温暖中国节""温暖中国行""向雷锋学习，做温暖环小人"等一系列的温暖教育活动。教师针对每一个活动都编写了相应的主题式学习手册，在学习手册的指引下，孩子们走出家门、走向社会，用自己的实际行动给身边的人带去温暖。比如，孩子们组成各种小队，给孤寡老人送温暖、到医院做义工、给小树穿棉袄、在街头宣传禁止燃放鞭炮、为福利院的老人送去米油水果……努力践行着"世界因我多温暖"的理念。

**（1）温暖中国年**

中国年即春节，春节是中国人最重要的传统节日。春节不只是亲人团聚、辞旧迎新的节日，更是一种外化于形、内化于心的文化，是优秀历史文化的重要组成部分。为了帮助学生了解中国年，弘扬中华民族的优秀传统文化，环城小学开展了以"温暖中国年"为主题的活动。该主题活动既包括校内活动，也包括校外实践。

一方面，学校让学生学对联、写对联、剪窗花、认识非遗、逛庙会，体会"年味"，为学生开启传统文化学习的一道大门，让学生身上具有中国味道。另一方面，为了有效引领，学校根据年级段组织编写了《"温暖中国年"主题学习手册》，分低、中、高三册，每册都有"知识"和"实践"两个部分。

- ◆ 知识部分主要介绍春节的年风年俗，不同年级段各有侧重。低年级同学着重了解与饮食娱乐相关的年风年俗，中年级同学着重了解要遵守哪些礼仪和规矩，高年级同学着重了解年风年俗背后的意义。
- ◆ 实践部分是生动活泼、丰富多彩的体验式实践活动，分为"温暖自己""温暖家人""温暖社会""温暖万物"四个主题，分年级段设计了有挑战性的学习活动，整合了各学科的知识，同时融入了中国年的元素，这是一种很有意义的全科学习。其目的主要在于让学生在活动中感受父母家人以及社会各行各业所展示出来的积极品质，同时有机会使用自己的积极品质。学生根据金华的年风年俗，自己制定了完成这些活动的时间表，把学习活动与走亲访友、参观访问、旅游休闲等结合起来（也包括寒假中的时间），然后通过剪一剪、贴一贴、画一画、读一读、试一试、做一做、唱一唱、写一写等喜闻乐见的方式来向同学展示自己的学习成果。

2017年寒假，学校在原来的基础上又进一步开展了"温暖中国年，体验大社会"活动，希望让学生通过活动来了解社会、了解他人、了解自然。寒假前的休业式上，金华市环城小学校长王伟文向全校学生介绍了一位教育界的名人——近现代教育家陶行知，并以陶先生之所以改名"行知"的逸事，跟大家讨论如何安排自己的寒假生活才更有意义。为此，学校鼓励学生走向社会并体验各行各业，提出"360度"微体验的建议：参加一份喜爱的工作；拍一张工作照；写一段工作日记；收藏一句工作寄语；送出一份温暖礼物！

学生对学校的号召做出了积极响应：学生到豆腐坊了解豆浆、豆腐脑和豆腐的制作过程；到蛋糕房看制作精美的蛋糕需要几道程序；到邮局了解一封信的"旅行"过程；到电视台看精彩的节目如何制作；到部队了解解放军叔叔有规律的生活和严明的纪律；到工厂看一件产品是如何制作完成的；和爸爸妈妈一起上一天班，了解他们的职业，体会他们的辛苦，向他们学习……

三百六十行，行行出状元。寒假里学生所体验的职业五花八门：气象观测员、母婴用品小掌柜、医院小医生、锄禾的小农民、列车上的小服务员、水质监测分析师、电视台小小播音员……还有一些学生走进敬老院、孤儿院体验服务他人的快乐等。通过这样的活动，学生既学习到了一些新知识，又获得了一种全新的情感体验，特别是一种从来没有过的职业体验，这对他们的未来一定会有帮助。

**（2）温暖中国节**

我国的传统节日形式多样、内容丰富。环城小学以"温暖中国节"为学习主题，分别以元宵节、清明节、端午节、中秋节和重阳节为具体内容开展温暖教育活动。学生通过这种形式的学习，既了解了传统节日的来源与相关的风俗习惯，也感受到了传统文化中所蕴含的人文气息和文化底蕴，加深了对传统文化的了解，增强了文化认同感和民族自豪感，传承了中华民族的优秀文化传统。

### （3）温暖中国行

"温暖中国行"是指学校根据区域特色、学生年龄特点和各学科教学内容的需要，组织学生通过集体旅行、集中食宿的方式走出校园。一方面，这种活动使学生拓展了视野、丰富了知识、加深了与自然和文化的亲近感；另一方面，更主要的是活动帮助学生学习了人际交往和人际互动的技巧，使学生增加了对集体生活方式和社会公共道德的体验。现在许多学校由于害怕学生出现意外而不愿组织学生参加校外集体活动，这其实是因噎废食。一般来说，只要学校预先做好相对周全的预案和准备，即使学生在活动过程中出现一点问题，学校也基本上是可以控制的。

如2017年1月，环城小学开展了"温暖中国行湖南站"活动。本次主题式学习活动明确以体验大山、学习欣赏自然并寻访名人足迹为主题，学校制定了相应的学习手册。为了提升学习效果，学校联系了结对学校——湖南的大兴小学，让浙江的学生进入湖南的小学。活动期间，环城小学师生和家长给湘西的大兴小学捐赠了5800册图书和521套校服，孩子们用自己的实际行动践行了校训"世界因我多温暖"。在这次学习的过程中，孩子们主动结识了许多新朋友，了解到了对方的学习情况和当地的风俗情况等，最终获得了不一样的全新体验。

2017年9月9日，二（5）班七色中队的学生及其家长和老师一起来到江西省宜春市奉新县澡溪乡杨坪村小学，开展了以"让爱飞翔，托起明天的太阳"为主题的公益助学活动。七色中队向杨坪小学的同学捐赠了图书、文具用品、乒乓球桌、移动音响等爱心物资，与杨坪小学一、二年级的同学们开展结对互学活动，一起游戏、联欢，一起种下代表友谊长久的连心树。

学校曾先后开展了"爱满西藏""情系贵州"等一系列类似的实践活动，通过捐衣捐书等方式，使校训"世界因我多温暖"得以深入人心。

### （4）向雷锋学习，做温暖环小人

雷锋是一位典型的"大暖哥"，是孩子们学习的好榜样。学校大队部把温暖教育与学雷锋系列活动相结合，不仅专门建立了"雷锋事迹展览室"，而且分别邀请雷锋生前战友乔安山、草原两姐妹龙梅和玉荣、"活雷锋"曹荣安爷爷等先后到校助推学校的温暖教育。

为了挖掘雷锋精神的时代内涵，让学生真正把雷锋精神内化为自己的生活和行动指南，并自觉地转化为外在行为，学校组织编写了《向雷锋学习，做温暖环小人》的校本教材作为主题式学习手册，按年级段分为低、中、高三本，手册同样采用了"阅读＋行动"的知行统一编写体例。如，手册会根据一种雷锋精神或品质（也就是积极心理学所倡导的积极品质），选择一两个典型、生动的故事加以诠释，从学生的年龄特征和认知规律出发设计一组主题式学习活动，让学生在丰富多彩的体验活动中领悟雷锋精神并把它内化为自己的品质。学生在学习过程中一般先从温暖自己开始，然后学会温暖他人，进而温暖社会，最后温暖万物。

从已有的经验来看，这种温暖教育的方式是有效的，如活动中学生多次主动走进社区看望孤寡老人，走向街头宣传环保……2017年12月5日傍晚，环城小学三（5）班陈×同学在回家的路上，看见金华市解放东路天桥上的乞讨老人，觉得老人非常可怜。在没有任何人要求的情况下，他主动回家烧了热气腾腾的鸡蛋面送给老人，用自己力所能及的行为给他人送去温暖。浙江网络广播电视台等媒体以"寒夜里的一碗面""温暖了一座城""刷爆朋友圈的小暖男就是他"等为题争相报道，事后学校通过网络媒体才知道了这件暖心事。

### 4. 温暖评价是温暖教育的有力保障

苏霍姆林斯基曾说过，成功的欢乐是一种巨大的情绪力量，是继续学习的一种动力。教师对学生的评价则是学生获得成功体验的途径之一。学生缺乏自信，甚至产生自卑心理的原因是没有正确地评价自己。所以温暖教育的一个重要工作就是引导学生正确地评价自己、赏识自己，从而增强其自信心并消除其自卑心理。

"三好学生"评选在我国的中小学基本上是以固定的评选比例、基本相同的衡量标准来进行,"三好学生"常常成为"好孩子""好学生"的代名词。学生在入学伊始都对"三好学生"有着浓厚的兴趣和必争的欲望,但由于有固定的人数比例限制,一些学生就开始渐渐地对参选"三好学生"失去了信心。

生1:三好学生谁不想当啊,只是总共就8个名额,我总是轮不到,还不如考几个100分比较实际。

生2:我想是想,但是比我优秀的同学太多了,轮不到我。

生3:……同学们投票基本上不会投我。

生4:肯定想啊,但是我被评上"三好学生"的希望真的很低,因为我的考试成绩不太好。

生5:每次评完"三好学生",我都很难过,不知道自己为什么总是与"三好学生"相差一点。

……

学校某班级后边有两棵心愿树,每学期开学时,班主任都会组织学生写出自己的心愿。从统计结果来看,一年级下半学期希望成为"三好学生"的有26人,而到了二年级上半学期就锐减到11人了。面对传统的"三好学生"的评比方式,学生由于"名额少""群众基础差""成绩不好"等原因而经受一次次的挫折,就像塞利格曼实验中的狗一样产生了"习得性无助感"。像这种带有典型优胜劣汰特征的甄别式评价,不仅没有起到榜样引领作用,反而会让学生的心慢慢地"冷"下来。那么,怎样才能让评价"暖"起来呢?

**(1)实施"新三好学生"评比**

传统的"三好学生"评价方式存在"名额有限,侧重成绩""评选上的人数偏少,对大多数学生起不到激励作用""含金量过高且与小升初挂钩,评选有时会受利益的驱使而背离初衷""评选标准单一"等弊端，环城小学因此采取了"新三好"的评价方式。

每学期的开学初，学生根据学校制定的"新三好学生"申报条件，制定自己的成长目标，每周对照条件检查评比一次，学期末进行总考核，达到了的都可以称作"新三好学生"。学校规定：一、二年级的评比内容主要是"吃好""睡好""心情好"；四、五、六年级的评比内容主要是"德好""智好""体好"；三年级则视班级的具体情况而定，可以参照一、二年级的标准评比，也可以参照四、五、六年级的标准评比。采取这种弹性评比方式，使"三好学生"的评比从结果变成了一个过程，学生可以通过这个过程使自己的积极品质不断得到发展。

这种评比过程使学生心里感到"暖暖"的，同时也鼓励了每个学生充分利用机会使用和锻炼自己的积极品质。比如，二年级学生马××是一个性格内向的孩子，在校时经常喜欢一个人默默地躲在角落里，不太愿意和同学交流，父母、老师教导过多次，但效果一直不明显。实行了"新三好学生"评比之后，因为"新三好学生"申报条件中有"心情好"的条目，班里很多学生每天进教室后的第一件事就是向全班同学或遇到的同学问好，所以马××常常会听到班里的同学向他问好，久而久之，他也开始鼓足勇气学着向同学问好。当他第一次站在教室门口轻轻地向全班同学问好时，得到了同学们的热情回应，这让他以后的问好声越来越响亮，他也因此变得活泼开朗了许多。

**（2）实施多元评价**

环城小学根据《浙江省中小学教育质量综合评价实施方案》的精神，改变育人模式，全面实施素质教育，使评价从单一的纸笔考试走向多元评价，从而真正发挥评价在教育中的积极导向作用。

以学校一年级的期末考核（见表7-2）为例，内容涉及交际能力、学业水平、生活技能、体质健康、心理健康、艺术素养等多个方面，方式包括自我介绍、看图讲故事、现场口算、寻找生活中的数学、体育测试、才艺表演、系鞋带、"答题闯关"等。分数评定不再沿用过去的百分数考核制，而是根据不同项目的特点分别采用1—5星级的等级评价制。这种改变的目的就在于希望用合理的评价内容和方式引导学生发展和发挥自己的积极力量和积极品质。

表7-2 一年级学生综合素质主要评价指标

| 评价内容 | 评价要求 | 评价等级 |
| --- | --- | --- |
| 交际能力 | 能简单地进行自我介绍，能主动地与评委老师进行亲切的交流，说话态度自然大方、自信有礼。 | 3～5星级 |
| 学业水平 | 能借助于拼音，用普通话正确、流畅、有感情地朗读或背诵选定的课文段落；能根据图意讲一句完整的话；字迹清楚工整，执笔正确规范，坐姿端正。<br>能较熟练地完成20以内的加法和不退位减法；能够从生活中提出简单的数学问题并运用适当的方法予以解决；掌握关于分类、位置、认识物体、认识钟表等的知识。 | 3～5星级 |
| 生活技能 | 红领巾整洁，能在2～3分钟内折好红领巾，并按要求正确地把红领巾系在脖子上，把鞋带系好。 | 3～5星级 |
| 体质健康 | 一分钟内跳绳超过100下。 | 3～5星级 |
| 心理健康 | 能主动与人打招呼，性格活泼开朗。 | 3～5星级 |
| 艺术素养 | 能完整地演唱完歌曲；能够独立地画一张画。 | 3～5星级 |

这种多元评价切实营造了学校健康、阳光的温暖育人氛围，激发了学生的学习兴趣，同时在评价中弱化了学生之间的攀比心理，切实减轻了学生过重的学业负担，促进了学生的全面和谐发展。

环城小学每学期还定期开展"温暖学子""温暖教师""年度二十个暖瞬间"等方面的评比，从而系统全面地推进温暖教育的实施。2017年学校评选出的20个"暖瞬间"之中，有一张照片叫"最是那一低头的'温柔'"。2017年金华发展大会召开之际，学校小记者汪×去采访金华籍土木工程学专家、中国工程院院士龚晓南。采访现场，龚院士看到汪×小朋友之后立即站起来，因为两人之间的身高差，龚院士主动弯腰与汪×小朋友平视，侧耳倾听并回答汪×的提问。这一老一小的互动瞬间，正好被大会现场的摄影记者拍摄到并发表在当地的报纸上。学校引导小记者们充分利用了这一瞬间的暖意。大会结束之后，小记者们主动再次与龚院士视频连线，在视频采访中他们纷纷向龚院士提问自己感兴趣的问题。龚院士温暖的榜样让孩子们见识了"愈优秀，愈谦逊"的做人风格，汪×小朋友在采访后记里写道："长大后，我想成为您！"

## 第三节 温暖家教是学校温暖教育的延伸

由于我国特殊的人口政策，在跨世纪的新一代中绝大多数孩子是独生子女，尽管目前我国实施二胎政策，但多数家庭的孩子数量还是相对较少，再加上人们教育意识的增强，许多家庭都把子女的教育摆在优先考虑的地位。孩子少，父母、爷爷奶奶和外公外婆都会参与到教育行列中，教育力量充足、教育时间充裕、针对性强等都是家庭教育的优势。不过，只有良好的愿望，而无教育子女的科学知识和正确方法则是当下困扰中国家长的一个重要问题。

温暖家教就是一种在积极心理学指导下的家庭教育，是温暖教育的重要组成部分。一所理想的学校，应该是学校与家庭合作的学校。学校教育与家庭教育是社会的两大教育系统，对人一生的发展都起着相当重要的作用。2015年教育部专门下发了《教育部关于加强家庭教育工作的指导意见》，这是一份提升中国家庭教育水平，给孩子健康成长带来福音的文件。苏联教育家苏霍姆林斯基指出："施行学校—家庭教育不仅可以很好地培养年轻一代，而且可以使家庭和父母的道德面貌完美。没有对子女的教育，没有对学校生活的积极参与，没有成人与孩子之间经常的精神上的接触和相互充实，就不可能有作为社会基层单位的家庭本身，不可能有学校这个最重要的教育教学机关,也不可能有社会在精神上的进步。"

加强家庭教育指导,使家长具备较高的教育素质,掌握先进的教育理念,学会正确的教育方式是学校义不容辞的任务。环城小学先后通过成立好爸爸研究中心、小学初中衔接专题家长会、暖爸论坛、家长学校、教育联盟理事会(家庭、社会与学校)等形式,切实加强家校之间的沟通,形成家校教育合力。

# 一、让家长适度参与学校教育是孩子健康成长的重要条件

当前,几乎所有的教育工作者和家长都能认识到家校合作的重要性,但家校合作依然存在一些问题,问题主要表现为家长对学校教育参与度较低或根本不参与。学校以家校关系的现代教育范式为基础,把教师与家长之间的关系定义为伙伴关系。也就是说,家长可以参与学校教育的各层次活动,在一定程度上是学校活动的支持者和协助者。同时,家长,特别是那些具有暖心肠的暖爸、暖妈也是学校的重要教育资源,家长们从事不同的专业,这有利于补充学校缺乏的专才。在家校合作的过程中,家长利用自己的专长去教育学生,同时也从教师身上学习有关教育、教学的方法,因此家长和教师是相互的教育者和相互的学习者。

比如,我们以环城小学二(4)班2017年第一学期开展的"暖爸暖妈进课堂"活动(见表7-3)为例。

表7-3 暖爸暖妈进课堂活动一览表

| 时间 | 主题 | 主要内容 | 家长 | 所从事的行业 |
| --- | --- | --- | --- | --- |
| 9月14日 | 大家齐动手,贝壳放光彩 | 从自然科学的角度重新认识贝壳的由来及用途,最后一起动手,把小贝壳、小海螺变成可以陈设的精美的工艺品。 | 方同学妈妈 | 自由职业 |

续表

| 时间 | 主题 | 主要内容 | 家长 | 所从事的行业 |
|---|---|---|---|---|
| 9月20日 | 一起爱护我们的小牙牙 | 介绍了爱牙日的由来，结合绘本《鳄鱼怕怕，医生怕怕》讲述护牙小知识，以及为什么要换牙等。 | 林同学妈妈 | 牙医 |
| 9月25日（周末） | 家规家训伴我成长 | 参观金华市档案馆，看金华老街，听金华名门望族的家规家训。 | 金同学爸爸 | 档案馆工作人员 |
| 10月10日 | "走进军营"看军人 | 通过课件及视频了解解放军历史沿革、军人的日常训练和军营生活。 | 刘同学哥哥 | 现役军人 |
| 10月31日 | 走近科学家 | 从近代科学巨匠、现代科学伟人、中国著名科学家、金华籍科学家四个方面介绍科学家的事迹。 | 翁同学爸爸 | 中学教师 |
| 11月17日 | 小学生秋季常见传染病的预防 | 科普秋季常见传染病的知识，学习常见流行病的预防和自我保护的小技巧。 | 陈同学妈妈 | 医生 |
| 11月30日 | 生活中的经济学 | 通过4个小游戏让孩子初步了解经济学的基本原理，比如"消费和储蓄如何分配""通货膨胀"等，让孩子在生活中学会珍惜有限的资源，理性地消费，不浪费，培养勤俭节约的习惯。 | 张同学妈妈 | 银行工作人员 |
| 12月8日 | 人体的奥秘 | 结合绘本《我们的身体》介绍血液循环系统、呼吸系统、消化系统等知识。 | 陈同学妈妈 | 医生 |
| 12月18日 | 来一斤母爱 | 通过讲述一个男孩与妈妈的故事（男孩不懂事，不记得妈妈的生日，也从未给妈妈洗过脚，惹妈妈生气了还来不及道歉，妈妈就因病离开了人世），教育孩子要孝敬自己的父母、善待家人和朋友。 | 邵同学妈妈 | 新华书店工作人员 |

从表 7-3 可以看出，家长参与学校活动的力度加大了，已由原来的家长会、亲子活动、个别家长见面会、学校开放日等形式，发展成为利用自己的优势主动参与学校的教育教学，实现了教育资源的延伸和扩展。家长参与到学校的教育教学之中，从表面来看似乎是对教师权威地位的一种冲击，但是，只要教师能以一种开放的心态接纳家长，让家长登上讲台的作用就是显而易见的。当然，学校不仅可以请家长参与教育教学，还可以组织学生到家长经营或工作的企业去参观等，努力践行"社会即学校""生活即教育"的教育理念。

## 二、培养乐观的孩子是温暖家教的首要任务

孩子需要得到父母的保护、抚养，需要与父母交流，不仅在婴幼儿时期是这样，即使到了童年、少年时期，孩子也仍然需要父母为其身体发展和心理成长提供温暖的条件。孩子从父母那里得到食物、住处、指导、劝告、关怀、慈爱以及纪律要求和控制；反过来，他们也向父母提供了顺从、合作、帮助和满足情感关系的机会。因此，亲子关系实际上是一种双向的相互影响关系。

相对来说，孩子年龄越小，父母对其发展的影响越大。对于每个家庭来说，好的亲子关系胜过一堆无聊的教育。要想培养温暖型孩子，父母一定要做温暖的爸妈，要创设温暖的家庭环境和家庭氛围。塞利格曼指出："孩子就像海绵，他们不但吸收你所讲的话，也吸收你讲话的方式。所以帮助孩子的方法之一就是，你自己先获得拒绝悲观的技能。"因此，学校倡导温暖家教的核心就在于促使每个家庭都有一种温暖的气氛，使每一个家长都成为不同类型的暖爸或暖妈。

中国传统文化一直是以成人为本位，儿童常常得不到应有的尊重，有时还受到传统文化的蔑视（如传统文化强调儿童是小大人，是比成人小一号的

成人，儿童是"乳臭未干"的"小黄毛"，幼稚而无知），这导致成人或者不去理会儿童的要求，或者曲解儿童的心思，有时甚至用暴力来"修理"所谓不听话的儿童，某些地方的民间至今还流传着"三天不打，上房揭瓦""不打不成器"等教育格言。

儿童最需要培养什么样的品质？尽管每个人都有自己的观点，但从儿童一生健康发展的角度来说，乐观是一个儿童最重要的基本品质。因为从过去的多个心理学研究来看，乐观是一系列积极品质（如自信、自尊、合群、宜人等）发展的基础和基石，不仅如此，乐观还是一个人一生幸福最主要的条件。因而，人们或许可以这样说：孩子是否乐观是教育成败的一个根本性标志。

乐观是一种态度或性格，但更是一种能力。如果从能力角度上来谈乐观，那么乐观其实就是一种乐商。乐商不仅仅指一个人的乐观水平的高低，还指个体从所经历的消极事件中读出积极以及影响、帮助、感染他人变得乐观等四个方面的能力。也就是说，从内涵的角度来看，乐商主要包括四个方面：一个人的乐观程度（也就是人们日常所说的笑点的高低）、摆脱消极事件或消极影响的能力（即应对坏事情或消极事件的能力）、影响他人变得乐观的能力（感染力）和从积极事件中获取更多快乐的能力（品味能力）。

要想提高孩子的乐商，从心理学过去的相关研究来看，帮助孩子形成乐观性"积极思维"是关键。这种乐观性"积极思维"一般不会自然形成，需要从童年时期就开始干预，因此，家庭和学校应该在这方面取得共识并形成合力。有一段时间我国比较流行所谓的"虎爸狼妈型家教"，这种家教方式显然不是温暖家教，也不可能培养出具有乐观品质的孩子。

为了引导家长指导孩子形成乐观性"积极思维"，提高孩子的乐商水平，环城小学在2017年就为家长们专门举办了"如何说暖话"的系列培训（见表7-4）。

表7-4 "如何说暖话"家长培训活动一览表

| 时间 | 主题 | 意图 |
|---|---|---|
| 11月10日 | 暖话是一种非负向的语言 | 使家长懂得说暖话就是不说"负向的话、打击人的话、伤人心的话"。 |
| 11月21日 | 暖话是一种真实、具体的积极语言 | 说暖话是以事实为基础,防止说空洞的积极语言。 |
| 12月5日 | 暖话是一种乐观的解释风格 | 指导孩子正确地归因,形成乐观型解释风格。 |
| 12月20日 | 主动倾听,积极回应 | 学会倾听并积极主动地回应孩子,从而促进积极亲子关系的建立。 |

胡××小朋友的妈妈非常认同学校提出的"说暖话"理念,在日常生活中更是这样做的。她在家教体会中这样写道:

> 六年级的女儿参加学校运动会这件事,让我和女儿深有体会。女儿一向对运动不太擅长,但很想参加学校运动会,于是在老师的鼓励下报名参加了"乒乓球对墙打"这个项目。报名后女儿有一段时间感到很忧郁,整天似乎压力重重,我看出了她的心思,就鼓励她说:"擅长与不擅长都是相对的。只要认真对待,认真练习,相信你肯定会有进步和收获。我来和你一起练习!"每天在她做完作业后,我都和她一起认真练习打乒乓球。女儿开始只能打几个,然后能打几十个,最后能打上百个,后来在运动会上取得了第四名的好成绩。这一结果对于她来说意义非凡,因为这是她小学生涯的最后一次运动会。这件事让女儿明白:积极乐观、认真对待的态度始终是成功的秘诀。我也希望女儿一直保持这种态度,使自己以后的路越走越宽。

## 三、父亲教育是温暖家教不可或缺的重要部分

### 1. 呼唤父亲回归到家庭教育中

大多数人认为,在孩子的成长中母亲是最重要的角色。而且随着社会的发展,多数家庭的父亲都是家庭生活的主要经济来源,因而父亲总是忙于家庭生计而没有时间参与孩子的教育。在有些家庭,早晨孩子上学后父亲起床去上班,晚上孩子睡觉后父亲才下班回到家中,孩子在一天中甚至与父亲见不上一面,家庭教育也就成了没有父亲的家庭教育。心理学家发现,与母亲一样,父亲对孩子的成长也有着重要的影响,在有些方面(如积极品质和动手能力的培养方面)父亲对孩子的影响甚至比母亲更大。为此,环城小学于2015年9月成立了"暖爸研究中心",定期邀请家庭教育专家给家长做讲座,组织优秀家长(特别是父亲)相互分享教育经验等。学校还于2016年10月19日成立了家庭—社会教育联盟理事会,协助学校开展暖爸俱乐部活动。

环城小学校长王伟文就是一个暖爸,他坚持10多年陆续给自己的孩子写了130多封家书,在家书中可谓无话不谈,其事迹曾在浙江卫视播出。家书陪伴他儿子走过了童年期和少年期,陪伴整个家庭踏过了生活中的一些荆棘。作为一位父亲,作为一名家教事业的热心者,也许是受《傅雷家书》的影响,王伟文校长从儿子上小学高年级起就坚持用写家书的方式去影响和感染孩子。他与孩子的关系非常融洽。孩子有时叫他"爸",有时叫他"老爸",有时甚至叫他"伟文"。有人说孩子"没大没小",但他觉得一个现代化的、充满人情味的家庭,应该做到所谓的"没大没小"。多年的父子成兄弟,儿子甚至对他说:"希望我以后也能够成为你这样的父亲。"

家长中涌现出许多"暖爸",如学生洪××的爸爸。洪××是环城小学五年级学生,在父亲的影响下长年坚持长跑锻炼,这使她性格开朗,热爱各种体育运动,成了一个全面发展的温暖学子。长跑是一项很枯燥的运动,洪××曾经一度想放弃,父亲就陪女儿去看《摔跤吧,爸爸》这部电影,使洪××产生了继续坚持长跑的决心。

如何进一步激发孩子练习长跑的兴趣,培养孩子的坚毅品质呢?洪××的父亲采取了同伴互助、多项目交替互补和搭建比赛小平台等方法。孩子一般喜欢与同伴一起学习、运动,为此父亲用各种方法和手段千方百计地邀请住在附近的同学或邻居家的小朋友,和洪××一起练习。通过同伴间的相互促进,洪××练习长跑的积极性显著提高。在教育孩子的过程中,父亲的示范作用非常重要。洪××的父亲是长跑的爱好者,带孩子参加了金华的夜跑群,暑假里陪孩子一起参加夜跑活动,小小年纪的洪××获得了女子组第一名,用时26分钟就跑完了5000米,边上的跑友都啧啧称赞。

运动拉近了孩子与家长的心理距离,也培养了孩子的自信心。洪××通过长年的锻炼不仅练就了一副好身体,而且养成了不怕苦、不怕累的坚毅品质。在2017年的学校运动会上,她不仅获得了年级组垒球冠军,而且获得了小学阶段1500米赛跑的亚军。

**2. 暖爸论坛及暖爸的评比**

除了常规的家长会、线下的家教论坛外,环城小学还利用微信群开展暖爸论坛。2017年1月8日晚上8点(取"爸爸"的谐音),一个特殊的俱乐部——金华市环城小学微信暖爸俱乐部正式开通。当晚有500多名家长自愿报名入群,当晚第一讲由该校第一个获得国家专利的居×同学的爸爸通过微信,利用图文直播的形式向各位爸爸介绍自己是怎样陪伴孩子走进大自然,激发和拓展孩子的观鸟兴趣的,并就爸爸如何在家庭中发挥更大的作用、怎样才能与渐渐步入青春期的孩子沟通等,和大家进行了交流。浙江师范大学的任俊教授对本次活动进行了点评，并就爸爸如何承担起家庭教育的重担等做了点评。

六年级学生居×同学的事迹是一个很典型的家校合作的成功例子。在学校老师的引领下，他热爱观鸟，其观鸟事迹曾被浙江卫视报道。对于他的这一爱好，其父亲非常支持，在寒暑假期间带他到浙江省的七个县市去观鸟。居×历时三年多写了近百篇观鸟日记，长期的观鸟过程也促使他变得爱动手、爱思考，其小发明"人工鸟岛"获得了国家专利，课题"一种漂浮式人工鸟岛的设计研究"的研究成果荣获全国一等奖，他还获得了全国少年科学院"小院士"称号。

2017年1月8日以后，每月8日晚上8点，环城小学微信暖爸俱乐部论坛活动都会如期举行。活动有"蝴蝶大王"胡健老师的讲座、"篮球小王子"姜××爸爸的"篮球经"介绍、金华市智慧爸爸吴小军的日记指导，等等。每期论坛活动举办时，学校都会相应地邀请专家点评，同时会推荐一些家教书籍供家长们自学。

家长参加交流学习后发出这样的感慨："以前我一直认为家庭教育是'内务'，妻子管着就行。学习了这么多的爸爸的经验后，我才明白爸爸不仅承担着教育子女的重要责任，而且对孩子的性格养成起着至关重要的作用。以后我不能再当'隐形'爸爸了，要为孩子的成长补'钙'。"

为了激发更多的爸爸参与到家庭教育中，真正担当起父亲的职责，每年学校与家委会都会共同举行"暖爸"评比活动。

当然，学校也会定期或不定期地推出"暖妈"活动，如每年的三八节都会邀请一位暖妈来学校和家长们交流。2017年的三八节学校邀请了杭州的厉巧丽老师为家长们做了《激发内驱力，提高语文素养》的讲座，获得了家长们的好评。

家庭教育也是一门科学，由于每个人都有各自的特点，每个家庭都有各自特殊的情况，所以与学校教育相比，家庭教育的针对性更强。为了更有效地指导家长开展家教工作，学校还尝试举办"家长学校教育超市"，比如围绕"如何指导孩子过好暑假生活"这一主题，学校组织家教专家、教师开设"阅读指导""英语学习""创客活动""日记写作""声乐学习""科技创新"等专题讲座，家长可以根据自己的需求，以"自主选择、网络报名"的形式申报学习专题，在家长学校授课日学习相应的内容。这样改变了过去大一统的学习模式，从孩子和家长的关注点出发，学习方式多样，充分满足了不同家长的不同教育需求。当然所有这些培训都是免费的，不需要家长们付费。

总之，温暖教育作为积极教育的一种模式，致力于让好东西变得更好。它不仅要让学校教育和家庭教育变得效果更好、效用更高，而且要让教育变得更有人性、更有意义、更有境界、更有内涵、更有品质、更有精神，使学生以及教师、家长通过教育活动不断实现自我超越、自我发展、自我提升、自我完善，从而产生获得感，最终使我们的校园、家庭以及社会更温暖。

# 主要参考文献

[1] Carr A. 积极心理学——关于人类幸福和力量的科学[M]. 郑雪, 等, 译校. 北京: 中国轻工业出版社, 2008.

[2] 季莘, 李春建. 影响学龄儿童行为问题主要因素的Meta分析[J]. 中国学校卫生, 2006（6）: 491–492.

[3] 姜镇英. 冥想训练对美国中学游泳选手训练后的焦虑、心境状态及心率恢复的影响[J]. 体育科学, 2000, 20（6）: 66–74.

[4] 李峰, 韩素萍, 张承玉. 太极拳对老年人情绪、睡眠健康的影响[J]. 曲阜师范大学学报: 自然科学版, 2009, 35（1）: 121–123.

[5] 李彦章. 父母教养方式与子女人格特征的关系研究[J]. 中国学校卫生, 2002, 23（1）: 26–27.

[6] 梁斌. 足球运动员运动流畅心理状态特点及诱发心理因素的调查研究[J]. 内蒙古体育科技, 2007, 20（2）: 26–27.

[7] 刘明. 中国儿童青少年的气质分布与发展研究[J]. 心理发展与教育, 1990, （3）: 180–184.

[8] 桑标, 主编. 当代儿童发展心理学[M]. 上海: 上海教育出版社. 2003.

[9] 谭树华, 郭永玉. 有限自制力的理论假设及相关研究[J]. 中国临床心理学杂志, 2008, 16（3）: 309–311.

[10] 王斌, 骆莉莉. 自行车运动员在恢复过程中运用冥想训练的现场实验研究[J]. 北京体育大学学报, 2002, 25（6）: 760–762.

[11] 王俊红, 唐一源, 冯洪波, 林瑶, 马莹华, 鹿麒麟, 冯士刚, 金珏. 身心调节法对大学生心境的改善[J]. 中国临床康复, 2006, 10（46）: 36–39.

[12] 王丽, 傅金芝. 国内父母教养方式与儿童发展研究[J]. 心理科学进展, 2005, 13（3）: 298–304.

[13] 王玮. 积极错觉在恋爱关系中的形成机制及作用[D]. 石家庄: 河北师范大学, 2007.

[14] 乌尔夫. 教育中的仪式: 演示、模仿、跨文化[J]. 北京大学教育评论, 2009

（2）：130–142.

[15] 周强, 杨梓. 榜样影响儿童利他行为发展的实验研究 [J]. 陕西师大学报：哲学社会科学版, 1995（1）：156–160.

[16] Ackerman R, DeRubeis R J. Is depressive realism real? [J]. Clinical Psychology Review, 1991, 11：565–584.

[17] Ainsworth M D S. Infant-Mother Attachment [J]. American Psychologist, 1978, 10：932–937.

[18] Alloy L B, Abramson L Y. Judgement of contingency in depressed and nondepressed students：Sadder but wiser [J]. Journal of Experimental Psychology：General, 1979, 108（4）：441–485.

[19] Asakawa K. Flow experience and autotelic personality in Japanese college students：how do they experience challenges in daily life? [J]. Journal of Happiness Studies, 2004, 5（2）：123–154.

[20] Barelds-Dijkstra P, Barelds D P H. Positive illusions about one's partner's physical attractiveness [J]. Body Image, 2008（5）：99–108.

[21] Baumeister R F, Muraven M, Tice D M. Ego depletion：A resource model of volition, self-regulation, and controlled processing [J]. Social cognition, 2000, 18（2）：130–150.

[22] Baumeister R F, Smart L, Boden J M. Relation of threatened egotism to violence and aggression：The dark side of high self-esteem [J]. Psychological Review, 1996, 103（1）：5–33.

[23] Berridge K C, Winkielman P. What is an unconscious emotion：The case for unconscious "liking" [J]. Cognition and Emotion, 2003, 17：181–211.

[24] Bloch C. Flow：beyond fluidity and rigidity. A Phenomenological Investigation [J]. Human Studies, 2000, 23（1）：43–61.

[25] Boissy A, Manteuffel G, Jensen M B, et al. Assessment of positive emotions in animals to improve their welfare [J]. Physiology & Behavior, 2007, 92（3）：375–397.

[26] Bok S. The ethics of giving placebos [J]. Scientific American, 1974, 23：17–23.

[27] Bower B. New pitch for placebo power [J]. Science News, 1996, 150：123.

[28] Bullough E. "Psychical Distance" as a Factor in Art and as an Aesthetic Principle [J]. British Journal of Psychology, 1912, 5：87–117.

[29] Carr A. Positive psychology：The science of happiness and human strengths [M].

Hove and New York: Brunner-Routledge of Taylor & Francis Group, 2004.

[30] Catina P, Swalgin K, Knjaz D, Fosnes O. A Cross-Cultural Analysis of Positive Illusions and Sport Performance Levels in American, Croatian, and Norwegian Basketball Players [J]. Coll Antropol, 2005, 2: 453–458.

[31] Choi D H, Kim J, Kim S H. ERP training with a web-based electronic learning system: the Flow theory perspective [J]. International Journal of Human-Computer Studies, 2007, 65 (3): 223–243.

[32] Cohen D L, Wintering N, Tolles V, Townsend R R, Farrar J T, Galantino, M L, et al. Cerebral Blood Flow Effects of Yoga Training: Preliminary Evaluation of 4 Cases [J]. The Journal of Alternative and Complementary Medicine, 2009, 15 (1): 9–14.

[33] Cohen S, Doyle W J, Turner R B, Alper C M, Skoner D P. Emotional style and susceptibility to the common cold [J]. Psychosomatic Medicine, 2003, 65: 652–657.

[34] Cohn M A, Fredrickson B L, Brown S L, Mikels J A, Conway, A M. Happiness unpacked: Positive emotions increase life satisfaction by building resilience [J]. Emotion, 2009, 9 (3): 361–368.

[35] Colvin C, Block J. Do positive illusions foster mental health. An examination of the Taylor and Brown formulation [J]. Psychological Bulletin, 1994, 116 (1): 3–20.

[36] Csikszentmihalyi M. If We Are So Rich, Why Aren't We Happy? [J]. American Psychologist, 1999, 54 (10): 821–827.

[37] Davidson R J, Kabat-Zinn J, Schumacher J, Rosenkranz M, Muller D, Santorelli S F, et al. Alterations in Brain and Immune Function Produced by Mindfulness Meditation [J]. Psychosomatic Medicine, 2003, 65: 564–570.

[38] Diener E, Seligman M E P. Very Happy People [J]. Psychological Science, 2002, 13: 81–84.

[39] Diener E. Subjective well-being [J]. Psychological Bulletin, 1984, 95: 542–575.

[40] Diener E. Subject Well-Being: The Science of Happiness and a Proposal for a National Index [J]. American Psychologist, 2000, 55 (1): 34–43.

[41] Folkman S. The case for positive emotions in the stress process [J]. Anxiety, Stress & Coping, 2008, 21 (1): 3–14.

[42] Fredrickson B L. What good are positive emotions? [J]. Review of General

Psychology, 1998, 2: 300–319.
[43] Fredrickson B L, Branigan C. Positive emotions broaden the scope of attention and thought-action repertoires [J]. Cognition & Emotion, 2005, 19: 313–332.
[44] Fredrickson B L, Joiner T. Positive emotions trigger upward spirals toward emotional well-being [J]. Psychological Science, 2002, 13: 172–175.
[45] Fredrickson B L, Lenenson R W. Positive emotions speed recovery from the cardiovas sequelae of negative emotions [J]. Cognition and Emotion, 1998, 12: 191–220.
[46] Fredrickson B L, Losada M F. Positive Affect and the Complex Dynamics of Human Flourishing [J]. American Psychologist, 2005, 7: 678–686.
[47] Gold E R. Long-term effects of sexual victimization in childhood: an attributional approach [J]. Journal of Consulting and Clinical Psychology, 1986, 54 (4): 471–475.
[48] Goldin P, Ramel W, Gross J. Mindfulness Meditation Training and Self-Referential Processing in Social Anxiety Disorder: Behavioral and Neural Effects [J]. Journal of Cognitive Psychotherapy, 2009, 23 (3): 242–257.
[49] Grace G D. Effects of meditation on personality and values [J]. Journal of Clinical Psychology, 1976, 32 (4): 809–813.
[50] Harker L, Keltner D. Expressions of positive emotion in woman's college yearbook pictures and their relationship to personality and life outcomes asross adulthood [J]. Journal of Personality and Social Psychology, 2001, 80: 112–124.
[51] Harlow H F. The Nature of Love [J]. American Psychologist, 1958, 13: 573–685.
[52] Headey B, Wearing A. Personality, life events, and subjective well-being: toward a dynamic equilibrium model [J]. Journal of Personality and Social Psychology, 1989, 57 (4): 731–739.
[53] Heine S J, Hamamura T. In Search of East Asian Self-Enhancement [J]. Personality and Social Psychology Review, 2007, 11 (1): 4–27.
[54] Hill E L. Evaluating the theory of executive dysfunction in autism [J]. Developmental Review, 2004, 24: 89–233.
[55] Holmgren R A, Eisenberg N, Fabes R A. The relations of children's situational empathy-related emotions to dispositional prosocial behaviour [J]. International Journal of Behavioral Development, 1998, 22 (1): 169–193.
[56] Jha A P, Krompinger J, Baime M J. Mindfulness training modifies subsystems of

attention [J]. Cognitive, Affective, & Behavioral Neuroscience, 2007, 7(2): 109–119.

[57] Johnson K J, Fredrickson B L. We all look the same to me: Positive emotion eliminate the own-race bias in face recognition [J]. Psychological Science, 2005, 16: 875–881.

[58] Kanfer R. Ackerman P L. Motivational and cognitive abilities: An integrative/aptitude-treatment interaction approach to skill acquisition [J]. Journal of Applied Psychology, 1989, 74: 657–690.

[59] Kawabata M, Mallett C J, Jackson S A. The Flow State Scale-2 and Dispositional Flow Scale-2: examination of factorial validity and reliability for Japanese adults [J]. Psychology of Sport and Exercise, 2008, 9(4): 465–485.

[60] Kubzansky L D, Martin L T, Buka S L. Early manifestations of personality and adult health: A life course perspective [J]. Health Psychology, 2009, 28: 364–372.

[61] Kuroki M. The effect of positive emotion on infants' gaze shift [J]. Infant Behavior & Development, 2007, 30(4): 606–614.

[62] Laible D. Attachment with parents and peers in late adolescence: Links with emotional competence and social behavior [J]. Personality and Individual Differences, 2007, 43: 1185–1197.

[63] Langer E J. The illusion of control [J]. Journal of Personality and Social Psychology, 1975, 32(2): 311–328.

[64] Lee E. The relationship of motivation and Flow experience to academic procrastination in university students [J]. Journal of Genetic Psychology, 2005, 166(1): 5–14.

[65] Lee J Y, Chung H Y. Positive illusion of exemplary altruists [J]. Asia Pacific Education Review, 2008, 9(2): 94–100.

[66] Lee T Y, Kwong W M, Cheung C K, Ungar M, Cheung Y L. Children's Resilience-Related Beliefs as a Predictor of Positive Child Development in the Face of Adversities: Implications for Interventions to Enhance Children's Quality of Life [J]. Social Indicators Research, 2010, 95: 437–453.

[67] Lench H C, Quas J A, Edelstein R S. My Child Is Better Than Average: The Extension and Restriction of Unrealistic Optimism [J]. Journal of Applied Social Psychology, 2006, 36(12): 2963–2979.

[68] Liao L F. Flow theory perspective on learner motivation and behavior in distance

education [J]. Distance Education, 2006, 27 (1): 45–62.

[69] Limaree S. Meditation and Emotional Quotient [J]. The 1st International Conference on Educational Reform, 2007: 402–407.

[70] Lin P, Chang J, Zemon V, Midlarsky E. Silent illumination: a study on Chan (Zen) meditation, anxiety, and musical performance quality [J]. Psychology of Music, 2008, 36: 139–155.

[71] Lorraine G A, Shepard S, Samuel H. The sad truth about depressive realism [J]. The quarterly journal of experimental psychology, 2007, 60 (3): 482–495.

[72] Lutz A, Greischar L L, Rawlings N B, Ricard M, Davidson R J. Long-term Meditators self-induce high-amplitude gamma synchrony during mental practice [J]. Neuroscience, 2004, 101 (46): 16369–16373.

[73] Markus H, Nurius P. Possible selves [J]. American Psychologist, 1986, 41 (9): 954–969.

[74] Masten A, Best K, Garmezy N. Resilience and development: Contributions from The study of children who overcome adversity [J]. Development and Psychopathology, 1990, 2: 425–444.

[75] Miley W M, Spinella M. Correlations among measures of executive function and positive psychological attributes in college studentc [J]. The Journal of General Psychology, 2006, 133: 175–182.

[76] Monahan J L, Murphy S T, Zajonc R B. Subliminal mere exposure: Specific, general, and diffuse effects [J]. Psychological Science, 2000, 11: 462–466.

[77] Moneta G B. The Flow model of intrinsic motivation in Chinese: cultural and personal moderators [J]. Journal of Happiness Studies, 2004, 5 (2): 181–217.

[78] Moore D A, Healy P J. The Trouble With Overconfidence [J]. Psychological Review, 2008, 115 (2): 502–517.

[79] Morone N E, Greco C M, Weiner D K. Mindfulness meditation for the treatment of chronic low back pain in older adults: A randomized controlled pilot study [J]. Pain, 2008, 134 (3): 310–319.

[80] Muraven M, Baumeister R F. Self-regulation and depletion of limited resources: does self-control resemble a muscle? [J]. Psychological Bulletin, 2000, 126 (2): 247–259.

[81] Muraven M, Collins R L, Nienhaus K. Self-control and alcohol restraint: an initial application of the self-control strength model [J]. Psychology of Addictive

Behaviors, 2002, 16 (2): 113–120.

[82] Muraven M, Shmueli D, Burkley E. Conserving self-control strength [J]. Journal of Personality and Social Psychology, 2006, 91 (3): 524–537.

[83] Muraven M, Tice D M, Baumeister R F. Self-Control as Limited Resource: Regulatory Depletion Patterns [J]. Journal of Personality and Social Psychology, 1998, 74 (3): 774–789.

[84] Peterson C, Semmel A, von Baeyer C, Abramason L Y, Metalsky G I, Seligman M E P. The attributional style questionnaire [J]. Cognitive Therapy and Research, 1982, 6: 287–299.

[85] Murray S L, Holmes J G. A leap of faith? Positive illusions in romantic relationships [J]. Personality and Social Psychology Bulletin, 1997, 23 (6): 586–604.

[86] Nakamura J, Csikszentmihalyi M. The concept of Flow. In Snyder C R, Lopez S J (Eds.), The handbook of positive psychology [M]. New York: Oxford Press, 2002.

[87] Oman D, Shapiro S L, Thoresen C E, Plante T G, Flinders T. Meditation lowers stress and supports forgiveness among college sudents: A randomized controlled trial [J]. Journal of American College Health, 2008, 56 (5): 569–578.

[88] Pagnoni G, Cekic M. Age effects on gray matter volume and attentional performance in Zen meditation [J]. Neurobiology of Aging, 2007, 28: 1623–1627.

[89] Pagnoni G, Cekic M, Guo Y. "Thinking about Not-Thinking": neural correlates of conceptual processing during Zen meditation [J]. PLoS ONE, 2008, 3 (9): 3083.

[90] Peterson C, Seligman M E P. The Values in Action (VIA) classification of strengths [M]. Washington, DC: American Psychological Association, 2003.

[91] Ren J, Huang L Y, Ye X Z, Luo J. Implicit positive emotion improves ego depletion [J]. Social Behavior and Personality: an international journal, 2010, 38 (5).

[92] Rheinberg F, Vollmeyer R. Flow experience in a computer game under experimentally controlled conditions [J]. Zeitschrift für Psychologie, 2003, 211 (4): 161–170.

[93] Robins R W, Beer J S. Positive illusions about the self: Short-term benefits and long-term costs [J]. Journal of Personality and Social Psychology, 2001, 80 (2): 340–352.

[94] Rose R J, Kaprio J. Genes, Environments, and Adolescent Substance Use:

Retrospect and Prospect from the Finn Twin Studies [J]. 心理学报, 2008, 10: 1062–1072.

[95] Rosenhan D L. On being sane in insane places [J]. Science, 1973, 179: 250–258.

[96] Russell W D. An examination of Flow state occurrence in college athletes [J]. Journal of Sport Behavior, 2001, 24 (1): 83–107.

[97] Russo E. The biological basis of the placebo effect [J]. The Scientist, 2002, 16 (24): 30–31.

[98] Schmeichel B J, Demaree H A, Robinson J L, Pu J. Ego depletion by response exaggeration [J]. Journal of Experimental Social Psychology, 2006, 42: 95–102.

[99] Schmitz T W, De Rosa E, Anderson A K. Opposing Influences of Affective State Valence on Visual Cortical Encoding [J]. The Journal of Neuroscience, 2009, 29 (22): 7199–7207.

[100] Sedig K. Toward operationalization of "Flow" in mathematics learnware [J]. Computers in Human Behavior, 2007, 23 (4): 2064–2092.

[101] Seligman M E P. Learned Optimism: How to Change Your Mind and your Life [M]. New York: Knopf, 2006.

[102] Seligman M E P. What You Can Change and What You Can't: The Complete Guide to Successful Self-Improvement [M]. New York: Knopf, 2007.

[103] Seligman M E P. Positive education and the new prosperity [J]. Education Today, 2008, 8: 20–21.

[104] Seligman M E P, Steen T A, Park N, Peterson C. Positive psychology progress: empirical validation of interventions [J]. American Psychologist, 2005, 60 (5): 410–421.

[105] Shaver P, Mikulincer M. Attachment-related psychodynamics [J]. Attachment and Human Development, 2002, 4: 133–161.

[106] Sheldon K M, Lyubomirsky S. How to increase and sustain positive emotion: The effects of expressing gratitude and visualizing best possible selves [J]. The journal of positive psychology, 2006, 1 (2): 73–82.

[107] Shin N. Online learner's "Flow" experience: an empirical study [J]. British Journal of Educational Technology, 2006, 37 (5): 705–720.

[108] Smith J S. Flow theory and GIS: is there a connection for learning? [J]. International Research in Geographical and Environmental Education, 2005, 14 (3): 223–230.

[109] Tang Y Y, Ma Y H, Wang J H, Fan Y X, Feng S G, Lu Q L, et al. Short-termmeditation training improves attention and self-regulation [J]. PNAS, 2007, 104 (43): 17152–17156.

[110] Taylor S E, Brown J D. Illusion and well-being: A social psychological perspective on mental health [J]. Psychological Bulletin, 1988, 103 (2): 193–210.

[111] Taylor S E, Brown J D. Positive illusions and well-being revisited: Separating fact from fiction [J]. Psychological Bulletin, 1994, 116 (1): 21–27.

[112] Thompson S C, Armstrong W, Thomas C. Illusions of Control, Underestimations, and Accuracy: A Control Heuristic Explanation [J]. Psychological Bulletin, 1998, 123 (2): 143–161.

[113] Ullrich W, Steffen G, Hilde H, Rolf V, Jan B. Sleep inspires insight [J]. Nature, 2004, 427 (22): 352–355.

[114] Wegner D M, Schneider D, Carter S R, White T L. Paradoxical effects of thought suppression [J]. Journal of Personality and Social Psychology, 1987, 53 (1): 5–13.

[115] Wolf B, Abell N. Examining the effects of meditation techniques on psychosocial functioning [J]. Research on Social Work Practice, 2003, 13 (1): 27–42.

# 万千教育 基础教育类书目

| 书号 | 书名 | 著、译者 | 定价(元) |
|---|---|---|---|
| **班主任工作理念与方法系列** | | | |
| 2877 | 班主任工作的60个"鬼点子" | 刘坚新 郑学志 编著 | 52.00 |
| 2879 | 班主任与家长沟通的艺术<br>——创建优质家校关系的60个策略 | 郑学志 著 | 52.00 |
| 2204 | 做一个会"偷懒"的班主任（第二版） | 郑学志 著 | 48.00 |
| 1708 | 怎样教授道德才有效<br>——德育心理学家给教师的建议 | 杨韶刚 等 译 | 48.00 |
| 1709 | 学生特殊问题发现与应对<br>——给普通教师的建议 | 昝飞 等 著 | 48.00 |
| 7316 | 把班级还给学生<br>——班集体建设与管理的创新艺术 | 郑立平 著 | 26.00 |
| 7344 | 遭遇问题学生<br>——问题学生的教育与转化技巧 | 万玮 编著 | 25.00 |
| 7317 | 魅力班会是怎样炼成的 | 杨兵 著 | 25.00 |
| 8631 | 家校沟通，没有痛过你不会懂<br>——知名班主任梅洪建的心路历程 | 梅洪建 著 | 32.00 |
| 0539 | 如何上好班级心理辅导活动课<br>——钟志农答疑50问 | 钟志农 著 | 42.00 |
| 9902 | 德育主任新方略 | 丁如许 著 | 32.00 |
| 8611 | 班主任工作中的心理效应 | 刘儒德 主编 | 35.00 |
| 1135 | 班主任有效沟通的艺术与技巧 | 李进成 著 | 36.00 |

| 0541 | 班主任如何破解德育低效难题 | 赵 坡 著 | 35.00 |
|---|---|---|---|
| 9135 | 班主任，青春万岁——王君带班之道 | 王 君 著 | 34.00 |
| 8770 | 班主任如何带好差班 | 赵 坡 著 | 30.00 |
| 8309 | 扶年轻班主任上马 | 王 莉 著 | 38.00 |
| 7926 | 教师必须掌握的教育惩戒艺术 | 郑立平 等 著 | 28.00 |
| 7928 | 做一个聪明的班主任<br>——对常见七类学生的教育艺术 | 郑立平 等 著 | 28.00 |
| **班主任工作理念与方法系列合计** | | | **694.00** |
| **中学/中职班主任专业技能系列** | | | |
| 0938 | 好班是怎样炼成的<br>——中学班主任班级建设之道 | 谢 云 主编 | 38.00 |
| 9882 | 初中主题班会设计技巧与优秀案例 | 郑学志 主编 | 34.00 |
| 9056 | 高中主题班会设计技巧与优秀案例 | 郑学志 主编 | 32.00 |
| 9557 | 打造高中卓越班级的42个策略 | 覃丽兰 著 | 38.00 |
| 9990 | 打造中职卓越班级的41个策略 | 李 迪 著 | 32.00 |
| 9905 | 中职主题班会设计技巧与优秀案例 | 李 迪 著 | 35.00 |
| 9604 | 中学德育问题与对策 | 李 季 贾高见 著 | 35.00 |
| 8463 | 中学班主任的70个临场应变技巧 | 刘令军 等 著 | 34.00 |
| **中学/中职班主任专业技能系列合计** | | | **278.00** |

……
欲了解更多图书信息，请登录：www.wqedu.com
联系地址：北京市西城区三里河路6号院2号楼213室　万千教育
咨询电话：010-65181109，65262933

*本目录定价如有错误或变动，以实际出书为准。